민희, 치즈에 빠져 유럽을 누비다

고즈윈은 좋은책을 읽는 독자를 섬깁니다.
당신을 닮은 좋은책—고즈윈

민희, 치즈에 빠져 유럽을 누비다
글·사진 이민희

1판 1쇄 발행 | 2007. 6. 20.
1판 8쇄 발행 | 2014. 3. 27.

저작권자 ⓒ 2007 이민희
이 책의 저작권자는 위와 같습니다. 저작권자의 동의 없이
내용의 일부를 인용하거나 발췌하는 것을 금합니다.
Copyrights ⓒ 2007 by Lee Min Hee
All rights reserved including the rights of reproduction
in whole or in part in any form. Printed in KOREA.

발행처 | 고즈윈
발행인 | 고세규
신고번호 | 제313-2004-00095호
신고일자 | 2004. 4. 21.
(121-819) 서울특별시 마포구 동교동 200-19번지 202호
전화 02)325-5676 팩시밀리 02)333-5980

값은 표지에 있습니다.
ISBN 978-89-91319-94-3

고즈윈은 항상 책을 읽는 독자의 기쁨을 생각합니다.
고즈윈은 좋은책이 독자에게 행복을 전한다고 믿습니다.

시작하는 글

  6년 전 처음 유럽 여행을 했던 그때, 2월의 추운 파리에는 5일 연속 비가 뿌리고 있었다. 그날 저녁, 앵발리드에서 에펠탑 앞까지 그리고 에펠탑 뒤로 끝도 없이 이어진 공원길을 따라 걷다가 콩코르드 광장 가는 길이라는 표지판이 보여 그 길로 접어들었을 때였다. 하늘을 보니 그리 멀지 않은 곳에서 에펠탑이 정신없이 불빛을 반짝거리고 있었고 혼자 몇 시간을 걷다 보니 꽤 센티해진 그때, 내 눈앞에 달랑달랑 흔들리는 붉은 전구들이 가지런하게 늘어서서 비추고 있는 골목길이 나타났다.
  "시장이구나!"
  꽤 길었던 그 골목은 좁지 않은 도로 폭에 어느 한 자리 빈틈없이 가게들이 늘어서 있었다. 추운 날씨였음에도 어느 가게 하나 비닐 천막으로 가려 놓은 곳이 없었다. 그리고 골목 어귀엔 밖에까지 좌판을 늘어놓은 치즈 가게가 있었다. 베니어합판 위에 크기도 가지가지 색깔도 가지가지인 치즈들이 옹기종기 모여 있었고 주인아주머니는 꼭 우리 동네 반찬가게 아주머니처럼 작고 둥근 플라스틱 의자에 앉아 계셨다. 나는 그저 그 광경이 너무 예뻐서 가게 앞에서 머뭇머뭇 구경만 하다가 아주머니께 사진을 찍어 달라고 부탁을 드려 그 치즈 가게를 배경으로 기념사진을 찍고 나왔다.
  처음 만난 파리의 시장은 정육점 하나도 여느 백화점의 보석가게 이상으로 예쁘게 장식되어 있었고 골목 끝에 자리 잡은 꽃집에는 이제 막 포장해 내놓은 듯한 꽃들이 정말 가지런히 진열되어 있었다. 춥고도 추웠고 몇 시간째 걸어 다녔던지라 무릎뿐 아니라 발바닥까지 아팠지만 그 후 유럽의 다른 나라들을 돌아다닐 때에도 그렇게 예쁜 광경을 마주한 적이 없어 나에게 콩코르드 광장 근처의 그 시장은 파리에 대한 로망으로까지 자리를 잡았다.

그런데 무식하게도 치즈는 스위스에나 있는 줄 알았던 나는 내가 발견한 그 치즈 가게가 파리를 통틀어 유일무이한 곳이라 생각하고 있었다. 그래서 언젠가 다시 파리에 가게 되면 기억을 더듬어 꼭 그 치즈 가게를 찾아가겠다고 생각했고 '그곳에서 아르바이트라도 하면 어떨까?' 하는 말도 안 되는 소망을 품고 있기도 했다.

그러니까 이 일이 바로 나에게 치즈 책을 쓰게 한 계기가 된 셈이었다. 사실 처음에는 구체적인 계획 없이 그저 '치즈에 관한 이야기를 쓰면 좋겠다'는 뜬구름 잡듯 뭉뚱그린 생각만 하고 있었던 터라 '언젠가 내 인생에도 그런 일이 생겼으면…' 하는 소망을 꿈꾸고 있었을 뿐이었다. 여행을 마치고 서울로 돌아와 여느 사람들처럼 취직을 했고 바쁘게 돌아가는 회사 생활에 적응하느라 정신이 없었음에도 그때의 치즈 가게는 계속 머릿속에 맴돌았다. 그러던 2002년 10월. 종로의 대형 서점에 들러 치즈에 관한 책을 사 들고 오던 길에 나는 그만 결심이라는 걸 해 버리고 말았다.

"치즈의 나라들을 돌아다니는 거야. 다른 건 말고 치즈에 관한 것만 보고 다니는 거지. 치즈는 그네들의 식생활이니만큼 진정한 유럽을 느낄 수 있을 거야. 건축이나 미술품들에선 느낄 수 없었던 새로운 모습일 거야. 근데 그럼 회사는 언제까지 다녀야 하지?"

그때가 회사에 들어간 지 겨우 7개월쯤 되었을 때였다. 처음 이 계획을 세웠을 땐 일 년쯤이면 준비가 끝날 줄 알았다. 하지만 사진을 배우고 운전을 배우고 유럽의 문화에 관한 책을 읽으면서 이 년, 삼 년 시간이 흘렀어도 준비는 끝나지 않았다. 아니 사실 나는 시간이 지날수록 회사를 관두기가 겁났다. 삼십대에 접어드는 나이에 그나마 모아 두었던 얼마 안 되는 돈으로 새로운 도전을 시작한다는 건 도전을 넘은 무모함이었다. 더군다나 책을 내겠다니…. 식구들은 물론이고 파리 현지에 있는 선배언니조차 극구 말렸다.

"치즈를 보러 파리에 오겠다고? 네 나이가 몇인데, 모든 걸 정리하고 단지 치즈를 보러 여기에 온다는 게 말이 된다고 생각해? 너 여기 다녀가면 그 나이에 어디 다시 취직도 못해. 더군다나 치즈 농장이 어디 붙어 있는 줄 알고 찾아가겠다는 거야?" "언니, 언젠가는 꼭 해야 할 일이야. 그리고 다녀와서 설마 입에 풀칠 못하겠어?" "정 그러면 휴가 받아서 우리 집에서 한 달 놀다 가. 괜히 그동안 모은 돈 까먹지 말고."

언니는 유럽을 여행하는 건 그렇다 쳐도 치즈에 대해 책을 내겠다는 건 말도 안 되는 얘기라고 했다. 하긴, 이름도 없는 사람에게 어느 출판사가 책을 내 준다고 할까.

하지만 결국 나는 서른의 생일날 회사에 사직할 것을 말했고, 드디어 2006년 1월 20일 새벽 파리의 샤를드골 공항에 도착했다. 불어는 한마디도 몰랐고, 어느 나라부터 어느 나라까지 어떻게 여행을 하겠다는 계획도 세우지 못했으며, 치즈에 관한 자료들이라고는 프랑스와 이탈리아 대사관에서 받아 온 두 나라의 치즈 공장 리스트뿐이었다.

파리의 생활은 선배언니를 통해 연락이 닿은 집에서 베이비시터를 하면서 불어 학원에서 ABCD를 배우는 것으로 시작되었다. 매일같이 많게는 하루에 세 군데의 프로마주리(fromagerie, 치즈 가게)를 돌면서 3개월을 보낸 뒤 드디어 나는 배낭을 꾸렸다. 목적지는 프랑스 전역과 스위스였다. 처음 계획에 넣었던 이탈리아는 혼자 여행의 위험성을 감안해 빼기로 했다. 하지만 어느 곳도 기차나 버스로는 다니기가 거의 불가능했기에 여행 일주일 전 난데없이 자동차를 리스하게 됐다. 결국 운전도 잘 못하고 불어도 거의 안 되는 나의 자동차 여행이 시작되었다.

두 달간의 여행이 끝나자 나는 어느 치즈 농장이든 뚫고 들어갈 수 있는 노하우가 생겼고, 10분 만에 텐트를 칠 수 있는 스피드도 생겼고, 하루 이틀쯤 자동차에서 노숙을 하며 600~700킬로미터씩 운전하는 건 일도 아니지… 하는 내성도 생겼다.

가끔은 '정말 무모하다' 는 생각, '차라리 유명 관광지를 다니지' 하는 생각이 안 들었던 것은 아니지만 나는 정말 치즈를 알고 싶었다. 물론 어디에 붙어 있는지도 모르는 원산지 마을 찾아다니기, 난데없이 공장에 불쑥 찾아가서 공장장 따라다니기 등은 쉽지 않은 일이었다. 하지만 마침내 그곳 치즈들과 마주하게 될 때, 그런 고생쯤이야 깨끗이 사라졌다. 아마도 그 눅눅한 치즈 냄새가 나를 끝까지 놓아 주지 않은 것 같다.

사실 나는 많이 두려웠다. 아무것도 없는 내가 시작한다는 게 두려웠고, 시작한다고 해서 보장된 무엇이 있는 것이 아니었기에 두려웠고, 실패했을 때 돌아갈 곳이 없음에 두려웠다. 하지만 보이지 않는 그 무엇을 향해 계속 달려 나가는 나에게 내가 한 말은 "나는 할 수 있어"가 아니라 "우선 해 보자"였다. 답은 없었다. 이제 생각해도 그때 생각했을 때에도 그저 나는 항상 그랬다.

"우선 해 보는 거야."

이제 그 모든 이야기를 이곳에 풀어 놓으려 한다.

2007년 6월 이 민 희

차례

시작하는 글 _4

첫번째 이야기 | 파리의 치즈 가게들

1. 집 앞 시장 무프타 ▶12   2. 라파예트 백화점 치즈 매장 ▶20
3. 퐁슬레 시장의 프로마주리 알레오스 ▶26   4. 동역 옆 시장의 할머니네 치즈 가게 ▶30
5. 우연히 마주친 프로마주리 쥘레 ▶36   6. 에티엔느 막셀의 몽토르게이 시장 ▶42
7. 세브르 길, 카트르옴므 프로마제 ▶52   8. 파리 국제 농업 박람회 ▶60
9. 7구 시장의 프로마주리 앙드루에 ▶70   10. 처음 만난 길 위의 시장 ▶75
11. 파리 근교의 브리 시장 ▶80   12. 플라스 몽주 시장 ▶94   13. 카페 같은 캉탱 ▶103

파리를 떠나며 _112

두번째 이야기 | 프랑스 · 스위스
치즈를 찾아서 자동차 여행

1. 난데없는 시작 ▶120   2. 노르망디 뇌프샤텔 ▶126   3. 노르망디 까망베르 ▶151
4. 알프스 프랑슈 콩테 ▶166   5. 프랑슈 콩테, 테즈의 집에서 ▶178
6. 스위스에 들어서다 ▶204   7. 테트 드 무안 공장에서 ▶214
8. 에멘탈 ▶222   9. 아펜젤에서 만난 화가 ▶251   10. 산꼭대기의 레티바 농장 ▶262
11. 그뤼에르 ▶278   12. 스위스에서 프랑스로 ▶289   13. 프로방스 바농 ▶292
14. 칸느에서 피레네까지 ▶303   15. 피레네 산맥의 톰므 치즈 농장 ▶313
16. 피레네를 넘어 브르비로 ▶326   17. 오베르뉴 살레 ▶340

여행을 마치며 _356
참고문헌 및 사이트 _360

첫번째이야기
파리의 치즈 가게들

1.
집 앞 시장 무프타

"요 앞길 따라 쭉 내려가다 보면 모퉁이에 파출소가 있거든. 그 파출소 앞에서 횡단보도 지나면 작은 굴이라고 해야 하나? 아니 왜 그런 거 있잖아. 한국선 뭐라고 하는지 모르겠네. 하여튼 거기 지나서 오른쪽으로 내려가면 시장이 있어. 파리에서 꽤 유명하다고 이름난 시장인데 거기에 치즈 가게가 서너 곳쯤 있을걸. 왜 영화 아멜리 알지? 거기에도 나왔었어."

파리에 도착한 다음 날, 묵기로 한 집에서 가까운 거리에 있는 무프타mouffetard 시장에 가고 싶다고 하자 주인집 언니는 아주 자세하게 가는 길을 설명해 주었다. 하지만 막상 대문을 나서니 어느 쪽으로 가야 할지 방향을 잡기조차 쉬운 일이 아니었다.

"길을 따라 내려가라고? 그럼 왼쪽일까, 오른쪽일까? 내려가라고 했으니 아래로 가야 되는 것 같은데…."

하필 그 집이 사거리 모퉁이에 자리 잡고 있어서 어느 쪽이 위쪽이고 어느 쪽이 아래쪽인지 더 헷갈리는 상황이었는데, 나는 결국 만난 지 이틀밖에 안 된 집주인 언니에게 다시 물어볼 용기도 못 낸 채 그냥 발길 닿는 대로 걸어가 보기로 했다.

몇 바퀴를 돌고 돌았을 때 드디어 기다란 안내판 사이로 무프타라고 쓰여 있는 한 줄이 눈에 띄었다.

'이제야 제대로 왔나 보네.'

터벅터벅 안내판이 가리키는 골목 안으로 걸음을 옮겼다. 유명한 시장이라더니 입구는 너무도 조용해 파리의 여느 골목과 달라 별 게 없었다. 그러나… 모퉁이를 돌아 얼굴을 들이미는 순간 눈앞에 정말 상상도 못했던 신세계가 펼쳐졌다. 짧은 겨울해가 이미 넘어간 어둑어둑한 언덕 위로 넘실넘실 붉은 불빛들이 향연을 펼치고 있었다. 나는 숨도 못 쉬고 잠시 멈춰 서 있었다.

… 황홀했다. 아, 여기가 파리의 시장이로구나.

장갑이 없어 금세 얼어 버린 손을 호호 불어 가며 카메라를 꺼내 들었다. 그리고 한 발 한 발 천천히 걸어 나갔다.

채 열 발도 가기 전, 나는 진열장 가득 치즈가 늘어서 있는 가게와 마주치게 되었다.

아… 정말 어찌 말로 표현해야 할지….

유리창 너머로 얼추 봐도 수십 종은 되어 보이는 치즈들이 볏짚 위에 즐비하게 놓여 있었다. 코끝이 찡하게 큼큼한 냄새들이, 그곳이 내 발로 찾은 최초의 치즈 가게임을 말해 주고 있었다.

멈칫 멈칫 서성이다 안으로 들어갔다. 치즈를 사러 온 사람들이 많아 그 속에 섞여 한참을 눈으로만 구경하고 있었는데 어느새 가게에 나 말고는 아무도 없게 되었다. 무언가 주인에게 말을 건네고 싶었지만 멋쩍어서 아무 말도 나오지 않았다.

'무슨 말을 해야 하나….'

오물오물 입만 삐죽거리다 겨우 꺼낸 첫 마디가,

"음… 그러니까… 저기 아저씨, 영어할 줄 아세요?"

나 참…. 불어를 할 줄 모른다는 게 이리 난감할 줄이야. 더군다나 이곳은 관광지가 아닌 동네 시장 아닌가?

다행히도 아저씨는 영어를 아주 조금 한다고 하셨다. 하지만 말이 통한다고 해서 특별히 할 말이 생각나는 건 아니었다. 눈앞에 있는 수많은 치즈들을 보는 것만으로도 넋이 빠져 버려 도대체 어떤 치즈에 대해 무엇을 물어야 할지 알 수가 없었다. 손가락 닿는 대로 치즈를 골라 질문을 하자니 기껏 "이건 뭐예요?"라는 말이 나올 뿐이었다. 맛이 어떠냐고, 어떻게 먹는 거냐고… 이런 구체적인 질문조차 그때 나는 떠올리지 못하고 있었다.

그렇게 한참을 머뭇거리다가 번뜩 가이드북 론리플래닛에서 본 사부아 Savoie라는 지방의 이름이 생각나서 그제야 제대로 된 첫 번째 질문을 했다.

"어떤 게 사부아 치즈예요?"

하지만 돌아오는 아저씨의 대답이 나를 더욱 당황하게 했다.

"이거, 이거, 이거, 이거… 중에서 뭘 드려요?"

아뿔싸! 한 지방에서 나오는 치즈가 이렇게나 많아? 그럼 뭘 골라야 하나…. 또다시 고민을 거듭한 끝에 소프트 치즈는 브리 brie나 까

망베르 camembert와 다를 바가 없을 거란 생각에 단단해 보이는 하드 치즈를 손가락으로 가리켰다. 그랬더니 아저씨는 단박에 커다란 도마 위에 치즈 덩어리를 올려놓고는 작두같이 생긴 커다란 칼을 치즈 위에 대고 칼날을 이쪽저쪽으로 움직이며 "얼마나? 이만큼?" 하며 원하는 분량이 얼마만큼인지를 묻는다.

이 또한 나에게는 난관이었다.

'치즈는 도대체 얼마만큼 사야 적당량인 걸까?'

결국 3센티미터 정도의 두께가 되는 시점에서 '그 정도 주세요.'라고 고개를 끄덕이자 아저씨는 그 큰 칼을 쓰윽 움직여 치즈를 잘라 내셨다. 그런데 막상 잘라 놓고 보니 3센티미터라 해도 적은 양이 아니었다. 두께만 3센티미터였을 뿐 길이가 길었던 것이다. 저울로 값을 매기니 4유로, 대략 5천 원쯤 하는 가격이 나왔다. 손에 들기에도 그 무게는 묵직했다.

계산을 마치고 아저씨께 치즈를 만드는 농장 주소를 알아볼 수 있는지 여쭈었다. 난데없는 질문에 혹여 이상하게 생각할까 봐, 나는 치즈가 보고 싶어 파리에 온 것이라고 말씀드렸더니, 뭐 별것 아니라는 듯 흔쾌히 장부를 뒤져 사부아 지방에 있다는 치즈 농장의 주소와 전화번호를 하얀 종이에 또박또박 적어 주셨다.

주소의 위치를 보니 대충 알프스 근처라는 것만 알 수 있을 뿐이었고, 과연 내가 정말 그 마을을 찾아갈 수 있을지 스스로도 미심쩍었지만, 어쨌거나 처음 내 발로 치즈 가게를 찾아 들어갔고 직접 치즈 한 덩어리를 골라 사 봤다는 생각에 쉬 흥분이 가라앉지 않았다.

가게를 나와 뒤를 돌아보고 몇 걸음 물러서서 또다시 돌아봐도 파리의 치즈 가게 앞에 정말 내가 서 있었다. 아무래도 믿기지 않아 혼자 씩 웃고는 시장 골목 돌바닥을 하나하나 꼼꼼히 밟아 가며 천천히 올라갔다.

 붉은 전등이 달린 정육점엔 소시지가 대롱대롱 매달려 있었고 입구가 좁은 슈퍼마켓에서는 저녁 찬거리를 사러 나온 사람들이 저마다 비닐봉투를 들고 줄줄이 흘러나오고 있었다. 우리 동네 재래시장에 있는 양은그릇 집 같은 스테인리스 용품 가게도 한자리 차지하고 있었고, 빙빙 돌아가며 맛나게 구워지고 있는 구릿빛 통닭들도 눈에 띄었다.

 그리고 그 옆에 또 다른 치즈 가게가, 그리고 그 건너 또 다른 치즈 가게가…. 그렇게 치즈 가게들은 골목 끝까지 연달아 늘어서 있었다.

Marché de Mouffetard
rue de mouffetard 75005 Paris

메트로 10호선 Cardinal Lemoine
화요일부터 토요일까지 7~19시, 일요일 8~12시, 월요일 휴무
파리의 시장들은 오후 1~4시까지 대부분 문을 닫으므로 이때는 피해 가는 것이 좋다.

2.
라파예트 백화점
치즈 매장

 파리에 올 때 챙겨 온 치즈 책이라곤 2002년 대형 서점에서 구한 '치즈 컴패니언Cheese Companion' 한 권뿐이었다. 서울에서는 인터넷으로 몇 번을 검색해도 치즈에 대한 책을 찾기가 어려웠다. 파리에 사는 H언니에게 사정을 말하자, 프랑스엔 치즈 책이 엄청나게 많을 것이니 걱정하지 말고 와서 찾으라고 했다.
 아직 2월이 시작되기 전이라 매달 1일부터 한 달간 사용할 수 있는 교통패스를 쓰지 못하고 있어 한 번 타면 2유로씩 내야 하는 비싼 교통비 때문에 나는 대부분 집에서 멀지 않은 소르본 대학가 주변만을 다니고 있었다. 안 그래도 서점이 많은 파리에서 소르본 대학가는 서점으로 꽉 찬 동네였다. 하지만 그 길목마다에 있는 큰 서점이건 작은 서점이건 어느 곳을 뒤져 봐도 치즈 책은 작은 한 칸도 못 채우고 있을 만큼 적었다. H언니의 예상은 완전히 빗나갔다. 개중 한두 권 마음에 든 치즈 책들은 백과사전처럼 너무 크거나 아니면 너무 작아 내용이 없는 것이었고, 가방에 넣어도 될 만한 크기라 해도 당연 불어로 된 책뿐이었다.

며칠 후 서점을 다시 뒤져 볼 요량으로 그중 가장 커다란 서점에 들어가서 혹시 영어로 된 책이 있는지를 물었다. 그런데 웬 횡재일까. 직원이 보여준 몇 권 안 되는 영어책 속에 지난번에 사려다가 만 치즈 책의 영문판이 있는 것 아닌가. 게다가 오래된 재고였는지 가격도 반값에 나와 있었다.

그 책을 손에 넣자 이제 프랑스 치즈의 모든 것이 내 손 안에 들어온 기분이었다. 그동안 가지고 있던 치즈 책은 여러 나라의 치즈들을 모두 모아 놓은 깊이가 얕은 종합 서적이었는데 이 책은 350가지의 프랑스 치즈만을 설명해 놓은 책으로서 중간 중간 치즈가 만들어지는 과정까지 상세하게 설명해 놓고 있어 이런 천군만마가 따로 없었.

집으로 돌아와 뿌듯한 마음으로 책을 펼쳤다. 하지만 막상 치즈 사진들을 보고 있으려니 아무리 내용을 같이 읽어 봐도 잘 와 닿지가 않고 뭔가가 부족했다.

"안 되겠다."

나는 바로 책을 챙겨 들고 시내 중심가의 백화점으로 향했다.

걀르리 라파예트 식품 매장으로 향한 건 매장에 진열된 치즈들을 편하게 볼 수 있으리란 생각에서였다. 시장에 있는 작은 치즈 가게들은 구경을 하려면 가게 안으로 들어가 주인의 눈길을 받아야 하는 곤

28% mg
sur produit fini

Bleu de Sassenage

Vercors

fromage de vache

au lait cru

14,00€

Le Kg

혹스러움이 있지만 백화점 식품 매장은 오픈되어 있을 테니 오랫동안 구경해도 눈치 보일 일은 없을 것 같았다. 하지만 커다란 진열장 속 치즈들을 보려고 고개를 드밀자 바로 앞에 서 있던 직원이 "봉 주르!" 하며 아는 척을 해 오는 게 아닌가. 치즈 코너는 단순히 물건을 직접 골라 가져가는 곳이 아니어서 정육 코너에서처럼 직원이 배치되어 있었던 것이다. 하지만 어차피 사람들이 지나다니는 통로에 있으니 구경만 한다고 해도 별 무리가 없지 않나 싶어 책을 꺼내 들고 실물의 치즈와 내용을 대조해 가며 살펴보기 시작했다.

"이건 이렇게 생겼구나. 아니, 저건 이런 거였구나. 실물은 엄청 크네…."

혼자 중얼거리며 치즈 대조 작업을 하고 있는데, 물건을 사는 사람에 치이고 진열하는 사람에 치이니 여간 뒤통수가 따가운 게 아니었다. 결국 언짢아하는 직원들의 표정에 쫓겨, 파란 마블링이 되어 있는 특이한 모양의 블루 드 사스나주 Bleu de Sassenage를 사들곤 황급히 그곳을 빠져나왔다. 역시나 장사를 하는 가게에서 치즈를 관찰한다는 건 쉽지 않은 일이었다.

백화점 밖으로 나와 손에 들린 블루 치즈를 물끄러미 바라보며 이런저런 생각을 하다가 일단 치즈 맛이나 볼까 하여 도로 한쪽에 선 채로 포장지를 열어 보았다. 특이한 모양에 끌려 급하게 산 치즈였다. 혹시나 독한 향이 나지 않을까 걱정돼 아주 조금 떼어 오물오물 맛을 봤다.

"역시… 책에서 설명한 그대로 많이 부드럽고 끝 맛은 달군. 음… 지난번에 먹은 고르곤졸라 Gorgonzola처럼 고약하지도 않고 말이야."

첫맛이 마음에 들어, 이번엔 아주 크게 떼어 한입 가득 넣어 보았다.
"…으악! 이게 뭐야!"

소주 냄새 저리 가라 할 만큼이나 독한 알콜 향이 확 올라오면서 소금 덩어리를 먹은 듯 엄청나게 짜기까지 하니, 가방엔 입 안을 중화시킬 그 어떤 것도 없는데다 하필 점심때가 한참 지난 그 시간까지 아무 것도 먹지 않은 빈속이라 머리가 어질어질해 오기까지 했다.

라파예트 앞 대로변에는 아직 끝나지 않은 겨울 세일 때문에 사람들이 넘쳐 나고 있었다. 어찌 되었든 저 사람들을 뚫고 어디론가 가서 입을 헹구어 내야 했다. 입 속에 소주를 가득 머금은 듯한 그 말 못할 기분이란. 술을 전혀 못하는 나에게는 정말 고역 그 자체였다.

나중에 정신을 차리고 책을 찾아보니 이렇게 쓰여 있는 게 아닌가. 'faint perfume(어질어질한 냄새)'. 정말 그 표현 그대로였다. 당분간 블루치즈 종류는 냉장고에 쌓여 가는 치즈들에 대한 압박에서 벗어나기 위해서라도 금물해야겠다. 하지만 멀리서 보면 그것 참 특이하게 생겨서 자꾸 손이 가게 된단 말이지.

Galeries Lafayette
40 blvd haussmann 75009 Paris

메트로 7, 9호선 Chausse d'Antin Lafayette

블루 드 사스나주 Bleu de Sassenage

프랑스 동남부의 론 알프스(Rhône-Alpes) 지역의 치즈로 푸른곰팡이의 일종인 페니실륨 로케포르피(Penicillium roqueforfi) 균을 치즈 안에 삽입시켜 만든다. 산에서 만드는 전통적인 치즈로 처음엔 수도승들이 만들었으며 1338년 사스나주 마을의 남작이 마을의 블루치즈 자율 판매권을 시민들에게 주면서 이 치즈의 수요와 공급이 증가해 유명해지기 시작했다.

소의 우유를 사용해 여름부터 가을까지 만드는 이 치즈는 지름 30센티미터, 두께 8~9센티미터의 둥근 형태이며, 무게는 5~6킬로그램이다. 평균 숙성 기간은 2~3개월로 짧은 편에 속한다. 1998년에 AOC(Appellation d'Origine Controlée, 통제원산지명칭. 와인이나 치즈 등의 식료품 및 농산물의 품질을 지키기 위해 법규로 원산지명칭을 통제하는 프랑스의 제도로서 사용하는 재료, 만드는 방법 등이 규정되어 있으며 다른 지방이나 국가에서 함부로 그 이름을 사용할 수 없도록 관리되고 있다. 현재 프랑스에서는 수백 종의 치즈가 나오고 있지만 AOC의 승인을 받은 치즈는 겨우 40종으로 승인받기가 무척 까다로워 고품질임을 증명하는 대표적인 마크로 사용되기도 한다.) 승인을 받았다.

국내에서 구할 수 있는 블루치즈 종은 프랑스의 블루 도베르뉴(Bleu d'Auvergne), 블레스 드 블루(Bless de bleu), 이탈리아의 고르곤졸라(Gorgonzola)가 있다. 치즈만 그냥 먹기보다 스파게티에 섞어 넣거나 소스로 만들어 먹는 것이 거부감을 일으키지 않는데 스파게티에 넣을 때는 한 스푼 정도를 맨 마지막에 넣어 면과 함께 섞어 주면 된다. 이렇게 하면 스파게티 면을 블루치즈가 코팅하듯 감싸면서 깊고 진한 맛을 느끼게 해 준다. 또한 크림소스와 섞어 먹으면 크림소스의 느끼한 맛은 중화되면서 블루치즈의 깊은 맛을 느낄 수 있다.

3.
퐁슬레 시장의
프로마주리 알레오스

치즈 책을 들여다보면서 치즈 가게에서 실물 치즈와 대조해 보는 작업을 며칠째 하고 있지만, 한 가게에 있는 수십 가지의 치즈 속에서 정신없이 눈 돌려 가며 책 내용과 맞춰 보다 보니 어째 '실물이 존재함' 정도의 확인 작업 이상은 되지 못했다.

'차라리 보고 싶은 치즈 하나를 콕 집어서 가는 건 어떨까? 그렇게 되면 가기 편한 한곳에만 자꾸 가게 되려나?'

대형마트가 치즈 보기는 편했지만 이왕이면 현지인들이 단골로 이용하는 시장 속 치즈 가게가 더 낫지 싶었다. 그리고 치즈 가게가 수없이 많은 이곳 프랑스에서는 치즈를 보는 것 이상으로 여러 가게를 둘러보아야 그 문화를 제대로 체험할 수 있을 듯했다.

론리 플래닛을 뒤져 보니 파리의 먹거리 리스트에 절대 후회하지 않을 좋은 치즈 가게가 있다고 쓰여 있어 찾아 나서기로 했다. 그리고 그곳에서 브리brie에 대해 알아보기로 했다. 서울에서 사 먹어 봤던 그 물컹거리는 치즈.

가게는 파리 17구의 아주 작은 시장 골목에 있었다. 책에서 소개할 정도의 가게라면 제법 큰 곳일 거라 생각했는데 웬걸, 채 50미터도 되지 않는 짧은 시장 골목에서도 그리 눈에 띄지 않을 만큼 작은 곳이었다. '애개, 겨우 여기야?' 실망을 넘어 솔직히 속은 기분까지 들었다.

"봉 주르! 뭐 필요한 것 있어요?"

"저… 사진 좀….."

우선은 사진이라도 찍으며 가게를 둘러보기로 했다. 그런데 찍기 시작한 지 10분쯤 되었을까? 그 사이 연세 지긋하신 할머니들이 끊이지 않고 줄을 서서 치즈를 사 가셨다. '특이하네…. 어쩜 할머니 손님이 이리 많을까?' 그제야 유심히 쳐다보니 그곳 주인아저씨는 손님 한 사람 한 사람에게 정말 최선의 친절을 베풀고 있었다. 무엇이 필요한지 일일이 물어보고 손님이 고른 치즈를 잘라 맛까지 확인시킨 뒤 손님이 만족해하는 얼굴을 하면 그때야 치즈를 잘라 포장해 건넸다.

'뭔가 단단히 착각하고 있었어.'

단지 크고 번듯한 가게가 아니라는 이유로 실망부터 하고 있었으니 말이다.

모든 손님이 나갈 때까지 10여 분을 더 기다린 후에 비로소 내 차례가 돌아왔을 때 나는 그날 사려 했던, 짚 위에 얹혀 있는 브리 치즈를 골랐다. 아저씨는 사진을 잘 찍었는지까지 물어보시곤 내가 원하는 만큼의 아주 적은 양을 잘라 곱게 포장해 내어 주셨다. 그 사이 또 가

게 안이 꽉 들어찰 만큼 손님들이 줄을 섰고 나는 그 줄에 밀려 곧 가게를 빠져나와야 했다. 여전히 연세 많은 손님들로 가득한 그곳을 나와 밖에 서서 다시 한 번 돌아보고는 피식 웃어 버렸다.

'바보 같으니라고….'

그때부터 조금 전까지 보잘것없어 보인다고 생각했던 그 작은 시장 안을 찬찬히 둘러보았다. 날은 금방이라도 비가 쏟아질 듯 어둑어둑해지고 있었다. 여전히 찬바람 많이 부는 2월 초, 주머니에 손을 넣어도 손가락 끝이 시렸던 그때, 몇 번을 찾아 헤매도 볼 수 없었던 손가락장갑이 그 시장 안 어느 모퉁이에서 내 눈에 들어왔다. 장갑의 반이 뚜껑처럼 열리게 되어 있어 장갑을 완전히 벗지 않아도 손을 쓸 수 있는 장갑이었다. 어찌나 반가웠는지…. 게다가 2천 원 정도의 저렴한 가격까지.

매일 부르트던 손에 장갑을 끼고, 한 손에는 친절한 아저씨네서 산 치즈 봉지를 들고 돌아오면서 생각했다. 지하철역에서도 멀고 별로 볼 것도 없는 작은 시장 안의 특별할 것 없는 치즈 가게를 가이드북에서 소개한 이유는 잘 나가는 유명 치즈 가게가 아닌 마음을 느낄 수 있는 가게를 보여주려 했기 때문이 아닐까? 지하철역에 도착하기도 전에 변덕스런 파리의 하늘은 어느새 비를 뿌리기 시작했다.

"뭐 어때, 모자를 쓰면 되지 뭘…."

Fromagerie Alléosse
13 rue poncelet 75017 Paris

메트로 6호선 Ternes
화요일부터 토요일까지 9~13시, 16~19시.
일요일 9~13시. 월요일 휴무

동역 옆 시장의
할머니네 치즈 가게

파리에 도착하자마자 등록해 다니기 시작한 불어 학원의 수업 시간은 매일 아침 10시부터 12시까지였다. 그래서 수업이 끝난 12시 이후에 치즈 가게를 찾아다닐 수 있었는데, 이날도 수업을 마치고 학원 안 카페테리아에서 간단하게 점심을 때운 다음 오후 1시쯤 동역 부근에 있다는 시장을 찾아 나섰다.

 동역 앞에 이르러 보니 역 근처라 그런지 동네 분위기가 많이 어수선했다. 역에서 얼마 가지 않아 보인다는 시장은 막상 찾고 보니 붉은 벽돌로 지은, 한참이나 낡은 단층짜리 건물이었다. 생긴 모양이 꼭 숭례문 수입상가와 비슷해 '여기도 어디 지하로 내려가는 문이 있나?' 싶어서 건물 주위를 한 바퀴 돌아도 출입구는 없고 커다란 철문으로 몇 군데가 막혀 있었다. 폐업을 한 듯도 했다. 그런데 철문 옆에 붙어 있는 작은 종이를 보니 아침 8시에 열고 오후엔 점심부터 3시 반까지 닫는다는 영업시간이 적혀 있었다.

　근처 케밥집에서 시간을 보내다 정확히 3시 반에 다시 찾아가니 철문도 열려 있고 가게들이 하나 둘 문을 열고 있었다. 아직 파리에 도착한 지 얼마 안 된 때라 그때까지도 단순히 그 시장의 점심시간이 다른 곳보다 조금 더 긴 것이라 생각했다. 나중에야 알게 되었다. 점심시간이 조금 지난 한 시쯤부터 오후 서너 시까지 파리의 재래시장 골목은 대부분 그렇게 개미 한 마리 찾아보기 어려울 만큼 문을 꼭꼭 닫아 버린다는 것을. 그래서 학원 수업이 끝나는 12시 이후에 어디 시장이라도 갈라치면 서너 시까지 꼼짝없이 기다려야 했다.

　슬슬 시장 안을 걸어 다녀 보니 그리 크지도 않은 건물 안에 치즈 집이 두 곳이나 있었다. 관광객들이 찾는 곳이 아닌, 아주 소박하고 조용한 시장인데다 사람이 너무 없어서 치즈 가게 앞을 서성대기가 조금 멋쩍었지만 눈이 마주친 주인 할머니께 못하는 불어 대신 눈으로 살짝 인사를 드리고는 진열장 안의 치즈를 둘러보기 시작했다. 숨소리조차 크게 들릴 정도로 너무 조용한 그곳에서 혹여 실례가 될까 봐 한 장 한 장 조심스럽게 사진을 찍고 있노라니 그때야 가게의 모습이 제대로 눈에 들어왔다. 그런데 그곳엔 치즈뿐만 아니라 딸기잼에 계란 등의 식료품까지, 꼭 시장 한 귀퉁이의 낡은 참기름 집처럼 소소하지만 정겨운 물건들이 제자리를 지키고 있었다. 처음에는 무뚝뚝해 보였던 주인 할머니도 다시 눈이 마주치자 살짝 웃어 주시는 모습이 영락없는 시골 동네 할머니의 모습이었다.

　원래는 치즈를 살 생각이 없었다. 하루도 거르지 않고 사다 놓는 통에 냉장고에 쌓여 가는 치즈만으로도 감당이 안 되어 며칠 동안은 그냥 구경만 다닐 작정이었다. 그런데 그곳 진열장에 둥근 케이크같이 생긴 하얀 덩어리 위에 부추 같은 초록색 풀이 뿌려져 있는 것이 눈길을 끌었다. 이름표에는 '프로마주 프레 아 라 시불레트Fromage Frais a la Ciboulette'라고 쓰여 있었다.

'시불레트라는 지명이 있는 건가? 생소한 곳인데….'

그래도 생긴 모양이 맘에 드니 우선 먹어 봐야겠다 싶어 조금만 사 보았다.

저녁나절 집에 와서 풀어 보니 수분이 많았는지 포장지가 흠뻑 젖어 있었다. 도대체 이 치즈는 뭘까? 약간 신맛 나는 요구르트 같으면서 어찌 보면 조금 굳은 크림 같고…. 끝 맛은 또 어찌나 담백한지 심심할 때 수저로 떠먹으면 주전부리로 좋겠다. 처음엔 뭔지 몰라 관찰하며 천천히 먹다가 나중엔 하도 맛있어서 포장지 바닥까지 싹싹 긁어 먹었다. 그런데 문제는 도통 치즈 이름이 책에 없다. 결국 며칠이 지나 다른 시장에 들렀다가 똑같은 치즈를 발견하고는 그 의미를 알아냈다.

프로마주 프레 fromage frais, 불어로 프로마주는 치즈이고, 프레는 신선하다는 뜻이었다. 아하! 만들어서 바로 파는 치즈구나. 숙성 기간 없이 집에서도 만들어 먹을 수 있는 그런 치즈. 뭔가 대단한 걸 발견한 기분이었다. 불어만 좀 잘하면 바로 알 수 있는 거였는데. 그리고 시불레트는 치즈 위에 뿌려져 있던 부추 같은 식물을 가리키는 말인데, 백합과이며 조미료로 쓰이는 식물이라고 한다. 결국 그 치즈는 이름 그대로 '시불레트를 뿌린 신선한 치즈'였던 것이다.

글을 쓰다 보니 말씀도 없으신 그곳 가게의 할머니가 자꾸 생각난다. 사진 잘 찍으라고 치즈 이름표들도 하나하나 돌려 놔 주시곤 했는데. 결국 파리를 떠날 때까지 다시 그 가게를 가 보진 못했지만…. 할머니, 제가 다시 파리에 가는 그날까지 오래 오래 건강하세요.

Marché St-Quentin
blvd de Magenta 75010 Paris

1866년에 지어진 이 시장은 붉은 벽돌의 외벽과 유리와 철근으로 연결된 높은 천장을 가지고 있는 단층 건물이다. 언뜻 보면 낡은 창고 같지만 미로처럼 이어진 실내는 골목 사이사이마다 앤티크 소품들이 아기자기하게 진열되어 있으며, 전형적인 동네 시장의 진면목을 볼 수 있는 곳이기도 하다.
메트로 4, 5, 7호선 Gare de l'Est
화요일부터 토요일까지 8~13시, 15시 30분~19시 30분.
일요일 8~13시. 월요일 휴무

프로마주 프레 Fromage Frais

Tip

프랑스에서는 프로마주 프레(신선한 치즈) 혹은 프로마주 블랑(Fromage Blanc, 하얀색 치즈)이라고 하며, 영어로는 코티지 치즈(Cottage Cheese)라 부른다. 일반적으로 살균우유(파스퇴르 밀크)를 가지고 만드는데 소, 양, 염소의 모든 젖이 사용 가능하다. 지방 함량이 적고 담백함과 신맛을 지니고 있으며 발효를 하지 않기 때문에 치즈 특유의 향이 없는 대신 보관 기간은 짧다.
기본적인 형태는 순두부 혹은 떠먹는 요구르트와 비슷하며 보통 커다란 통에 담아 놓고 국자로 떠서 무게를 달아 판매한다. 치즈만 따로 먹기도 하고 프랑스에서는 과일이나 견과류 등을 섞어 아침식사로 애용하기도 한다.

5.
우연히 마주친 프로마주리 쥘레

동역의 시장을 나오던 길이었다. 아직 해는 많이 남아 있었고 그럼 또 어디를 가 볼까 하곤 길 위에 서서 주위를 두리번거리고 있던 찰나 건너편 길 멀리 높은 건물 벽에 그려진 그림이 눈에 띄었다. 그림은 칸칸이 나뉘어 있는 버티컬처럼 다가갈수록 그 입체감이 더했다. 그에 홀린 듯 앞도 살피지 않고 그렇게 길을 계속 따라가 마침내 건물 앞에 도착했다. 하지만 막상 그 앞에 서자 초라하고 낡디 낡은 시멘트 덩어리 건물이 음산함만 풍기고 있을 뿐이었다. 그리고 그때야 주변 광경이 눈에 들어오기 시작했다. 건물 아래쪽으로는 차들이 끝없이 일렬로 주차돼 있고 그 사이로 울렁울렁 사람들이 아지랑이처럼 피어오르고 있었다.

"센강 북쪽은 우범 지대가 많아서 조심해야 한다던데…"

원래는 동역 앞의 시장만 보고 곧장 그 낯선 동네를 빠져나올 심산이었다. 워낙에 동네가 낙후돼 있었고 그 모습이 나를 지레 겁먹게 했다. 그래도 이미 들어선 길, 몇 걸음만 더 내려가자 하고 발을 내디뎠지만 얼마 안 가 마주치는 사람들이 대부분 흑인이나 인도 쪽 사람들이라 괜한 선입견에 몸이 자꾸 움츠러들었다. 게다가 웬 경찰이 그리도 많은지, 일정한 간격으로 그 번잡한 차들 속에 경찰차가 한 대씩 자리를 잡고 있었다.

"정말 우범 지대인가 보네. 아님 경찰이 이렇게나 많을 리가 없지. 이런 곳에 치즈 가게가 있을까? 그냥 이쯤에서 돌아가, 말아?"

그렇게 조금 더 걸어가고 있으려니 마침 큰 대로가 보이고 그 끝에 무슨 독립문 같은 것이 세워져 있기에 그게 뭔지 확인만 하고 돌아서야지 하는 순간이었다.

"앗! 치즈 가게다!"

그동안 몇 곳 못 봤던 정말 커다란 치즈 가게가 보이는 것이었다. 가까이 다가가 보니 작은 치즈가 진열된 모습은 다른 가게와 비슷했지만 통치즈를 그렇게 많이 쌓아 둔 곳은 그곳이 처음이었다. 천장부터 바닥까지 치즈는 물론 와인도 한가득이었다. 가게 안으로 들어서 신기한 듯 두리번거리고 있으려니 눈이 마주친 점원이 빙긋 웃어 준다. 그 틈을 타 목에 걸고 있던 카메라를 들어 보여주니 괜찮다는 눈짓을 보낸다.

이때의 나는 매일 매일 만나는 그 모든 치즈들을 사진기에 담아 놓고 집에 와서 살펴보는 게 일이었다. 하지만 아무리 허락이 떨어졌다 해도 몇 장 찍다 보면 당연지사 뒤통수가 따갑기 마련이기에 그렇게 한참을 찍다 보니 어째 좀 미안해졌다. 그렇다고 해서 딱히 살 치즈가 있는 것도 아니었다. 그날은 이미 다른 치즈를 샀고 집에는 전날 사 놓은 것도 아직 두 개나 남아 있던 터였다. 미안하지만 그냥 나가야 하나 하며 두리번거리고 있는데 희한하게 생긴 치즈 하나가 눈에 들어왔다.

노오란 통치즈에 작고 까만 씨앗들이 촘촘히 박혀 있는 모습이 꼭 호밀빵 같은 치즈였다. 형태나 색깔이 어디서 많이 본 듯한, 꽤 낯익은 모양이었다. 이름을 보니 고다 치즈란다.

'고다? 그래, 고다 치즈구나! 근데 박혀 있는 이건 뭐지? 그나저나 이건 프랑스 치즈가 아니라 네덜란드 치즈잖아. 프랑스 치즈도 아직 못 본 것이 산더미처럼 남았는데 무슨 다른 나라 치즈까지….'

그래서 그동안 자주 마주치는 이 치즈를 못 본 척했었는데, 이날 본 고다 치즈는 정말 특이하게 생겨서 안 살 수가 없었다.

맛은 우선 전혀 짜지 않았고 향도 거의 없었으며 전에 먹었던 톰므 치즈(tomme. 톰 혹은 톰므라고 불리며 프랑스 어느 지역에서나 적은 양의 우유로 만들어지는 단단한 치즈)처럼 쫀쫀해 꼭 식어 있는 모차렐라 치즈 스틱 같았다. 첨가돼 있는 민트 씨앗 같은 것 때문에 씹는 맛 또한 재밌었다. 덕분에 모든 치즈가 고약하거나 소금 덩어리는 아니라는 사실도 알게 되었다. 역시 더 많이 경험할수록 더 많이 알게 되는 법이다.

Fromagerie Julhés

이 가게는 동역에서부터 무작정 걸어 내려가다 마주친 곳이기에 정확한 위치는 잘 기억이 나지 않는다. 단 생드니 역에 내리면 독립문과 비슷한 커다란 문이 보이는데 그 대로변에 위치하고 있는 것만큼은 확실하다.
메트로 1호선 Strasbourg St-Denis

고다 Gouda

Tip

네덜란드를 대표하는 치즈로 네덜란드 전체 치즈 생산량의 60퍼센트를 차지한다. 네덜란드의 유명 관광 상품 중 하나인 알크마르 치즈 시장의 주요 치즈이기도 한데 숙성 기간은 최소 두 달부터 최대 2년 이상까지이다. 겉 부분은 파라핀으로 코팅되어 있는데, 초록색 코팅은 허브가, 오렌지색(거의 노란색에 가깝다.) 코팅은 커민(cumin) 씨앗이 첨가된 것이다. 이 커민 씨앗은 카레 등에 많이 쓰이는 향신료로서 후추 대신 사용할 정도로 향이 강하다.

요즘 우리나라의 백화점이나 대형 마켓에도 고다가 수입되어 있다. 고다와 비슷하게 파라핀으로 코팅된 상태로 수입되는 네덜란드 치즈로 에담(Edam)이 있어 종종 고다와 혼동하기도 하는데, 에담은 네덜란드에서 고다에 이어 두 번째로 생산량이 많은 치즈로 단단한 하드계열 치즈에 속한다. 고다가 조금 밍밍한 맛이라면 에담은 짭짤하고 진한 맛이 있어 맥주 안주로도 좋으며, 열에 늘어지는 성질이 있어 그라탕이나 계란말이 사이에 넣어서 조리를 한다면 영양과 함께 간이 배어 좋은 맛을 느낄 수 있다.

6.
에티엔느 막셀의 몽토르게이 시장

"도대체 어떻게 찾아갔더라?"

지하철 에티엔느 막셀Etienne Marcel 역에서 가도 나올 곳이고 레알 Les Hall 역에서도 그리 멀지 않은 곳임은 분명한데 지하철역의 출구를 빠져나와 어디로, 어떻게, 어느 골목을 향해 걸어가서 그 치즈 가게를 발견했는지는 이제 와서 생각해 봐도 전혀 기억이 나지 않는다. 단 한 번이라도 지도를 보고 길을 따라갔으면 좋았으련만 매번 그곳이 어디쯤 있다는 걸 안다는 이유로 "이쯤에서 왼쪽이었지. 아니 오른쪽이었어." 하는 식으로 찾아갔으니 말이다.

실은 맨 처음 에티엔느 막셀 동네엔 치즈 가게 때문에 간 게 아니었다. 엉뚱하게도 유명한 멀티 중고 숍이 있다기에 나선 길이었다.

그러니까 그 동네를 처음 가던 날, 토요일 아침부터 한다는 일이 중

고 숍 하나 찾아 가는 것이라는 게 스스로 한심하기도 했지만 어쩐지 꼭 가고 싶었다. 그 동네에 가면 젊은이들의 첨단 패션을 알 수 있는데다 유명한 옷 가게들도 즐비하다고 했다. 파리에 도착해 한 달 동안 치즈 가게만 돌아다닌 나로서는 다른 문화에 솔깃할 때가 된 것이었다.

중고 숍은 듣던 대로 중고라 여기기엔 너무 비싼 상품들로 가득했고 손님으론 정말 일본 사람들이 많았다. 역시 패션에 문외한인 나에겐 뱁새가 황새 따라간답시고 나설 곳이 아니었다. 결국 신나게 물건 고르는 일본 관광객들 틈을 투덜거리며 비집고 나왔다.

토요일 오전이어서 그랬는지 거리엔 기대와 다르게 사람들이 별로 없었고 발견한 유명한 옷 가게들 또한 하도 조용해서 나는 그저 동네 한 바퀴나 돌아볼 요량으로 방향도 없이 발길 닿는 대로 슬렁슬렁 걷기 시작했다. 해도 잘 뜨지 않는 스산한 날씨에 이게 무슨 청승인지 점심시간도 막 지나서 배까지 고파지기 시작할 무렵 아무 생각 없이 지나쳐 간 길이 곁눈질로 느끼기에도 많은 사람들이 움직이는 듯했다.

"뭘 지나치긴 한 것 같은데…."

다시 뒷걸음질 쳐 골목 안을 들여다보니 웬걸! 시장이었다. 그 동네 사람들은 죄다 그 골목에 모여 있는 듯 북적이는 분위기의 크고 넓은 시장이 그곳에 있었다.

고픈 배 때문이라기보다 사람들이 줄을 서 있기에 그 틈에 껴 보고 싶어 빵집에서 빵도 사면서 이곳저곳을 찬찬히 둘러보았다. 평평하고 넓은 길의 시장답게 오밀조밀한 가게들보다 큼직한 가게들이 줄을 잇고 있었다. 노천카페도 시장 안에 있다고 보기엔 여유로울 만큼 크게 자리 잡고 있었고 장 보러 나왔다가 아는 이를 만나 한참 동안 얘기 중인 사람들의 자전거가 카페 앞에 즐비하게 늘어서 있었다.

이렇게 큰 시장이라면 당연히 치즈 가게가 적어도 두 곳은 있을 터였다. 아니나 다를까 문을 닫은 가게까지 포함해서 총 세 곳의 치즈 가게를 발견했다. 특별히 치즈 책을 가지고 나오지도, 먹어 봐야겠다고 생각한 치즈도 없었기에 그저 가게나 구경하러 골목 맨 위쪽의 가게부터 들어가 보기로 했다.

오밀조밀 캔디 가게처럼 어찌나 작은 치즈들이 많은지 가게 밖에까지 내놓고 진열해 놓은 모습이 인상적인 곳이었다. 입구에서 힐끔힐끔 눈치만 살피다가 용기를 내 안으로 들어갔다. 아주머니 두 분이서 숨까지 고르며 열심히 치즈를 나르고 계셨다. 사람을 끌 만큼 아기자기하게 예쁜 가게의 외형과는 달리 손님이라곤 서성이는 나뿐이었는지라 사진을 찍어도 될지 고민하다가 치즈라도 살까 하고 이리 기웃저리 기웃거리며 한참 동안이나 손님 행세를 했건만 두 분 아주머니는 끄떡도 않고 일만 계속하시며 오고가기 바빠 서 있는 내가 오히려 진로 방해꾼이 되어 버렸다.

그 사이 한 아주머니가 치즈를 도마 위에 올려놓고 다듬고 계시기에 작은 치즈라도 살 요량으로 더듬더듬 여쭈니 의외로 상냥한 답을 해 주셔서 용기를 내어 치즈를 자르는 아주머니 모습을 카메라에 담고 있었다. 그런데 갑자기 옆에서 버럭! 내지르는 소리가 들려왔다. 다른 아주머니셨다. 알아듣지 못하는 내용이었지만 험악한 인상을 썼던 아주머니의 모습에 비춰 보면 '일하는데 치즈 안 사려면 나가'라는 말이 아닐까 싶었다. 고작 몇 분 있었을 뿐인데…. 결국 뒤통수가 따가운 채로 쫓기듯 가게를 빠져나왔다.

골목에 장 보는 사람은 많은데 그 가게에만 손님이 없는 건 아주머니 때문일 거라며 혼자 투덜거렸다. 아니나 다를까 고작 몇 미터 내려갔을 뿐인데 바로 아래 치즈 가게에는 사람들이 길게 줄 서 있었다.

그곳은 꼭 팔딱거리는 날생선 가게 같았다. 손님도 가게 분위기를 따라가는지 다들 싱글벙글이었다. 가게 안쪽에서는 남자 셋이 치즈를 들고 자르며 웅성웅성 손님과 얘기를 하고 있었다. 아마도 우리나라 시장의 인심 좋은 아저씨들처럼 구성진 이야기들을 하고 있지 않을까 싶었다.

나는 내 차례가 올 때까지 한참을 기다렸다. 그리고 드디어 차례가 왔을 때 빙긋 웃으며 우선 사진을 좀 찍겠다고 하자 주인아저씨는 진열장 앞을 가득 가렸던 손님들에게 치즈가 잘 보일 수 있도록 좀 비켜서 달라고 하는 것으로 OK 사인을 주었다. 하지만 정작 내가 찍고 싶은 건 진열장의 치즈보다 이 가게의 모습이었다. 유쾌하고 친절한 이 시장 속 가게 모습을 그대로 사진 속에 담아 내고 싶었다.

사진을 다 찍었지만 아직 어떤 치즈를 사야 할지 결정을 못하고 있던 터였다. 진열장 안을 한참 뚫어지게 보고 난 후에야 화덕에 구워 놓은 빵처럼 두툼하고 큰 생넥테르 St-Nectaire 를 골랐다. 맛 괜찮겠지? 생긴 모습이 브리 치즈의 일종 같은데 거부감은 적겠지?

1955년에 AOC에 이름을 올린 생넥테르는 오베르뉴라는 프랑스 중남부 지방의 치즈로서 잘라 놓은 단면은 촉촉한 브리 같은데 먹어 보면 담백 그 자체다. 손으로 한 움큼 떼어내 먹어도 될 만큼 말이다. 쭉쭉 늘어지는 게 캐러멜 같은 탄성을 지니고 있는데 손가락으로 잡아당기면 그 단면에 참기름을 발라 놓은 것처럼 윤기가 흐른다. 입 안

에서는 그 윤기 때문인지 달라붙지는 않았고 씹는 느낌이 젤리 같기도 하고 말캉한 떡 같기도 했다. 첫맛은 담백한데 끝 맛은 달고 부드럽게 넘어갔다. 하지만 독특한 맛이 부족해 밋밋한 느낌도 있었다. 먹고 난 후 뒷맛은 깨끗해, 다른 치즈들처럼 우유를 마신 듯 혀 사이사이에 무언가 달라붙어 있는 느낌은 없었다. 책을 찾아보니 이 치즈는 루이 14세가 즐겨 먹은 치즈 중 하나로 맛은 복잡하고 표면이 축축하며, 줄이 생긴 건 말릴 때 깔아 놓는 볏짚 때문이라고 되어 있었다.

일주일이 지난 늦은 토요일 오후, 이 가게를 다시 찾았다. 해가 어둑어둑 넘어갈 즈음 레알 역에 내려 지난번 들렀던 요리 도구 가게에서 치즈용 칼을 하나 사곤 대충 어림짐작으로 작은 골목들을 두리번거리고 있자니 북적이는 시장 골목이 또다시 나타났다. 이렇게 찾으니 지도를 안 볼 수밖에.

'조금 헤매면 어때. 얼마 머물지도 못할 파리, 이렇게라도 해서 그냥 못 보고 지나칠 뒷골목들 하나라도 더 봐 둬야지.'

이것이 내가 지도를 보지 않고 다녔던 가장 큰 이유였다. 파리에 머물 수 있는 시간은 3개월뿐. 그 다음은 프랑스 전역을 돌아야 하고 그 다음은 이탈리아 혹은 스위스로 갈 예정이었기에 시간 배정상 파리에 머물 수 있는 시간은 3개월이 최대였다. 거기에 생각해 보니 영국도 걸렸다. 유로스타만 타고 넘어가면 간단한 곳인데 간다면 얼른 다녀와야 했다. 까다로운 영국의 입국 심사 때문에 파리에서 법적으로 거주할 수 있는 3개월이 다 채워진 상태에서 영국에 들어갔다간 여차하면 파리로 못 들어올 수도 있었다. 그럼 영국엔 언제 갈 것인가. 일주일 후? 열흘 후? 가게 된다면 학원도 하루 이틀쯤은 빠져야 하는데. 그리고 가기 전에 영국에서는 어떤 치즈를 보게 될 것인지 미리 공부도 해야 하지 않을까.

그래서 그날 아침, 영국 치즈가 있을 것 같은 다른 네 곳의 치즈 가게를 돌아다니느라 저녁이 다 되어서야 그 시장 가게에 들르게 된 것이었다. 가게 입구에 들어서자 가게의 모든 분들이 한눈에 나를 알아보셨다. 인사를 꾸벅 하곤 대뜸 하루 종일 들고 다닌 작은 수첩을 꺼내어 읽기 시작했다.

"앙… 앙글레떼흐… 프.로.마.주?(영국 치즈 있어요?)"

읽어 내는 나도 어려워 이 발음이 맞는지 고개를 갸우뚱거리며 말끝을 흐렸더니 나를 바라보던 주인아저씨는 '뭐라고?' 하는 얼굴을 하신다. 나는 목소리라도 크면 알아들을까 싶어 다시 한 번 크게 읽어 드렸다. 하지만 아저씨는 여전히 못 알아듣겠다는 얼굴이시다. 에그, 모르겠다. 나는 가지고 있던 수첩을 아예 아저씨께 드렸다.

"여기요, 여기 이 리스트요."

내가 손가락으로 가리킨 건 열 개쯤 적어 놓은 영국 치즈 리스트였다.

"음… 우리 가게에 있는 영국 치즈는 말이야…. 이것도 없고, 이것도 없고…."

결국 이 가게도 앞서 들른 다른 치즈 가게들과 다를 바 없이 영국 치즈는 체다 cheddar와 블루 스틸톤 blue stilton 두 종류뿐이었다. 그래서 결국 사 오게 된 체다 치즈. 생긴 건 붉은 커버 때문인지 에담 치즈하고 비슷했다. 그동안 이 흔하디흔한 체다 치즈는 거들떠보지도 않았는데 사실 이 치즈가 영국 것인 줄은 그날 처음 알았다. 그나저나 맛

은? 진짜 퍽퍽하다. 쫀득함이 있기를 하나, 그렇다고 특별한 향이 있기를 하나, 솔직히 말하면 우리나라 슈퍼에서 파는 체다 슬라이스가 더 맛있었다. 그러고 보니 어렸을 적 친구네 집에 놀러갔을 때 미군 식품점에서 사 왔다는 노오란 통치즈를 먹은 적이 있는데, 바로 그 맛과 비슷했다. 어렸을 땐 그 짙은 노란색 덩어리가 어찌나 생소하고 신기했었는지. 하지만 다시 먹어 본 체다는 그냥 맛없고 재미없는 치즈였다. 오히려 그 밋밋함 때문에 많은 사람들이 거부감 없이 즐기는 것인지도 모르지만.

이후 몇 차례 더 체다를 맛볼 기회가 있었다. 그런데 체다는 먹어 볼수록 그 매력이 느껴지는 치즈였다. 아무래도 너무 성급하게 판단해 그 진가를 몰라보지 않았나 싶다. 파리에 왔으니 특이한 치즈만 먹어야 한다는 강박증을 가지고 있어서 체다는 그 흔한 샌드위치용으로도 많이 먹어 봤다는 생각에 얕은 지식과 얕은 입맛으로 단 한 번 맛을 보고 평가했으니. 물론 처음 혀에 닿는 맛이 정확한 맛일 수도 있겠지만 치즈는 발효식품이라 어떤 것은 맛을 볼수록 더 깊은 맛을 느낄 수 있었고 알아챌 수 있었다. 그래서 생각해 봤다. 내가 처음 맛보고 이렇다 저렇다 평가했던 치즈의 맛들이 어쩌면 잘못된 것일 수도 있겠다고….

Marché Montorgueil
86 rue montorgueil 75002 paris

메트로 3호선 Senitier(지하철 에티엔느 막셀 역이나 레알 역을 이용하면 복잡하니 비추천)
화요일부터 토요일까지 7~20시.
일요일은 오전만 오픈. 월요일은 휴무

7.
세브르 길,
카트르옴므 프로마제

블로그에 메시지가 남겨져 있었다.

"사진에 나와 있는 치즈 가게, 엄청 유명한 상표예요. 혹시 주소 좀 알려 주실 수 있나요?"

프랑스의 어느 치즈 가게를 가나 잘라서 파는 치즈를 살 때면 주인은 랩처럼 둘둘 말린 종이를 북 찢어 치즈를 돌돌 말아 포장해 준다. 포장지에는 가게의 이름과 상세한 주소 및 전화번호가 쓰여 있어 일기를 쓸 때마다 자료용으로 쓰느라 방 한쪽에 켜켜이 쌓아 놓고 있었기에 그 가게의 포장지도 쉽게 찾아낼 수 있었다. 그러곤 주소를 옮겨 쓰려는데 어라! 그간 못 봤던 주소가 2개나 더 붙어 있었다.

"어? 치즈 가게가 체인점도 있어?"

이 치즈 가게는 파리에 총 세 곳의 체인점을 가지고 있었다. 그중

한 곳의 주소를 보니 학원에서 멀지 않은 세브르 길에 있었다.

다음 날 오후, 그 가게를 찾아가 보았다. 막 가게 문 앞으로 다가가 문을 열려는 순간 아차, 문을 닫는 점심시간이었다. 그래서 그날은 그냥 집에 돌아와야 했다. 그리고 그 후 만족할 만큼 사진을 찍고 치즈를 보기까지 그곳에 세 번을 더 드나들어야 했다.

치즈 가게를 여섯 곳쯤 다녀 본 뒤론 가게 문을 열고 들어서면 그 집 치즈 냄새가 아니라 그 집 사람 냄새부터 맡아 보게 됐다. 그 치즈 가게의 공기가 어떠한지 말이다. 처음엔 좀 멋쩍은 마음에 무조건 치즈 사진만 찍고 원하는 치즈를 얼른 사 가지고 나오면 된다고 생각했지만, 조금의 경험이 쌓이자 이왕이면 가게 점원들하고 얘기도 하고 그 가게의 분위기도 익혀 보고 싶은 마음이 들었다. 이상하게도, 아니 당연한 일인지도 모르지만 가게의 분위기가 좋은 곳은 손님도 많았고 치즈 맛도 만족스러웠다. 물론 그런 곳들은 흔쾌히 사진도 찍게 해 주고 정보도 찬찬히 알려 주었다.

파리 안에 두 곳이나 체인점을 낸 이 유명하다는 치즈 가게에 들어선 첫 느낌은 부산함이었다. ㄱ자로 이어진 가슴 높이의 진열장 뒤에 서 있는 일곱 명의 직원들은 파리의 여느 치즈 가게들에서처럼 앞 손님이 끝날 때까지 기다릴 여유를 주지 않았다. 출입문을 밀고 들어오는 손님이 진열장 앞으로 치즈를 고르러 올 때까지 눈동자가 그 동선을 그대로 따라 다니고 있어 아주 시끄러운 소리는 나지 않아도 공기의 흐름만으로 분주함이 느껴지는 곳이었다.

카메라를 목에 걸고 들어갔지만 과연 찍을 수 있는 동선이 나올까

싶을 만큼 가게 안으로 손님들은 꾸역꾸역 계속 밀려 들어오고 있었다. 결국 들어오는 손님들 때문에 점점 옆으로 옆으로 밀리더니 ㄱ자의 진열장 모서리에 턱! 부딪치면서 바로 앞에 선 직원과 눈이 마주치게 되었다.

'무슨 말을 하지? 어떤 치즈를 살지도 정해 놓지 않았는데…'

어쨌든 뭔가 얼른 하고 나가야 할 것 같았다. 가게 안엔 나 말고도 손님들이 꽉 들어차 있었기에 그간 치즈 가게들을 다닌 약간의 경력(?)이 있었음에도 그렇게 꽁꽁 얼어 버린 것이었다.

"음… 저기… 사진을 찍어도 될까요?"

"천천히 보시고 필요한 것 있으면 말씀하세요."

생각 외로 직원의 답변이 무척 친절했다. 하지만 침착한 직원에 비해 나는 여전히 빨리 빨리 하고 나가야 한다는 생각에 분주했다. 그래야 실례가 안 될 것 같았다. 그도 그럴 것이 시장 안에 있는 치즈 가게들은 출입구라는 게 거의 없거나 있다 한들 양쪽으로 항상 활짝 열려 있어 시장의 길과 가게가 하나가 되어 사람이 많다면 밖으로까지 나가서 줄 서 있을 수도 있었고, 출입문이 작은 가게에서는 이렇게 사람들로 꽉꽉 차 있을 땐 들어가 본 적이 없었던지라, 가게 안과 밖이 확실히 구별되는 이곳에서 나만 생각하며 치즈 사진을 찍어 댄다면 직원들의 기분이 좋을 리 없다고 생각했기 때문이었다. 이날 난 번갯불에 콩 볶아 먹듯 사진을 찍고 토마토와 올리브 열매로 범벅이 된 페타 Feta 치즈(양젖을 이용해 만든 그리스의 대표적인 치즈로 주사위 모양으로 잘려 오일이 담긴 작은 병에 넣어져 판매된다. 우리나라에서 쉽게 구할 수 있다.) 샐러드를 사 들고 가게를 빠져나왔다.

하지만 가게 밖에서 안을 다시 들여다보니 어찌나 오밀조밀 쌓아 놓고 장식된 물건들도 많은지 이대로는 안 되겠다 싶어 며칠 후 큰 카메라를 챙겨 들고 다시 가게로 향했다. 다행히도 다시 간 그날엔 시간을 잘 맞췄는지 손님이 거의 없는 한가한 모습이었다.

아무리 다국적 인종이 존재하는 파리라지만 이렇게 관광지가 아닌 곳의 치즈 가게에 동양인이 나타난다는 건 그곳 사람들에게 당황스런 일인지도 모른다. 샹젤리제 거리의 가게들이야 내가 외국인이건 말건 그리 부담감 없이 응대를 해 오지만 외곽의 상점들은 낯선 내가 들어가면 서로 눈짓을 주고받으며 영어를 할 줄 아는 사람을 밀어 내 주곤 했다. 다시 찾은 치즈 가게에서 나를 맞아 준 사람은 지난번 친절히 응대해 준 그 남자 직원이었다.

사진을 제대로 찍을 요량으로 아예 큰 카메라를 목에 걸고 갔었기에 나는 대충의 눈짓으로 사진을 찍어도 되는지를 먼저 물었다. 손님이 없으니 이렇게 편할 줄이야. 그때야 가게 안의 물건들이 눈에 들어오기 시작했다. 그런데 가게에 진열해 둔 물건들은 치즈 박물관을 꾸며도 될 만큼이었다. 입구의 카운터 앞에서부터 시작해 치즈에 관한 책이며 판매용 치즈 슬라이서 등의 도구들이 전시돼 있었고 벽에는 오래된 옹기들이, 앞쪽 유리엔 치즈 만들 때 쓰는 도구들이 어디 한 틈 빈 곳 없이 진열돼 있었다. 가게가 좀 더 컸더라면 저 물건들이 더 빛날 텐데 하는 아쉬움까지 들었다.

그날은 손님이 없다는 이유로 너무 여유를 부려 온 직원들이 신나게 사진 찍는 나만 쳐다보고 있다는 걸 알지 못했다. 그러다 문득 머리를 스치는 생각이 있었으니, 바로 문 닫을 시간이 다 되었다는 것이

었다. 그래서 그렇게 손님이 없는 거였다. 이런….

"저… 저… 그냥 이거 주세요."

뭔가를 골라 볼까 했지만 또 한 번 당황한 나는 급하게 눈동자를 굴리다가 손가락 가는 대로 아무것이나 가리켜 버렸다.

그렇게 사 온 치즈가 콩테Comté였다. 콩테는 알프스 쥐라 산에서 한 마을이 그룹이 되어 만드는 치즈라고 한다. 샐러드나 샌드위치에 넣어 먹는 하드 타입이며, 퐁듀를 해 먹을 때 가장 많이 사용하는 치즈이다. 사실 급하게 골라서 지난번에 먹은 캉탈Cantal인 줄 알고 조금은 후회하면서 돌아왔는데 웬걸, 캉탈하고는 전혀 다른 느낌이었다. 기대를 안 하고 먹어서 더 그랬는지도 모르지만, 맛이 무척 담백하고 끝 맛은 달았다.

이 느낌 어디서 느꼈는데… 이 익숙한 느낌, 어디서였더라? 건조하지만 조금은 습기가 있는… 베어 물 때마다 치아에 달라붙는… 그래, 삶은 밤! 잘 익혀 수저로 속을 싹싹 긁어 먹던 삶은 밤의 느낌이었다. 그러고 보니 맛도 어림 비슷했다. 콩테는 암모니아 냄새는 거의 느낄 수 없었고 기름기가 많은지 풀어 보니 포장지가 튀김 싸 온 것처럼 투명해졌다. 다른 치즈들 먹느라 조금 남은 걸 일주일간 두었다가 먹었는데도 여전히 맛있었다. 그때는 몰랐다. 나중에 콩테에 그렇게 빠져 버릴 줄은….

Quatrehomme fromager
44 rue de severes 75007 paris

메트로 10호선 vaneau
월요일은 휴무, 점심시간에 문 닫음

8.
파리 국제 농업 박람회

"잘하고 있는 걸까…. 나는 정말 치즈를 제대로 찾고 있는 걸까…. 이렇게 시장만, 치즈 가게만 찾아다니는 게 치즈에 제대로 접근하는 방법일까…."

수업이 끝난 금요일 오후부터 그 긴긴 주말을 꼼짝없이 책상 앞에 앉아 있다 월요일을 맞으니 머릿속이 어수선해 정신이 하나도 없었다. 수업 시작 전, 웅성웅성 떠드는 사람들 옆에서 정신을 가다듬으려 복도의 한 귀퉁이에 머리를 기대고 서 있을 때였다.

"민희! 민희! 찰리가 주말에 농장에 간대!"

유난히 들뜬 유키의 목소리였다.

"뭐? 뭐라고? 농장?"

급작스레 정신이 번쩍 들어 유키를 쳐다보다 바로 찰리 할아버지에게 달려가 얼굴을 드밀었다.

"농장요?"

나이가 70이나 된 찰리는 미국인 할아버지였다. 이제 겨우 3일째 우리와 같이 수업을 듣고 있어 아는 것이라곤 미국인이라는 점뿐이었는데, 붙임성이 좋은 유키와 몇몇 아이들이 말을 붙이다 농장이란 단어가 나오자 바로 나를 불러낸 것이었다.

농장이란 말에 귀가 솔깃했다. 소도 있고 양도 있고 뭐 온갖 것들이 다 있는 농장이라는데 거기에 치즈도 있고 사러 오는 사람들도 많다고 했다. 더군다나 그 농장이 있는 곳이 바로 이곳, 파리란다. 글쎄…. 파리에 농장이 있을 만한 곳이 있나? 외곽선을 타고 베르사유쯤 가면 모를까. 아주 큰 농장이 파리 안에 있다는 게 조금은 납득이 되지 않았지만 수업이 시작되어 얘기는 거기서 대충 마무리를 해야 했다.

여전히 정신없이 못 알아듣는 수업에 산더미같이 내준 숙제 때문에 첸홍을 끌고 곧바로 카페테리아로 향했다. 중국인인 첸홍은 엔지니어로 파리에 온 지 1년쯤 되어서인지 같은 초급반임에도 이해력은 나보다 두 배 이상 빨라서 종종 나의 간이 과외 선생님이 되어 주는 친구였다.

"주말에 농장에 갈래? 소도 있고 양도 있다는데."

"농장?"

"새로 들어오신 찰리 할아버지 있잖아. 그분이 주말에 농장에 가신대. 너도 같이 가자."

"그래! 주말에 할 일도 없는데 잘 됐네."

이렇게 약속까지 해 놓고 보니 마음이 더욱 들떴다. 주말에 농장에 간다니… 치즈도 많다는데…. 지난 주말 내내 '어찌하면 치즈에 관한 제대로 된 이야기를 쓸 수 있을까?' 하는 고민에 빠져 허우적대느라 핏기가 가셨던 얼굴에 화색이 도는 느낌이었다.

그 후 첸홍과 나 그리고 찰리 할아버지는 주말이 될 때까지 붙어다녔다.(그 주말이 지난 후 찰리 할아버지는 젊은 사람들하고 수업을 들으니 속도가 너무 빠르다며 다른 반으로 옮겨 가셨다.) 특별히 어디를 갔다기보다 학원 내 카페테리아에 앉아서 점심을 먹거나 그간 어떤 일을 하던 사람들인지 소소한 개인사를 나누곤 했다. 하루는 뤽상부르 공원 뒤쪽의 찰리 할아버지 집에도 놀러갔는데, 침실 하나에 거실 그리고 겨우 음식이나 해 먹을 수 있는 손바닥만 한 부엌이 딸린 작은 렌트 하우스였다. 뤽상부르 공원을 둘러싸고 있는 집들이 그렇듯 찰리 할아버지의 렌트 하우스 또한 2백 년쯤 된 삐거덕거리는 나선형 계단이 있는 낡은 집이었는데, 작아서 그랬는지 내가 머물고 있는 빌라처럼 황량하지 않고 안락한데다 운치까지 느껴지는 구조였다.

찰리 할아버지는 변호사 일을 하면서 몇 마리의 소를 키우는 농장 주라셨다. 매년 2월쯤 파리에 한 달간 머물다 가는데 2월 말에서 3월 초에 파리 국제 농업 박람회가 열리기 때문에 그에 맞춰 4년째 부부가 함께 파리에 온다고 하셨다. 그러니까 내가 가게 될 그곳은 찰리 할아버지가 표현한 대로 '농장farm'이 아니라, 박람회exhibition였던 게다. 하지만 내가 이 사실을 알게 된 건 박람회장 입구에서였다.

토요일 아침 10시. 지하철 12호선 포르트 드 베르사유Porte de Versailles 역엔 사람들이 넘쳐 났다. 많은 사람들이 그 농장에 가는 거라면 농장은 정말 큰 곳임에 분명했다. 역 안에서 기다리고 있던 찰리

할아버지와 앤 할머니 부부를 만나 역 밖으로 나갔는데, 에구머니나, 버스를 타고 어디론가 더 갈 줄 알았던 나의 생각과 달리 바로 여기가 농장이라고 하시는 게 아닌가. 그곳엔 상상 속에 그려 보던 소들은커 녕 풀 한 포기 없는 시멘트 바닥 위에 체조 경기장을 다섯 개쯤 붙여 놓은 듯한 거대한 건물들이 자리를 잡고 있었다. 그러니까 그곳은 농장이 아니라 파리 최대의 박람회장이었던 게다. 그런데 왜 찰리 할아버지는 끝까지 농장farm이란 단어를 쓰셨을까….

　신분증을 내밀고 바코드가 찍힌 입장권을 받고서야 안으로 들어갈 수 있었다. 내국인들은 15,000원쯤 하는 입장료를 내지만 외국인들은 무료라 했다. 입구에서부터 사람들이 엄청났다. 도대체 몇 개의 관으로 나뉘어 있는지 세기도 힘들 만큼 실로 엄청난 박람회장이었다. 파리 15구에 위치한 이곳은 봄·가을에 열리는 패션 박람회인 프레타포르테Pret-a-Porter를 비롯, 여행 박람회, 도서 박람회 등 세계적인 박람회가 연중 개최되어 늘 세계 각국에서 온 사람들로 붐비는 곳이었다.

　그 속에서 나는 정신이 쏙 빠져 버렸다. 네 시간이나 지도를 쥐고 따라 다녔지만 규모가 너무 거대해서 도통 감을 잡을 수가 없었다. 결국 박람회 첫날 내가 한 일이라곤 점심으로 소시지 샌드위치를 먹은 것뿐이었다. 바로 앞에 전시돼 눈을 껌벅거리고 있는 소와 같은 종의 고기로 만든 소시지라며 사람들이 줄을 서서 사 먹기에 같이 먹긴 했지만, 세상에나 멀뚱히 눈을 껌벅거리며 서 있는 소를 앞에 두고 그와 같은 종의 소로 만든 거라며 좋다고 먹어 댔으니….

　그 후로 나흘을 더 드나들었다. 사실 그즈음 나는 4월쯤엔 시작해야 하는 본격적인 치즈 여행에 대비해 파리 시내의 각 지방 관광 안내소를 찾아다니고 있었다. 하지만 워낙 길치인지라 한 곳이라도 찾아가려면 족히 몇 시간은 걸렸고 제대로 찾았다 해도 점심시간, 휴일 등의 이유로 문을 닫아 놓는 통에 며칠을 투자했음에도 기껏 세 곳밖에 들르지 못했다. 더군다나 막상 들어간 곳에서도 치즈에 관한 정보가 있냐고 물으면 잘 모르겠다는 답답한 대답들뿐이었다.

그리고 나중의 이야기지만 막상 치즈 원산지에 들러 그 지방의 관광 안내소에 갔을 때에도 치즈에 관한 정보는 거의 없었다. 하긴 우리나라도 주식으로 먹는 김치를 나 같은 외국 사람이 찾으러 다닌다면 흔한 게 김치면서도 막상 김치에 관한 지방별 정보는 정리되어 있는 것이 거의 없을 테니 그렇게 따지면 이해가 갈 법도 했다.

박람회장 지도가 눈에 제대로 들어온 건 드나든 지 3일째 되는 날부터였다. 박람회장은 각 부문별로 전시하는 기간이 달랐는데 계약 등의 비즈니스를 하는 농기구 전시실과 치즈 전시실은 약 5일 정도의 짧은 기간을 운영하였고 프랑스 전 지역의 농축산물이나 다른 국가의 농축산물이 전시되는 곳은 열흘 내내 문을 열었다.

처음에 뭣도 모르고 드나든 치즈 비즈니스관은 치즈에 관한 모든 정보를 얻을 수 있으리란 예상과는 달리 어른(?)들만 상대하는 곳이었던지라 기껏 청바지에 가방이나 메고 드나드는 나 같은 애들은 쳐다보지도 않았다. 농장주들을 만나 혹여 갈지 모르는 농장들에 대한 정보를 얻고 싶었지만 대부분 소규모 농장주들이 아닌 각 지방의 커다란 치즈 공장 대표들이 나와 있었기에 접근 자체가 어려웠다. 다만 이 치즈 공장들은 한두 종의 치즈만 전문적으로 생산하는 곳이었으므로 치즈 가게에서 정신없이 몰려 있는 치즈들을 볼 때와는 차원이 다르게 치즈 하나하나를 제대로 관찰할 수는 있었다.

이 비즈니스관에는 치즈를 제조할 때 쓰는 도구 및 가정에서 치즈를 자를 때 쓰는 각종 도구들을 판매하는 네덜란드의 유명한 조리도구 회사도 참가하고 있어서 그간 접할 수 없었던 치즈와 관련된 물건들까지 볼 수 있었다. 전시회 마지막 날에는 진열된 물건을 판매하기도 했다.

지역별 농축산물을 전시하는 곳에는 각 지방의 커다란 깃발이 천장에 매달려 영역 표시를 하고 있었고, 구역마다 그 지방의 내로라하는 음식들을 선보이고 있어서 관람을 하러 온 사람들은 우리나라의 풍물시장에서처럼 그때만 맛볼 수 있는 소시지며 치즈 들을 줄지어 사고 있었다.

처음에는 사람들하고 말이 통하지 않아 지방별 안내 부스에 가서 도움을 요청했다. 짧게나마 영어를 할 줄 아는 사람들의 도움으로 치즈에 관한 정보를 얻긴 했지만 단지 그 고장의 치즈에 관한 설명일 뿐 직접 치즈를 만드는 농부를 만날 순 없었다. 사실 농부로 나온 사람들 대부분이 자릿세를 내고 장사를 하는 사람들이었던지라 나의 신통치 않은 불어를 오랫동안 상대해 줄 리 만무했다. 그래서인지 하루 평균 5~7시간씩 박람회장 곳곳을 열심히 돌아다녔지만 가방 안에 팸플릿만 가득 쌓여 갈 뿐, 실질적인 소득은 거의 없었다.

박람회 마지막 날이었다. 꼭 가야 할 지방만을 다시 체크해 최종적인 자료를 수집하러 돌아다니고 있을 때 사람들로 둘러싸인 치즈 코너를 발견했다. 치즈를 만드는 농부라 하기엔 무척이나 젊어 보이는

테즈를 만난 건 그곳에서였다. 쩌렁쩌렁 울리는 목소리가 남대문시장의 엿장수 저리 가라였던지라 신명난 분위기에 사람들이 모여들어 겹겹이 테즈를 둘러싸고 있었다. 그 사이를 비집고 들어가 서 있으려니 흔치 않은 동양인인 나에게 테즈가 영어로 말을 걸어왔다.

"마드무아젤, 뭘 도와 드릴까요?"

"저… 음… 혹시 이 치즈를 직접 만드시나요? 농장을 가지고 계신가 해서요."

"예, 직접 만들어요."

"그렇다면 혹시 그 농장을 방문할 수 있을까요? 저는 치즈가 보고 싶어 한국에서 왔거든요."

나는 용기를 내어 나의 계획을 얘기했고 테즈는 한 치의 망설임도 없이 치즈 박스를 쭉 찢어 또박또박 주소를 적어 주었다. 5월쯤 오면 치즈를 만드는 적기이니 좋을 거라며, 오히려 꼭 와 줄 것을 당부했다. 날이 좋은 그때 오면 본인의 오토바이를 태워 줄 수도 있다는 자랑 섞인 말도 덧붙였다.

5일 동안 발품을 판 보람이 있었다. 그날은 이상하게도 일이 잘 풀려 다른 몇 곳의 농장에서도 와도 된다며 주소를 상세하게 적어 주었다. 사실 그때까지만 해도 나는 어디에 붙어 있는지도 모르는 그 먼 곳들을 무슨 수로 갈 것인지 아무 확신도 못하고 있었다. 하지만 사람의 일이란 정말 알다가도 모르는 법, 5월이 시작된 어느 날, 나는 믿지 못하겠다는 테즈의 얼굴과 마주하게 된다.

Porte de Versailles
메트로 12호선 Porte de Versailles 역 밖으로 나오면 바로 전시장이 보인다.

9.
7구 시장의
프로마주리 앙드루에

수업이 끝나고 여느 때처럼 학원 2층에 있는 카페테리아에서 지도를 펴놓고 점심을 먹고 있을 때였다.
"민희 오늘은 어디 가?"
찰리 할아버지와 첸홍이었다.
"글쎄…."
"세브르 길에 좋은 치즈 가게가 있는데 한번 가 봐."
찰리 할아버지가 말씀하셨다. 세브르 길은 학원에서 겨우 한 정거장으로 파리의 짧은 지하철 구간으로 보면 엎어지면 코가 닿을 가까운 곳이었다. 하지만 아무리 생각해도 내 기억에 그곳에는 모퉁이를 끼고 있는 백화점뿐이었기에 시장 속 치즈 가게가 있을 만한 곳이 없어 재차 확인했지만 찰리 할아버지는 극구 백화점은 아니라고 했다.

지난번에 우리 집이 뤽상부르 공원에서 멀지 않은 곳에 있다니까 그곳에서부터 학원까지 간단하게 오는 버스가 있다고 하시는 바람에 뭣도 모르고 따라했다가 학원만 늦은 적이 있어 이번에는 할아버지 얘기를 들어도 되나 슬쩍 고민이 되었다. 그래도 파리에 네 번이나 오신 분인데 정말 가 보고 좋았으니 말씀해 주시는 것이겠지. 할아버지를 한 번 더 믿어 보기로 했다.

학원에서 한 정거장만 가면 되는 세브르바빌론 역에 내렸다. 하지만 길을 따라 정말 한참을 걸어가도 아무것도 보이지 않았다. 그러면 그렇지…. 이왕 여기까지 왔으니 남의 동네 구경하는 셈 치자, 하고 버스에 올라 한 네다섯 정거장쯤 더 갔었나 보다. 자동차들이 많이 세워져 있는 곳이 보여 무작정 내려 봤다. 나의 경험상 길가에 차들이 많이 주차되어 있으면 그곳은 상점이 많은 곳이었다. 아니나 다를까, 길을 따라 작은 골목으로 돌아가는 곳에 커다란 천막이 쳐져 있었다. 시장이었다. 장사를 하고 있는 시장인지 아니면 과거에 장사를 했던 폐시장인지 알 수 없을 만큼 길은 엉망이었고, 군데군데 녹슨 커다란 셔터가 내려져 있는 어떤 가게는 방치된 창고를 방불케 했다. 과연 여기가 시장일까 아닐까 한참을 두리번거리며 걸어가는데 어디서 큼큼한 냄새가 났다. 이거, 이거… 치즈 냄샌데…. 고갤 들어 보니 내려진 셔터 꼭대기에 치즈 가게라는 간판이 걸려 있었다. 천막 아래로만 쳐다보고 다니니 간판이 보이지 않았던 것이다. 문가에 붙은 작은 안내문엔 4시에 문을 연다는 표시뿐이었다.

드디어 4시가 되었을 때, 폐허 같던 그 길에 거짓말처럼 사람들이 불어났다. 그리고 아무것도 없던 그곳에 꼭 마법처럼 시장 하나가 순식간에 세워졌다.

그 시장 골목엔 치즈 가게가 세 곳 있었는데 먼저 들른 두 곳의 가게에서는 두리번두리번 구경을 하는 나를 힐끗 쳐다보고는 내가 있음에도 나중에 온 다른 손님들만 상대하고 나섰다. 나에겐 불어가 통하지 않을 것이라 생각해서였는지 아니면 신기한 듯 구경하는 모습이 맘에 들지 않아서 그랬는지 알 수는 없지만 그런 가게엔 나 또한 한시도 있기 싫어 바로 나와 버렸다.

그리고 모퉁이를 돌아 아까 봐 두었던 다른 치즈 가게로 향했다. 이미 두 가게에서 환대를 못 받았던지라 이번에는 오히려 내 쪽에서 경계를 하고 가게에 들어갔다. 치즈가 잔뜩 쌓여 있었지만 손님이 없는 탓인지 조명이 어두운 탓인지 문을 열고 들어선 걸 후회할 만큼 썰렁한 가게였다.

"어떡하지?"

어쩔 줄 몰라 삐거덕거리는 마룻바닥 위를 서성이고 있는데 아주머니가 내 눈길이 가는 몇 개의 치즈를 골라내 맛보라며 커다란 작두 칼로 얇게 잘라 건네주셨다. 휴우, 그제야 안심이 되었다. 불어를 제대로 못해 아주머니와 정확한 의사소통을 하기는 힘들었으나 눈을 있는 대로 크게 뜨고 '음~음~' 하며 만족스런 표정을 지어 보이자 아주머니께서도 다 안다는 듯 같이 눈을 크게 뜨고 고개까지 끄덕여 주셨다.

그렇게 난데없이 맛까지 봐 가며 사게 된 치즈는 오쏘 이라티 Ossau Irraty. 냄새가 거의 없고 입 안에서 담백함을 넘어 무척 달게 느껴졌는데 표면이 붉고 거칠게 생긴 이 치즈는 프랑스 남부의 피레네 산맥에

서 양젖으로 만들어 내는, 아주 오랜 전통을 지닌 치즈이다. 오쏘 이라티라는 이름보다는 단순히 마운틴 치즈 혹은 양 치즈라 불리는데 오래 오래 숙성시킬수록 딱딱해진다고 한다.

그리고 보니 이 가게는 집 근처 무프타 시장에 있는 가게하고 똑같은 곳이었다. 카트르옴므 프로마제 Quatrehomme Fromager처럼 체인점이었던 게다. 나는 이곳과 똑같은 가게를 가 본 적이 있다는 말을 전하고 싶어 안 되는 불어로 설명을 시작했다.

"마 메종 무프타.(우리집 무프타예요.)"

"아! 무프타! 우리 가게 무프타에도 있지."

"네! 남자 두 명이 있어요."

"맞아, 무프타 지점엔 머리 반지르르한 남자 두 명이 있어."

아주머니와 나는 서로 마주보며 웃음을 터뜨렸다. 이렇게도 간단한 것을.

fromagerie Androuet
37 rue de verneuil 75007 Paris

근처에 지하철역이 없어 찾아가기가 불편하므로 무프타 시장에 있는 체인점을 찾아가는 것도 좋다.
134 rue mouffetard 75005 Paris

10.
처음 만난 길 위의 시장

"늦었다! 지금 출발해도 학원 도착하면 10분밖에 안 남는데. 그럼 숙제는 언제 하지?"

정말 숙제 때문에 큰일이었다. 선생님의 못마땅한 눈길이 나를 훑고 지나갈 텐데 말이다. 허둥지둥 지하철역을 빠져 나오는데 평소와는 달리 곁눈질로 보이는 뒤편에 무언가가 꽉 찬 느낌이 들었다.

돌아보니 그곳에 시장이 펼쳐져 있었다. 그것도 길 위에 천막을 친 간이 시장이었다. 어! 늦었는데, 늦었는데… 하면서도 발길은 계속 시장 안으로 빨려 들어가고 있었다. 채 몇 걸음 가지 않았는데 치즈 가게가 보였다. 시간은 없고 시장엔 더 있고 싶고 숙제는 그렇다 치더라도 수업엔 늦을 수 없는데. 손목시계를 초 단위로 쳐다보다가 헐레벌떡 학원으로 뛰어 들어갔다.

수업이 끝나자마자 지하철역으로 달려 나갔다. 그런데 글쎄 이제

겨우 12시가 좀 넘은 시간이었건만 장은 이미 끝나 버린 후였다. 가게들은 이미 철수한 상태였고 천막을 돌돌 마는 인부들만 남아 있었다.

'아니 무슨 시장이 장사도 안 하고 벌써 끝나나….'

그 후로도 몇 번을 그 간이 시장과 마주쳤지만 꼭 시간에 쫓겨 학원을 향해 내달릴 때였다. 그렇게 몇 번을 마주치자 장이 서는 대충의 시간과 요일이 파악되었는데 월요일에는 연 적이 없고 화요일과 금요일에는 확실히 열리고 있었으며 아침 8시 전에 시작해서 정오에 끝나는 잠깐 동안의 아침 장이었다. 이것이 새로 알게 된 파리의 이동 시장이었다. 우리나라의 5일장처럼 일정한 요일에만 열리는 장인데 대신 하루 종일 열리지는 않고 딱 정오까지만 장사를 하고 접었다.

시장이 서는 시간과 요일을 알아낸 후, 하루를 정해 그날 아침에는 학원 시작 한 시간 전에 여유 있게 지하철역에 도착했다. 시장은 이른 아침이었음에도 장을 보러 나온 사람들로 북적였다.

일렬로 늘어선 가게들의 길이가 채 50미터도 안 되는 작은 규모와는 달리 그 안에 자리 잡은 치즈 가게는 꽤 컸다. 그간 시간이 여의치 않았던지라 슬쩍 구경만 하고 지나쳤던 그 가게에서 그날은 주인아저씨하고 말을 하게 되었는데, 이 아저씨(총각인지도 모르겠다.)는 내가 갈 때마다 항상 친절 그 자체였다. 그냥 길 위의 장이라서 치즈에 대해 별로 기대를 안 했으나 의외로 종류 또한 다부지게 많았다.

오랫동안 두리번거리기도, 장사를 하는데 옆에서 계속 사진만 찍어 대기도 실례인지라 우선 눈에 띄는 작은 돌멩이같이 생긴 울퉁불퉁한 치즈를 골랐다. 그런데 치즈 모양이 그렇게까지 만들어지려면 숙성 기간이 꽤 길었을 것 같았다. 막상 특이한 모양에 골라 놓고 보니 조금 후회가 됐지만 이미 치즈는 내가 말한 만큼 잘려지고 있었다. 하지만 먹어 보니 생긴 표면만 그렇지 적당히 수분을 함유하고 있어서 생각 외로 먹기에 좋았다. 아주 조금 짠맛을 느낄 정도로 소금기가 거의 없고 씹는 맛은 지난번 콩테와 비슷해 퍽퍽한 듯 습한 느낌이 있었지만 이빨에 달라붙는 정도는 아니었다. 그러다 곰팡이로 덮인 부분을 먹게 되었는데 윽! 꼭 쓰디쓴 알약을 씹은 듯 엄청나게 썼다.

브르비 코르스brebis corse라고 쓰여 있던 이 치즈는 프랑스 남동부에 우리나라 제주도처럼 떨어져 있는 코르시카 섬의 이름을 땄다. 브르비brebis는 불어로 양을 말하는데, 대부분 브르비 치즈는 척박한 산지에서 방목한 양의 젖을 이용하여 만들기 때문에 원래 주산지는 프랑스 남서쪽 아키텐주Aquitaine의 피레네 산맥 부근과 중동부의 론 알프스(Rhône-Alpes, 스위스 인접 지역) 지역 등이라고 한다. 그런데 프랑스 남동쪽에 위치한 코르시카 섬은 농목업이 주업이며 여름철 적은 강수량으로 대부분 과일 농사와 염소, 양의 방목과 양잠업을 많이 하다 보니 이 치즈가 생성되게 되었다고 한다.

사실 여러 번 많은 자료들을 찾아봤지만 다른 많은 지역의 브르비 치즈에 관한 자료만 나올 뿐 코르시카 섬의 브르비 치즈에 관한 자료는 찾을 수가 없었다. 가끔 이렇게 먹어 본 치즈에 관한 자료가 없을 때가 있었다. 그럴 때는 치즈 책에 나온 치즈만 사 먹어야 하지 않나 하는 생각까지 들곤 했다. 프랑스에서는 아직도 새로운 치즈들이 매일 몇 개씩 생겨난다는데…. 오죽하면 자크 시라크 전 프랑스 대통령은 "제발 새로운 치즈 좀 그만 만드세요."라는 말을 했을까?

> 메트로 12호선 Rennes
> 여는 요일은 정확하지 않으나 월요일은 확실히 열지 않으며, 길 위에 서는 간이 시장의 특성상 반드시 오전에 가야 한다.

11.
파리 근교의 브리 시장

"내가 왜 이런 생각은 못했지? 세상에, 이런 방법도 있었구나! 아니 이런 책도 나왔었구나!"

책장을 넘기고 또 넘기며 나는 신대륙을 발견한 듯 흥분에 겨워 어찌할 바를 몰라 했다.

학원 앞에 섰던 간이 시장을 보자 파리에 더 많은 간이 시장이 있지 않을까 하는 생각이 들었다. 간이 시장에는 일반 시장에서 볼 수 없는 물건들이 있을 테고 그렇다면 당연히 색다른 치즈도 접할 수 있을 것 같았다. 공부하다 말고 퍼뜩 이런 생각이 스쳐 학원 3층의 자료실로 뛰어 올라갔다.

"혹시 치즈에 관한 책이 있나요?"

사서는 몇 권의 책을 내주었지만 예상대로 나에겐 정보성이 거의 없는 책들뿐이었다. 한참을 끙끙대며 이것저것 더 찾아 주려는 사서에게 다른 걸 좀 더 보겠다고 하곤 혼자 뒤적거리고 있는데 글쎄 그곳에서 생각지도 못한 보물을 찾아냈다.

'마르쉐 드 프랑스(Marchés de France, 프랑스의 시장들)'라는 그 책은 프랑스 전역의 시장에 대한 내용을 담고 있었다. 불어로 되어 있어 정확하게 읽을 순 없었지만 사진의 내용만으로도 충분히 놀랄 만한 책이었다. 각 지방의 시장들을 다니면서 시장의 풍경과 상인들의 모습을 그려 내고 있었는데 중요한 건 여기에 내가 찾고 있던 '브리Brie'라는 유명한 치즈를 파는 시장에 관한 정보가 나와 있었다는 사실이다.

브리는 이젠 우리나라의 어느 대형 마켓을 가도 쉽게 접할 수 있는 치즈로 프랑스에서도 아주 보편적인 연성 치즈에 속하며 그 원산지는 파리 근교 일 드 프랑스Ile de France에 있다. 일 드 프랑스라면 굳이 숙박을 하지 않더라도 RER(교외선)를 타고 하루 만에 다녀올 수 있는 거리였다.(우리나라로 보면 서울-경기도 거리쯤 된다.) 더군다나 시장이 열리는 시간은 아침 시간대인지라 해가 지기 전에 파리로 돌아올 수 있었다.

토요일 오전.
가방에 물과 바게트 샌드위치를 싸 들고 브리콩트로베르Brie-Comte-Robert 마을로 향했다. 일 드 프랑스의 시장 리스트 분석 결과 파리에서 그나마 그곳의 시장이 가장 가까운 위치였고 브리라는 이름이 들어가는 걸 보니 분명 브리 전문 시장일 거라는 예상에서였다. 그러나 근처에 바로 연결된 역이 없어 우선 지도상 가장 근접한 꼼브라빌 역에 내려 버스를 타고 가기로 했다.

11시쯤 꼼브라빌 역에 도착해 역 밖으로 나갔는데 분위기가 이상했다. 역 앞의 대형 슈퍼마켓을 제외하고는 버스는커녕 사람도 별로 보이지 않는 허허벌판이었던 것이다. 슈퍼마켓의 안내 데스크에 가서 브리 치즈 시장을 물어보니 버스를 타고 한참을 가야 한다는데 말해 주는 사람들조차 고개를 갸우뚱거리며 확실치 않다는 대답만 되풀이할 뿐이었다. 안 되겠다 싶어 근처의 몇 개 버스 정류장 앞에 몇 십 분씩 서서 기다려 봤지만 모두 허탕이었다. 뒤늦게야 버스 시간표를 찾아냈지만 토요일과 일요일은 아예 운행하는 버스가 없었다.

그래도 혹시나 하고 마을이 보이는 골목으로 2킬로미터쯤 걸어 들어갔지만 끝없는 들판에 바람만 엄청나게 불어 댔다. 설상가상 가랑비까지 내려 기온은 점점 떨어졌고 낯선 동네를 몇 킬로미터씩 걸어 다니다 보니 진이 다 빠져 버렸다. 별 수 없이 역으로 다시 가서 근처의 다른 동네로 한두 정거장 더 가 봤지만 여전히 허탕이었다. 이제 온몸이 꽁꽁 얼어 더 이상 갈 수도 없었고 결국 그날은 아무것도 못 찾고 집으로 돌아와야만 했다.

"헤매는 게 취미야? 지난주엔 센강 북쪽까지 올라가서 치즈를 찾더니만(그쪽은 우범지대였다.) 이번엔 허허벌판에서 치즈를 찾아? 이게 뭐냐고…."

눈물이 핑 돌았다. 모범답안을 손에 쥔 눈 뜬 장님 같았다.

일주일 뒤.

아침 일찍부터 집을 나섰다. 그간 내내 접었다 폈다 하는 통에 일 년쯤 쓴 듯 다 해져 버린 지도와 생수병을 챙겨 들고 도착한 곳은 파리의 중심역인 샤틀레 역에서 열여섯 정거장 떨어진 믈렁Melun 역이었다. 지난번에 브리 치즈는 무조건 브리라고 쓰여 있는 동네에만 가면 되는 줄 알고 파리 근교 마을 중 '브리' 글자가 눈에 띄는 가장 가까운 곳을 찾아갔다가 허탕을 쳤는데 치즈 책을 다시 보니 브리 치즈는 브리 드 모Brie de Meaux와 브리 드 믈렁Brie de Melun이라는 두 종류로 나뉜다고 쓰여 있었다.

그렇게 해서 찾게 된 믈렁 역이었다. 역 광장으로 나오자 넓지 않은 그곳에 버스 정류장 몇 개가 서 있었다. 어디로 가든 시장이 하나쯤은 나올 분위기였다. 아직 계단에서 내려가지 않고 서 있을 때 일본인 여자 두 명도 나처럼 두리번거리며 서 있었다.

"일본 사람들이 어떻게 관광지도 아닌 여기까지 찾아왔지?"

여하튼 그녀들도 찾아온 걸 보면 뭔가 제대로 있긴 있을 터였다. 역사 앞에 있는 마을 지도를 보니 마르쉐라는 커다란 표시가 금세 눈에 띄었다. 노선표를 보고 버스에 올라탔지만 몇 정거장을 가야 마르쉐에 도착하는지 몰라 옆 학생에게 물어보자 영어를 할 줄 모른다면서 앞사람에게, 또 앞사람에게 도움을 요청, 결국 맨 앞에 앉은 사람에게까지 질문이 넘어가 여섯 정거장쯤 갔을 때 도착한 마르쉐 앞에서 버스에 올라탄 네댓 명쯤의 사람들이 동시에 "여기가 마르쉐예요."라고 합창을 해 주는 바람에 어찌나 민망하기도 하고 고맙기도 했는지….

버스에서 내리니 체육관처럼 커다란 건물이 광장 끝자락에 붙어 있었다. 실내 시장은 처음이었다. 높은 천장 때문에 울려 대는 사람들의 소리만으로도 꽉 찬 느낌이었다. 거기에 폴폴 날리는 흙먼지 냄새까지. 우선 한 바퀴 돌아보기로 했다. 치즈 가게야 어차피 금방 나올 테니까.

벌써 몇 번째 찾는 시장인데도 그곳은 나를 여전히 가슴 뛰게 만들었다. 사람들의 넉넉한 웃음소리, 붉은 전등 아래 총총히 색을 내뿜는 생선, 야채들. 지나고 나면 다시 만나기 어려운 모습들이었기에 눈에 보이는 한 장 한 장의 그림 같은 풍경들을 담아내려 카메라를 들이밀자 생선 가게 아저씨가 전에는 들어 보지 못한 농을 건넨다.

"마드무아젤, 나 찍으면 10유로야. 공짜는 안 돼!"

아저씨의 능청스런 웃음에 혹시나, 하며 긴장했던 마음이 확 풀어진다. 야채 가게 아줌마도, 과일 가게 아저씨도, 물건을 사려 줄을 선 사람들도 파리의 사람들처럼 자신의 얼굴이 나올까 고개를 돌려 버리는 경우는 없었다. 사람들은 분주히 물건을 사고팔고, 나는 유유자적 그렇게 서성이고 있었다.

몇 걸음 가지 않아 치즈 가게를 만났다. ㅁ자로 되어 있는 가게는 중앙에 세워 둔 진열장을 칸막이 삼아 한쪽은 브리 치즈만을 전문으로, 한쪽은 기타 다른 치즈들과 계란 등 유제품을 파는 식품 코너로 운영하고 있었다. 브리 치즈 매장 쪽으로 많은 사람들이 줄을 서 있기에 나도 우선 그 대열에 합류했다. 하지만 눈에 띄는 외국인이라 그랬는지 주인아저씨가 먼저 눈을 맞추며 활짝 웃어 주셨다. 파리의 시장들에선 물건을 사려면 당연히 줄을 서야 했고 사람들은 흘끔흘끔 내 얼굴을 쳐다봤었는데(동양인이 치즈 가게에 줄 서 있는 건 정말 흔치 않은 일이다.) 이 동네 분들은 줄을 서자마자 한두 마디씩 건네 왔다.

"뭐 도와줄까요? 먼저 사도 괜찮아요."

그러곤 앞에 선 사람들과 같이 그래도 된다는 의미로 고개를 끄덕였다. 하지만 기다리며 구경하는 자체가 더 좋았기에 괜찮다고 인사를 드리자 이번에는 영어를 할 줄 안다는 어떤 아저씨가 아예 내 옆으로 다가왔다.

"브리 치즈에 대해 알우? 이 가게 브리 치즈는 정말 일품이지. 우리 집은 여기서 먼데 나는 일부러 여기까지 온다우."

아저씨는 정말 열심히 브리 치즈의 우수성에 대해 약 5분간 열변을 토하셨는데 사실 난 아저씨의 '그랬수아~ 저랬수아~' 하는 불어 섞인 영어 발음 때문에 거의 알아듣지 못해 그저 이해하는 척 배시시 웃음으로 답할 수밖에 없었다. 그 사이 내 앞에 줄 서 있던 몇 명의 사람들이 돌아가자 치즈를 자르던 주인아저씨가 누군가를 급히 불러내셨다. 그러고는 손짓으로 나를 가리키며 뭐라고 말씀하셨다.

"뭘 도와드릴까요?"

어느 순간 나보다 머리 두 개는 더 있어 보이는 키 큰 남자 직원이 내 앞에 우뚝 섰다. 하지만 고개를 있는 대로 젖혀 그 직원과 눈이 마주친 순간 나는 아무 말도 못하고 머리만 긁적였다. 사실은 그냥 브리 치즈 전문점을 보러 온 것뿐인데. 하지만 뭔가 거창한 말을 해야 할 것 같았다.

"저… 농장을 가지고 치즈를 만드시나요? 그렇다면 치즈 만드는 걸 구경했으면 해서요."

"어… 요즘은 브리를 농장에서 거의 만들지 않아요. 대부분 공장에서만 만들거든요."

남자 직원의 표정엔 난처한 기색이 역력했다.

"그렇지만 저기 매달린 간판에는 프로마주 아피나주라고 쓰여 있는데요."

프로마주 아피나주 fromage affinage 란 다 만들어진 치즈를 숙성시키는 일을 한다는 의미다. 나는 그런 일을 치즈를 만드는 농장에서 한다고 생각했던 것이다. 하지만 이 가게는 말 그대로 다 만들어진 치즈를 가져다 숙성 작업만 해서 판다고 했다. 내가 너무 아쉬운 표정을 지어 보이자 그 직원은 잠깐 멈칫하더니 정 그렇다면 치즈를 가져오는 공장은 안내해 줄 수 있다고 했다. 공장은 쿨로미에 Coulommiers 라는 지역에 있으며(같은 일 드 프랑스 지역이다.) 그 시장에서부터 차로 20킬로미터쯤 가야 나오는 곳인데 2주에 한 번씩 치즈를 가지러 간다고 했다.

'2주에 한 번이라… 조금 있으면 4월인데….'

아무리 가고 싶어도 2주에 한 번 가는 시간을 맞출 순 없었다. 그래서 RER 지도를 보여 주며 혹시 혼자는 갈 수 없는지를 다시 물었다. 하지만 기차역에 내려서도 한참을 가야 나오는 곳이기에 차가 없으면 어렵다고 했다.

'하긴 지난번에 당해 봐서 내 조금은 알지. 그 겁날 만큼 황량한 허허벌판을….'

어차피 처음부터 욕심냈던 일도 아니었고 차가 없으면 못 간다는 말에도 충분히 동의할 수 있었기에 브리 치즈 만드는 과정을 보겠다는 생각은 바로 접었다. 그냥 이 시장에 왔다는 것, 브리 치즈를 종류대로 볼 수 있다는 것만으로도 그간 헛수고한 일에 비하면 대단한 성과였으므로 나는 사진을 더 찍어도 되는지에 대해서만 허락을 받고

머리 숙여 감사함을 표했다.

우리의 이야기가 끝나자 주인아저씨가 "얘기 잘 됐어요?" 하는 얼굴로 나를 향해 고개를 흔드셨다. 나는 "만족해요." 하는 웃음을 지어 보이고는 그때부터 이 가게에 어떤 브리 치즈들이 있는지 살펴보기 시작했다.

브리 치즈는 앞서 말한 브리 드 모, 브리 드 믈렁 외에도 브리 드 쿨로미에, 브리 드 낭지, 브리 르 몽트로 등 총 8가지 정도의 종류로 나뉘는데 대부분 일 드 프랑스의 지역 이름을 땄다. 이 가게에는 6가지 종류의 브리 치즈가 있었다. 그중 믈렁 치즈는 먹어 본 경험이 있어 반갑기까지 했는데 여기까지 왔으니 당연히 오리지널을 먹어 봐야 진정한 맛을 알 수 있을 것 같아 제일 먼저 이 치즈를 샀다.

이 시장의 모든 브리 치즈는 작고 둥근 모양 덕에 다른 종류의 치즈와는 달리 그램으로 팔지 않고 최소 단위가 치즈의 8분의 1부터였다. 꼭 케이크 먹을 때처럼 원의 반을 자르고 또 반을, 또 반을 자르는 식으로 나누어 판매했는데 금액은 파리의 반 가격이었지만 양은 두 배여서 묵직한 게 부자가 된 기분이었다. 이 치즈 외에도 브리 드 모 치즈를 사 왔는데 이유는 믈렁과 모 치즈 두 가지가 항상 혼동되어서였다. 마음 같아선 그 외의 모든 브리 치즈를 다 사고 싶었지만 어쩌랴, 최소 판매 단위가 8분의 1이니 나머지는 구경만 하고 말아야지….

집에 가져와서 먹어 본 결과 모Meaux 치즈는 향도 약하고 짠맛도 거의 없는 반면 믈렁Melun 치즈는 강한 향에 짠맛이 진해 좀 거부감이 일었는데 그 강한 향이란 꼭 곰삭은 홍어 냄새라 할까? 우리나라 대형 마켓에도 요즘 브리 치즈가 많이 수입되어 있는데 아마도 부드러운 모 치즈의 맛을 살린 것 같다.

치즈 가게를 나와 시장 안의 다른 가게들을 둘러보며 사진을 찍고 있는데 어디선가 두꺼운 목소리의 남정네들 함성이 들렸다.

"여기요! 여기요! 포토! 포토!"

어느 커다란 정육점이었는데 몰려든 남정네들이 가지각색 재미난 표정들을 지으며 큰 목소리로 사진을 찍어 달라고 외치고 있었다. 빨간색으로 통일해서 입은 옷 때문인지 밝게 활짝 웃는 얼굴들 때문인지 그곳 정육점이 무척 환하게 느껴졌다. 어디서나 웃으며 하는 부탁만큼 거절하기 힘든 것도 없다. 그런데 그 저울 위에 올려놓은 소시지 포장해야 되는 것 아닌가?

아저씨들! 장사하셔야죠!

Mail Gaillardon Marché Couvert
RER D2 Melun
역 광장 앞에서 마르쉐 가는 버스를 타면 10분 정도 후에 도착한다. 토요일 오전 시장이므로 대략 10시경에 도착하면 구경하기에 최적이다.

브리 Brie

Tip

브리 치즈는 앞에서도 말했듯 만드는 곳에 따라 브리 드 모 Brie de Meaux와 브리 드 믈렁 Brie de Melun으로 나뉘는데 모 Meaux 지역은 일 드 프랑스의 동북쪽에, 믈렁 Melun 지역은 동남쪽에 위치해 있다. 같은 듯 다른 이 치즈들은 실제로 보면 그 맛이나 모양새에 확연한 차이가 있다.

우선 모는 맛이나 향이 그리 거부감을 일으키지 않을 만큼 은은한 반면 믈렁은 대하는 순간 같은 브리 치즈라고 보기 어려울 만큼의 강한 맛과 향을 내뿜는다. 이 맛의 차이는 처음 우유에 레닛(rennet, 우유를 굳게 하는 단백질 가수 분해 효소의 하나. 소나 양 등의 위액 속에 들어있다.)을 부어 넣는 시간부터 응고 후 숙성 시간 등이 다르기 때문이며, 그 크기 또한 맛이 약한 모는 3센티미터의 얇은 두께에 지름 약 40센티미터의 대형 피자 크기인 반면 맛이 강한 믈렁은 4센티미터의 조금 도톰한 두께에 지름 약 30센티미터의 표준형 피자 크기다. 모는 1980년, 믈렁은 1990년에 AOC 승인을 받았다.

이 치즈의 하얀 겉면은 페니실리움 칸디둠이라는 균에 의해 생기는데 초기의 치즈 위에 이 곰팡이균을 분사기로 뿌리면 시간이 지나면서 하얗게 치즈 겉면을 둘러싸게 된다.

모두 소의 젖을 사용하며 평균 숙성 기간은 3~4주이다.

12.
플라스 몽주 시장

일요일 아침. 매일 일어나는 시간에 눈이 떠졌지만 밤사이 누가 다리에 돌을 묶어 놓고 간 듯 몸이 무거워 움직일 수가 없었다. 평소 같으면 집 앞 빵집까지 문을 닫는 일요일이니 늦잠을 잤으련만 학원에서 발견한 책에서 적어 온 파리의 시장 리스트가 자꾸 눈앞에 아른거려 그대로 누워 있을 수가 없었다.

"플라스 뭐라 했는데…."

떠지지 않는 눈으로 침대 옆에 흩어져 있는 책들 사이를 더듬거려 수첩을 집어냈다.

"마르쉐 몽주 Marché Monge: 파리 5구 플라스 몽주 Place Monge, 수요일, 목요일, 일요일 아침"

지하철 지도를 찾아보니 다행히도 플라스 몽주라는 역 이름이 있었다. 집 앞의 무프타 시장에서 고작 두 정거장이라 여차하면 걸어가도

될 만큼 아주 가까운 곳이었다.

'그런데 일요일 날 정말 시장이 열릴까?'

사실 좀 의심스러운 일이었다. 쉬는 날이라면 백화점은 물론이요 집 앞의 구멍가게까지 꼭꼭 문을 닫아 버리는 파리인데.

주섬주섬 카메라를 챙기고 집을 나서는데 어? 올려다본 하늘이 구름 한 점 없이 파랗다. 비 오는 날이 대부분인 겨울의 파리에서 흔치 않은 맑은 날을 만나다니, 징조가 좋았다.

플라스 몽주 역에 도착해서 본능적으로 귀를 기울였다. 역 앞에 장이 섰다면 최소한 그 웅성거리는 소리가 지하로 울려 들어오지 않을까 기대해서였다. 하지만 휴일의 썰렁한 공기만 역사 안에 가득할 뿐이었다.

"역시 아닌가…."

역 바깥으로 나가는 계단을 밟는데도 여전히 아무 소리도 들려오지 않았다. 하지만 마지막 계단에 발을 올려놓는 순간 시야에 들어온 건 쨍쨍한 햇볕 아래로 빛나고 있는 구불구불 몇 겹의 노점들이었다. 그곳은 정말 빛나고 있었다. 붉은 속살이 그대로 드러난 잘린 호박 덩어리가, 잘 구워져 돌아가는 구릿빛 통닭이, 달달거리며 굴러가는 바퀴 달린 장바구니가 모두 햇살을 가득 받아 반짝이고 있었다. 책에서는 프티 마르쉐(Petit Marché 작은 시장)라고 했지만 한눈에 봐도 천막이 몇 겹으로 줄지어 있는 제법 규모가 큰 시장이었다.

일요일 아침 파리 시내는 어디를 가나 적막 그 자체인지라 나는 대부분의 파리지앵은 늦게까지 잠이나 자는 줄 알았지 이렇게 추운 날 부지런을 떨며 밖에 나와 장을 보고 있을 줄은 생각도 못했다. 귀퉁이에 자리 잡은 소규모의 몇몇 노점을 빼면 어느 가게 앞이나 물건을 사려면 줄을 서야 할 정도로 사람들이 많았다. 기껏 두 걸음 떼면 앞사람에게 양해를 구해야 했고 사진을 찍으려면 사람이 없는 노점 뒤쪽으로 돌아가서 옆 가게로 넘어가야 했다. 파리 사람들이 장을 볼 때 항상 들고 다니는 바퀴 달린 장바구니나 왕골로 짜인 커다란 장바구니 때문에 앞사람을 피해 지나가려 해도 꼭 발밑을 조심해야 했다.

차디찬 아침 공기 때문에 사람들의 하얀 입김이 햇살을 받으며 여기저기 날아 다녔다. 생선 가게 아주머니의 챙강챙강 비늘 긁는 소리와 야채 가게 아저씨의 드르륵 흙 감자 쏟아 내는 소리가 바쁘게 움직이는 사람들 소리와 어우러져 시장 안은 조용한 듯 시끌시끌했다. 하지만 우리네 시장의 "자, 싸요 싸요!" 하는 장사꾼의 목청 돋우는 소리는 들을 수 없었다. 그래도 이 광경만은 빼놓지 않고 연출되고 있었으니, "아, 하나만 더 넣어 줘요!" "나도 남는 것 없어요!"

아침에 일어나기 전에는 다리가 아프네, 몸살이 날 것 같네 하더니만 이곳에 와서는 정신없이 카메라 셔터를 누르며 신나게 돌아다니느라 손가락이 새빨갛게 얼어 버리는 줄도 모르고 있었다. 솔직히 난 좀 고민을 했었다. 아무리 시장을 좋아해도 치즈 가게를 찾으러 와 놓고선 너무 시장만 찾아다니는 건 아닌가. 하지만 어느 곳을 찾아봐도 열 곳 중 아홉 군데의 치즈 가게는 시장 안에 있었다. 그만큼 치즈가 프랑스 음식 문화에서 큰 비중을 차지하고 있다는 말인데 그렇다면 그 음식 문화를 고스란히 전해 주는 시장을 모르고서야 어찌 치즈를 알 수 있을까? 나는 치즈도 시장도 결국 같이 읽어 내야 할 문화라고 결론을 내리고 더 이상 의문을 두지 않기로 했다.

몇 바퀴를 도는 동안 눈으로 세어 놓은 치즈 가게만도 네 군데나 되었다. 사실 한 군데를 빼놓고는 잘 팔리는 한두 덩어리의 치즈만 가져다 놓고 계란이며 소시지며 기타 부식들을 함께 팔고 있어 치즈 가게라고 할 수는 없었다. 눈여겨봐 두었던 치즈 가게에는 사람들이 너무 많이 줄을 서 있어 두 번이나 사진 찍을 기회만 엿보다 발길을 되돌린 참이었다.

이 치즈 가게엔 그동안 보았던 다른 치즈 가게들에서보다 자두 크기 정도의 작은 치즈가 많이 있었는데 크기가 작다고 해서 가격까지 싼 게 아니어서 그간 한 번도 사 먹어 보지 않았던 치즈들이었다. 그래서 그날만큼은 비싼 가격일지라도 작은 치즈를 한번 사 먹어 볼까 했는데 워낙 종류가 많아 여차하면 이름도 알 수 없는 치즈를 사게 될까 봐 연방 두리번거리기만 했다. 사실 그동안 염두에 두었던 치즈가 있긴 했다. 지난번 파리 농업 박람회에서도 봤던 나뭇잎으로 싸여 있는 크기가 딱 초코파이만 한 치즈였다. 그 조그마한 게 자그마치 4유로씩이나 했지만.(그동안 평균 3유로 이하의 치즈만 샀다.)

바농Banon이라는 이 치즈는 원산지가 그 유명한 남프랑스의 프로방스인데, 사실 내가 그동안 이 치즈를 사지 않은 건 바로 그 나뭇잎 때문이었다. 어떤 치즈도 그렇게 나뭇잎에 둘러싸여 있는 것이 없었기에 벗겨 내면 어떤 모양을 하고 있을지, 혹 곰팡이가 소스라칠 정도로 엄청나게 덮여 있는 건 아닌지 이래저래 걱정스러웠다. 더군다나 맛도 의심스러웠다. 다른 치즈들은 그 표면이 그대로 드러나 있어 어느 정도 예상을 할 수 있지만 이 치즈는 내부도 보이지 않는데다 냄새를 맡아 보면 축축한 나뭇잎 향이 나는 게 대체 감을 잡을 수 없었다.

연방 살까 말까를 고민하며 사진만 찍고 있었는데 주인아저씨나 아주머니는 싫은 내색 하나 없이 영어를 할 줄 아는 딸까지 앞세워 주셨다. 결국 용기를 내어 하나 사 들고 돌아와 조심스럽게 나뭇잎을 벗겨내고는 한 입 먹어 보았는데, 웬걸, 지금껏 미뤄 온 일이 후회될 만큼 아주 부드럽고 촉촉한 맛이 입 안에서 크림처럼 맴돌았다. 겉을 싼 나뭇잎은 밤나무 잎이라는데 그 향이 배서 그런지 치즈 고유의 간장 고린내는 거의 느낄 수 없었다. 그런데 좀 느끼하긴 했다. 크기가 딱 초코파이만 한데 한꺼번에 반쯤 먹었더니 속이 좀 메슥거렸다. 아무리 맛있어도 과유불급이라 했거늘 나는 항상 한번에 많이 먹는 것이 탈이다.

결국 이날의 경험으로 나중에 프로방스의 바농 치즈 마을에까지 찾아가게 된 것이었다.

Marché Monge
메트로 7호선 Place Monge
매주 수요일, 목요일, 일요일 오전 7시경부터
정오까지

13.
카페 같은 캉탱

등잔 밑이 어둡다더니 옛말치고 틀린 말 하나 없다. 매일 들고 다니던 치즈 책에 파리의 유명한 치즈 가게 리스트가 나와 있을 줄이야. 물론 그간 다녔던 치즈 가게들도 꽤 괜찮은 곳이었지만, 이 책에는 책을 만드는 데 도움을 준 파리의 유명하다는 치즈 가게들, 더군다나 그 치즈 가게의 주인들인 프로마제(fromager, 치즈를 만드는 사람)에 대한 소개까지 실려 있었으니, 그렇다면 치즈를 직접 만드는 장인들을 만나 볼 수 있다는 말이 아닌가?

형광펜으로 표시해 놓은 몇 곳의 치즈 가게를 다시 살펴보고는 점심시간이라 문을 닫을 걸 알면서도 2시쯤 학원을 나섰다. 7구에 두 곳, 8구에 한 곳, 4구에 한 곳. 그렇다면 오늘은 7구에 있는 두 곳에 가 보면 되겠군.

'파리에서 가장 젊고 최고인 프로마제.'

책에는 이렇게 적혀 있었다. 롤랑Roland이란 이름의 그 장인을 찾아 7구의 가게에 도착했을 때에는 역시 너무 일찍 왔는지 다시 문을 열 때까지 한 시간이나 기다려야 했다. 문 닫힌 가게 앞에는 나 말고도 캐나다에서 관광을 왔다는 3명의 여성이 기다리고 있었다. 그들은 2년 전 이 가게의 치즈 맛을 보고 반해서 다시 찾아온 거라 했다. 이런 열성적인 팬까지 있으니 이 가게는 대단한 곳임에 틀림없다고 생각했다. 가게 문이 열릴 때쯤에는 나와 3명의 캐나다 여성을 포함 10명쯤의 사람들이 문이 열리기를 기다리고 있었다.

밖에서 봤을 때 예상했지만 가게 안은 정말 좁디좁았다. 더군다나 몇 평 되지도 않는 공간 한가운데에 진열장이 떡하니 버티고 있어서 답답하기 그지없었다. 하지만 그 좁은 공간 어디에도 빈틈이 없을 만큼 온갖 종류의 치즈를 비롯 아기자기한 장식품까지 알맞게 진열되어 있어 가게의 분위기를 살리고 있었다.

여느 치즈 가게를 갔을 때처럼 우선 사진을 찍어도 되는지를 물어볼 참이었다. 내 차례가 되기를 기다려 물어보려는데 말이 잘 통하지 않자 어떤 아주머니가 영어를 할 줄 안다며 통역을 맡아 주셨다. 직원에게 책을 보여 주며 이곳이 맞는지, 맞다면 정말 치즈를 직접 만드는지 등을 물어보는데 직원의 얼굴 표정이 썩 좋지가 않았다. 조금 있다가 지배인인 듯한(가게는 작았지만 직원은 손님만큼 많았다.) 남자가 나와 통역 없이 바로 말을 할 수 있었는데, 처음엔 좀 듣는 듯하더니 "정 그렇다면 사진 한 장만 찍고 가세요."라고 하는 게 아닌가. 내가 다시 책을 보여 주며 이 가게에서 주인이 정말 직접 치즈를 만드는지 알고 싶다고 해도 그의 답변은 간결했다.

"사장님은 안 계십니다. 저희는 직접 치즈를 만들지 않습니다."

왠지 나를 밀어내는 듯한 그 직원의 태도에 당황스러워 얼굴이 굳은 채로 서 있었더니 좀 전에 통역을 해 주셨던 아주머니도 이해를 못하겠다는 얼굴로 나를 바라봤다. 같은 프랑스인이 보기에도 그 직원의 태도는 이해가 안 되는 면이 있었던 게다. 결국엔 시간만 소비하고 기분만 상한 채로 가게를 나와 버렸다.

치미는 화 때문에 가게를 나오자마자 무작정 계속 걸었다. 그런데 씩씩거리며 한참 걷다 보니 근처의 다른 치즈 가게에 찾아가기로 했던 게 문득 생각났다. 으이그….

7구의 두 번째 치즈 가게는 주소를 따라 길을 찾기는 했는데, 하나의 이름 아래 그렇게 긴 길은 처음이었다. 걸어도 걸어도 끝이 없었다. 사람도 거의 없고, 치즈 가게가 있을 것 같지도 않은 분위기였다.

"잘못 봤나? 카페 같은데…."

가던 걸음을 멈추고 주소를 확인하며 돌아보니 찾고 있던 가게의 이름이 눈에 들어왔다.

'캉탱Cantin'

아마도 그 앞에 노란색 밴이 주차되어 있지 않았다면 그냥 지나쳤을 만큼 그곳의 간판은 눈에 띄지 않게 작았다. 간판이 아니더라도 야채 가게는 야채 가게처럼, 과일 가게는 과일 가게처럼 특유의 형상이 있건만 그런 모습만을 생각하고 이 가게를 찾는다면 절대 찾을 수 없는 그런 곳이었다. 차양이 드리워 있고 통유리벽에 오렌지 빛 스탠

드가 매달려 있는 모습은 카페라고 해도 손색이 없었다.

가게 안에 들어서자 나를 맞이한 점원은 다름 아닌 일본인이었다. 내가 놀라는 기색을 보이자 자신을 아르바이트생이라고 소개하며 일본어로 된 가게 안내서를 내밀었다. 내가 한국 사람이라고 하니 바로 "안녕하세요."라며 인사를 해 왔다.

그곳은 부부가 운영하는 치즈 가게였다. 가게의 이름인 캉탱Cantin은 여주인의 아버지이자 창시자인 크리스티앙 캉탱Christian Cantin이 1950년 파리에 가게를 내면서 지은 것인데 1982년 마리-앤 캉탱Marie-Anne Cantin이라는 이름으로 본격적인 사업을 시작했다고 한다.

이 가게에서는 단지 농장에서 배달돼 온 치즈를 판매만 하는 것이 아니라 주인이 직접 치즈가 만들어지는 초기 과정에까지 참여하여 전통적인 방법으로 생성되는 치즈만을 선정, 판매하는데 이 주인은 치즈의 원료인 우유의 품질이 동물의 먹이에서부터 결정된다는 생각에 1988년 프랑스 전통 치즈 만들기 협회(ARTFF, Association for the Respect of the French Cheese making Tradition)까지 결성하였다.

영어로 된 팸플릿을 읽어 보니 다음에 한 번 더 카메라를 제대로 챙겨 와서 사진을 찍어야겠다는 생각이 들어 작은 치즈 하나만 사 들고 돌아왔다. 이날 사 온 건 종 모양의 조그만 치즈. 다른 여러 치즈 가게들에서도 봐 온 거지만 이 집은 특히 여러 가지로 모양을 내어 아기자기하게 만들어 놓은 모습이 인상적이었다. 치즈를 사 온 다음 날 학원 카페테리아에서 시식을 해 봤는데 그 맛이 짠맛도, 강한 향도 없는 좀 되직한 크림치즈 같았다. 지난 번 동역 할머니네 치즈 가게에서 사 먹은 프로마주 프레처럼 속이 하얀데 그 치즈보다는 수분이 적어서 손

으로 떼어 먹어도 묻어나지 않았다. 오히려 너무 되직해서 목에 걸리기 쉬워 물과 함께 먹게 되는 치즈였다. 아니 프랑스 사람이라면 와인을 곁들여 먹겠지.

책을 찾아보니 부통 독 Bouton d'oc이라는 미디 피레네 지방(남프랑스의 스페인 인접 지역) 치즈였지만 이 가게에선 여러 가지 다른 데코레이션 때문인지 겉에 뿌려 놓은 재료에 따라 이름을 달리하고 있었다. 부통 독 치즈는 바닥이 되는 원의 지름이 3센티미터, 높이가 3.5센티미터의 작은 치즈로, 만드는 기간은 한 달, 만드는 계절은 봄부터 가을까지이며, 미살균 염소젖이 원료이다.

두 번째로 찾아간 날은 하필 가게 문 닫는 시간이었는지 모두들 분주했다. 커다란 자루가 창고 문을 들락날락하는 걸 보니 대청소를 하는 것 같았는데 내가 들어서자 고맙게도 나를 알아본다는 듯 그 일본인 직원을 바로 불러내 주었다. 하지만 다들 너무 바빠서 사진을 찍기가 미안했다. 그 와중에 안쪽의 주방 같은 곳에서 나오신 아저씨께 사진을 부탁드리자 모자까지 고쳐 쓰시고 자세를 취해 주셨는데 어찌나 고마웠는지.

그날 가져온 다른 자료들에 의하면 이 가게는 일본의 도쿄와 히로시마에 체인이 있었다. 일본어 안내서가 그래서 있었구나. 치즈 체인이라니, 정말 부럽다. 웬만한 수요가 없다면 체인까지 내기 어려울 텐데 말이다. 우리나라에도 이런 체인이 생겼으면 하는 바람이 슬그머니 일었다.

Catin
12 rue du champ de mars
75007 Paris

메트로 8호선 Ecole Militaire
월요일부터 토요일까지 8시 30분~19시.
일요일 휴무. 점심 문 닫는 시간 없음

파리를 떠나며
무프타 시장에서

나에게 무프타는 단순히 집에서
가장 가까운 시장이었던 동시에 파리의
가장 큰 로망이었다.

귀찮을 만큼 자주 들렀지만 항상 친절했던 치즈 가게 아저씨가 있었고, 대화는 별로 못해 봤지만 돌아가신 외할아버지처럼 붉은 주먹코를 한 치즈 가게 아저씨도 있었다. 불친절해서 마주치고 싶지 않았지만 이상하게 계산할 때마다 마주치게 되는 슈퍼마켓 계산대의 할머니와, 사지도 않으면서 자주 들락거렸던 잡화점의 아주머니도 있었다.

　비오는 날은 비가 와서, 해 뜬 날은 해가 떠서 예뻤던 그 골목.

　선글라스를 끼고 멋스런 바바리를 입었으면서도 커다란 장바구니가 전혀 어색하지 않았던 핸섬한 파리지앵과, 좁디좁아 발 디딜 틈도 없는 골목 카페 밖 의자에 앉아 햇살을 즐기며 커피를 마시고 수다를 떠는 사람들까지.

　어찌 잊을 수 있을까, 무프타 그 좁고 기다란 골목길을….

두번째이야기 프랑스 · 스위스
치즈를 찾아서 자동차 여행

1.
난데없는 시작

4월 넷째 주쯤에 움직일 예정으로 이제 슬슬 준비를 해 볼까, 하며 여유를 부리고 있었는데 갑작스럽게 차질이 생겨 학원이 끝나는 돌아오는 금요일에 떠나야 하는 상황이 발생했다. 하지만 나는 아직 정확한 루트조차 정해 놓지 않은 상태였다. 이탈리아는 일정에 넣을 것인지 말 것인지, 또 이동은 어떻게 할 것이며, 숙박은 어디서 할 것인지 등등 계획된 건 아무것도 없었다.

"기차 예약을 해야 하나? 아니 어느 역부터 해야 하지? 서울서 사 온 프랑스-이탈리아 기차 패스를 어떻게 써야 할까? 그렇다면 스위스는 언제 가지?"

급하게 지도를 찾아보고 있는 자료들을 밤새 뒤적였다. 정말 가야 하는 치즈 마을을 기준으로 써 내려가니 프랑스 여섯 곳, 스위스 네 곳이 나왔다. 이탈리아는 빼기로 했다. 프랑스는 북부 노르망디부터 가기로 했다. 그런데 찾아 놓은 자료에 의하면 노르망디엔 까망베르와 뇌프샤텔 치즈가 있었기에 기차표를 어떻게 끊어야 할지 알 수가 없었다. 말이 같은 지역일 뿐 두 지역 간 거리 차는 160킬로미터가 넘었다.

　노르망디에 갔었다는 어느 블로거에게 쪽지를 보내 놓고 다른 지역들을 더 찾아보기로 했다. 다음 지역인 프랑슈 콩테는 노르망디에서 600킬로미터쯤 떨어진 프랑스 중동부 알프스 지역이었다. 하지만 갈수록 태산이었다. 기차역은커녕 마을 이름이 나와 있는 곳엔 대중교통 수단이라고는 버스뿐이었고 더군다나 버스에 대한 정확한 자료는 구할 수가 없었다.

　쪽지를 보내 두었던 블로거에게서 저녁 늦게 답장이 왔다. 자신은 우선 기차로 목적지까지 장거리를 간 다음 렌터카를 예약해 놓고 이용했다는 내용이었다. 나 또한 그래야 할 듯싶었다. 한 마을에 평균 5일, 노르망디는 두 군데 치즈 마을을 가야 하니 적어도 8일은 잡아야 했다.

　그런데 생각지도 않은 곳에서 또 일이 터져 버렸다. 인터넷을 뒤져 보니 가격도 가격이었지만 렌트할 차가 아예 없었다. 내 면허는 오토매틱 면허인데 프랑스 자동차의 90퍼센트는 스틱이었고 10퍼센트의 오토매틱 차량은 이미 예약 완료된 상태였다. 게다가 차를 빌리려면 국제운전면허증뿐 아니라 국내운전면허증이 같이 있어야 하는데 나는 서울에서 국제운전면허증만 챙겨 온 상태였다. 남은 시간은 일주일. 주말까지 껴 있어 국제특송이라 해도 금요일까지 한국 면허증을 받을 가능성은 없어 보였다. 아니 금요일 오후엔 짐을 빼야 하므로 목요일까지는 받아야 했다.

스위스는 또 어떻게 가야 하나. 기차 예약도 불안정해서 할 수가 없었다. 도대체 3개월이나 파리에 있으면서 이런 것도 안 챙기고 뭘 했는지…. 눈앞이 캄캄했다.

또 하룻밤을 꼬박 새웠다. 이틀간 못 잤더니 머리는 멍하면서 깨질 듯 아팠고, 안 되겠다 싶어 잠깐 눈을 붙이려 해도 잠은 오지 않았다. 정서불안처럼 이러지도 저러지도 못하고 있는데 인터넷으로 뭔가가 날아왔다. 렌터카 말고 리스를 해 보라는 메시지였다. 리스? 생각지도 않은 정보였다. 한국 시간으로 9시가 넘은 토요일 밤이었는데 사이트(푸조 오픈 유럽이라는 프로그램을 통해 푸조 자동차 리스를 대행해 주는 국내 업체)에 있는 휴대전화 번호로 무작정 전화를 걸었다. 한시가 급한 상황이니 실례고 뭐고 가름할 때가 아니었다. 전화가 연결돼 사정을 설명하니 한국 면허증은 없어도 되고 리스는 오토도 가능하며 원래는 모든 서류 구비가 차 나오기 2주일 전에 끝나야 하지만 내가 한국이 아닌 파리 현지에 있어서 일주일 안에 가능할 것이라고 했다.(푸조는 프랑스의 대표적인 자동차 업체로 본사가 파리에 있다.)

"아, 살았다!"

그제야 이틀 동안 초긴장 상태였던 마음에 맥이 탁 풀렸다. 언제 스위스를 갈지, 프랑스를 어떻게 다 돌지 기차 예약이며 차 렌트 스케줄까지 그동안 했던 모든 고민과 걱정이 한순간에 사라졌다. 그러자 배도 고파 왔고 스르르 잠도 밀려왔다. 나는 바로 기절하듯 그 자리에 뻗어 버렸다.

악몽 같았던 주말이 지나자 월요일은 다른 세상 같았다. 홀가분한 마음으로 방 안에 있던 짐들을 여행 중 쓸 것과 안 쓸 것으로 대충 나누어 트렁크에 넣고 보니 이제 필요한 여행 용품 몇 가지만 마련하면 정말 떠나도 될 것 같았다. 그런데 인터넷을 뒤져 보니 여행 시 필요한 물품이 한두 가지가 아니었다. 자동차 여행은 숙박을 대부분 캠핑으로 대신하니 우선 캠핑에 필요한 장비들을 마련해야 했다. 또 나라별 운전법이 다르니 도로 표지판이며 고속도로 사용법 등도 알아 두어야 했고 푸조 리스업체에도 여권이며 기타 서류들을 챙겨서 사진으로 찍어 이메일로 보내고 확인해야 했다. 지난번 국제 농업 박람회에서 챙긴 프랑스 농업 자료들도 각 지방별로 분류해 정리해야 했다. 시간이 많지 않았다.

수업이 끝난 정오, 오뗄 드 빌(hôtel de ville, 시청) 역 앞의 BHV 백화점으로 향했다. 그곳 지하에서는 전기 제품이며 기타 생활 공구들을 많이 팔고 있었는데 자동차에서 시거잭의 전원을 이용해 카메라와 PMP를 충전할 때 쓰는 차량용 멀티 어댑터를 살 요량이었다. 하지만 그걸 어떻게 불어로 설명해야 하는지 몰라 "어댑터요. 브와튀르(voiture, 자동차) 브와튀르"만 외쳐 대니 통할 리가 없었다. 한국에서야 이름을 몰라도 전자상가에 가면 대충의 설명으로 쉽게 살 수 있는 물건이었는데 말이다. 별수 없이 캠핑용 다른 장비라도 사려고 캠핑용품 코너에서 두리번거리고 있는데 나와 똑같이 무언가를 찾고 계신 할아버지와 눈이 마주쳤다.

"역시 여긴 물건이 별로 없어."

"예? 영어를 하시네요? 장비 사러 오셨어요?"

"여긴 물건이 비싸기만 하고 별로 없어. 근데 학생은 뭘 찾아?"

"저는 자동차 여행용 캠핑도구요."

"여기서 10분만 걸어가면 캠핑도구 파는 거리가 있는데 갈래?"

적어도 일흔은 넘어 뵈는 할아버지셨는데 주말에 종종 할머니와 캠핑을 다닌다고 하셨다. 오뗄 드 빌 역을 건너 노트르담 성당 앞을 지나 도착한 곳은 내가 살고 있는 곳에서 멀지 않은 소르본 대학가 뒷길이었다. 그간 학생들의 데모로 버스가 자주 끊겨 걸어 다닌 터라 그 근처 뒷골목쯤은 다 돌아본 줄 알았는데 전혀 새로운 곳이었다.

클뤼니 라 소르본 Cluny la sorbonne 역의 맥도날드 맞은편 길이었는데 그러고 보니 얼핏 본 기억도 있었다. 주황색 글씨로 쓰인 오 비으 캄프 au vieux camp 매장들은 그 일대 구석구석에 자리하고 있었다. 똑같은 이름의 매장이었지만 각 매장은 산행용 의류, 스쿠버 용품, 론리 플래닛, 유럽 지도책 등 한 품목이 특화된 전문점이었다. 할아버지와 들어간 곳은 당연 캠핑용품 전문점이었다. 좀 전의 BHV 백화점보다 가격도 저렴하고 품목도 세세하고 다양했다. 정신없이 지하 매장을 구경하다가 위층으로 올라와 보니 할아버지는 그새 안 계셨다. 감사하다고 인사라도 했어야 했는데.

그날 그곳에서 몇 시간을 보냈는지 모르겠다. 우선 제일 중요하다는 텐트를 고르기 시작했다. 5~6만 원대의 텐트는 소재가 무슨 쌀부대처럼 뻣뻣해 별로였고 마음에 드는 것은 10만 원이 훌쩍 넘었다. 어떤 텐트를 골라야 할지 알 수가 없어 서너 개의 텐트를 열어 보고 만져 보고 있으니 주인아저씨가 전화번호부보다 더 작은 글씨의 책자를 건네며 혼자 쓸 텐트를 골라 주셨다. 내가 고개만 갸우뚱하곤 너무 비싸다고 하자 갑자기 중고도 괜찮으냐며 뒤쪽 창고에서 몇 개의 텐트를 꺼내 오셨다. 여행을 마친 학생들이 되판 물건과 재고 상품들이었는데 원래 가격의 3분의 1 정도로 판다고 했다. 달랑 혼자 누우면 꼭 맞는, 관이라 부르면 알맞을 것 같은 1인용 텐트와 혼자 쓰기엔 좀 크다 싶은 2~3인용 텐트가 있었는데 막상 펼쳐 보니 2~3인용 텐트의 촉 천연 빨간색이 눈길을 확 잡아끌었다. 텐트를 지탱하는 폴도 가벼운 알루미늄 소재라 1인용 텐트보다 무게도 가볍고 소재도 방수 점퍼처럼 부들부들한 천이어서 결국 그것으로 결정했다. 나중의 일이지만 텐트는 조금 크다 싶은 게 좋았다. 비가 자주 오는 유럽의 날씨 때문에 그 안에서 밥도 먹고 일기도 쓰게 되니 텐트는 단순히 잠을 자는 용도 이상이었다.

그 후로도 며칠 동안 그 동네를 드나들었다. 캠핑용 가스 기기로 동그란 가스통을 달아 쓰는, 캄핑가즈 campingaz 라는 회사에서 나온 버너(캠핑 시에 가장 많이 쓰는 버너로 작고 간편하며 화력이 정말 좋다.)와 차량용 멀티 어댑터 등 파리 시내에서 찾지 못한 웬만한 캠핑 장비들이 그곳엔 가득했다. 더군다나 계산할 때 보니 세금 할인이라며 표시 가격의 20퍼센트를 깎아 주기까지 했다.

그렇게 모든 준비가 번갯불에 콩 볶아 먹듯 끝났다.

2.
노르망디 뇌프샤텔

파리의 푸조에서 차 열쇠를 받아 들긴 했으나 사실 난 어찌할 바를 몰랐다. 운전 경력 2년밖에 안 되는 초보가 겁도 없이 자동차 여행을 계획하다니. 더군다나 한국서 가장 길게 운전해 본 일은 서울서 천안까지가 전부였다. 그것도 단 한 번뿐.

어쨌거나 차 키는 내 손에 쥐어졌다. 그런데 어디로 가지? 남부지방으로 내려가자니 처음부터 너무 멀고, 북부 노르망디로 가자니 치즈 마을에 대한 확실한 정보가 없고….

에고 모르겠다. 우선 가 보자!

그런데 지도는 어떻게 보는 거지? 여기는 어디쯤일까? 동서남북은 어떻게 구별하는 거야?

출발

출발하기로 한 화요일 아침, 라데팡스에 있다는 푸조 회사로 차를 찾으러 갔다. 내가 계약한 차는 206이라는 배기량 1,600시시 cc의 우리나라 아반떼 정도 크기의 차였는데, 그때까지만 해도 여행 준비에 여념이 없었던지라 운전에 대한 생각은 거의 안 하고 있던 터였다. 그런데 막상 인수증에 사인을 하고 보니 여행을 떠나기는커녕 짐을 실으러 집까지 끌고 가는 것부터가 문제였다. 시동은 걸렸고 드디어 액셀러레이터를 밟는 순간,

"윽!"

슬쩍 밟았는데도 차는 덜컹! 하고 움직였다. 놀란 내 상황을 알아채지 못했는지 푸조의 직원은 나를 향해 힘껏 손을 흔들고 있었다.

"봉 보야주 Bon voyage!"

사실 그때 나는 차 키를 반납하고 걸어 나오고 싶었다. 하지만 이미 차는 눈썰매장에서처럼 본의 아니게 미끄러지듯 굴러가고 있었다.

간만에 하는 운전이었던지라 온몸은 바짝 얼었지만 샹젤리제 거리에서 보이는 개선문까지는 다행히도 쉽게 도착할 수 있었다. 하지만 개선문 앞에 다다르자 또 문제가 생겼다. 나는 영문도 모른 채 계속 돌고 도는 차들을 따라 서너 바퀴째 다람쥐 쳇바퀴 돌 듯 제자리를 맴돌고 있었다.

개선문은 일종의 로터리 같은 곳이었는데 유럽의 운전 문화를 잘 모르는 나는 왜 계속 자동차들이 뺑뺑 돌고 있는지를 몰랐다. 로터리

를 원으로 돌면서 들어갈 차와 나갈 차가 일정한 규칙 아래 움직이는데 우선 들어갈 때는 원 안쪽으로 깊숙이 들어갔다가 나올 때는 원을 중심으로 여러 갈래로 나뉘어 있는 출구를 찾아 본인이 빠져나가고 싶은 곳에서 깜빡이를 켜고 원에서 이탈하면 되는, 신호 체계가 필요 없는 자연적인 교차로 시스템이었다.

결국 빵빵대는 차들에게 욕을 먹어 가며 어찌어찌하여 그곳을 빠져나왔다. 하지만 첩첩산중이었다. 버스 타고 다닐 때는 몰랐는데 일방통행 길이 어찌 그리 많던지…. 잘못 나와 다시 그 근방을 뻥 돌아 원점으로 돌아가길 여러 번. 결국 비상등을 켜고 몇 차례 도움을 요청하니 어떤 아저씨가 본인 차를 따라 오라고 하여 가까스로 집에 도착할 수 있었다.

전기장판에 커다란 프라이팬, 텐트에 각종 자료들까지 몇 차례 옮긴 짐들은 트렁크에만 넣기에는 역부족일 만큼 넘쳐 났다. 하긴 자료만 해도 한짐이었다. 잘 다녀오겠노라고 그동안 신세 진 집주인 식구에게 꾸벅 인사를 하고 차에 올랐다.

드디어 떠나는구나…. 슬슬 실감이 났다.

'그런데 어디로 가지?'

당당하게 작별인사까지 하고 나왔건만 정작 어디부터 가야 할지 감이 잡히질 않았다. 북부를 먼저 가야 하나? 까망베르 마을이 어디 있더라? 아니 중부를 먼저 가야 하나? 콩테 치즈 마을이 어디 있었지? 우습게도 나는 그제야 처음으로 지도책을 펼쳐 들었다.

"큰일 났다! 생물시간에 봤던 복잡한 혈관 모양이 왜 여기 그려져 있는 거야?"

나는 결국 30분 동안 그 자리에서 꼼짝도 않고 핸들만 부여잡고 있었다.

지도책은 덮어 버렸다.
'적어도 이틀은 고생을 할 거야. 그러면 길이 좀 보일지도 몰라. 오늘밤엔 노숙을 하겠지? 아무래도….'
짧은 겨울 해는 벌써 넘어가 금세 어둑어둑해졌다. 개선문을 빠져나와 우선 북쪽으로 향하는 이정표를 따라나섰다. 사실 나의 운전 실력은 이런 일을 벌여도 될까 싶을 만큼 거의 초보 수준이었다. 운전한 지 2년이나 되었지만 서울에 있는 집에서 강화의 회사까지 일주일에 한두 번 출퇴근 때 외에는 해 본 적이 거의 없었다. 즉 운전을 했다기보다 아는 길만 움직여 본 정도였다. 그런 내가 이런 일을 시도하다니, 용기는 가상했지만 무모한 일이었다.
예상대로 그날 밤 나는 고속도로변에 있는 까르푸 주차장에 차를 세워 놓고 노숙을 했다. 끝도 없이 황량한 주차장이 좀 썰렁해서 바로 옆 피아트Fiat라는 자동차 회사의 주차장으로 옮겨 잠을 청했는데 '여행이라는 게 처음엔 다 그렇지….' 하면서도 서늘한 밤공기가 차 안으로 쑥쑥 밀려들어오자 꾹꾹 내리누른 마음에도 겁이 나기 시작했다.
새벽의 한기에 눈을 뜨니 커다란 트럭이 주차장으로 들어오고 있었다. 깜짝 놀라 일어났더니 운전하던 아저씨가 본인의 차고지니 계속 있어도 된다면서 잘 자라며 손까지 흔들고 가셨다. 어휴…. 어슴푸레

해가 올라오자 그제야 맘이 놓였는지 잠이 들었다.

다시 눈을 떴을 때는 8시쯤 되어 있었다. 아무래도 부식거리 등을 미리 좀 사 두어야 할 것 같아 바로 옆에 있는 까르푸에 들어갔다. 그곳에서 내비게이션을 발견했지만 프랑스 지도는 입력이 되어 있는 반면 스위스 지도는 메모리카드를 따로 구매해 인터넷에서 다운받아야 했기에 선뜻 사기가 망설여졌다. 유럽이라는 곳이 우리나라처럼 어디에나 피시방이 있는 것도 아니고, 있다 해도 한 시간에 만 원이나 하는 사용 요금까지 생각한다면 결코 만만한 일은 아니었다. 게다가 가격이 40만 원 정도로 비쌌으니 결국 내비게이션은 포기할 수밖에 없었다.

다행히도 곧 복잡한 지도 보는 일에 익숙해졌고 무엇보다 서울서 사 간 나침반이 그 어떤 내비게이션보다 훌륭한 역할을 수행했다. 아니 무엇보다도 도로 안내가 참 잘 되어 있었다. 유럽의 길들은 대부분 이정표대로만 가면 쉽게 찾을 수 있었다. 더군다나 표시되어 있는 미터 수까지 정확한 경우가 많았다.

어느새 해가 중천에 떠 있었다. 지나가는 사람들을 붙잡고 지도책을 보이며 여기가 어디쯤인지를 물었더니 루앙 Rouen 이라 했다. 루앙은 파리에서 기껏해야 150킬로미터 떨어진 곳이었다.

'아니 기껏 150킬로미터 오려고 어제 저녁 내내 헤맨 거야?'

론리 플래닛의 지도와 미쉐린 지도를 비교해 찾아보니 그곳에서 북동쪽으로 50킬로미터쯤엔 뇌프샤텔 Neafchâtel 치즈 마을이, 남서쪽 100킬로미터쯤엔 까망베르의 원산지인 비무티에 Vimoutiers 마을이 있었다.

'그래, 그럼 노르망디를 삼각형 꼴로 돌면 되겠구나.'

눈물이 핑 돌았다.
"세상에…. 지도에 이렇게 작게 표시된 생전 와 보지 못한 마을을 찾아오다니…" 믿어지지가 않아 '뇌프샤텔을 방문해 주셔서 감사합니다.' 라는 표지판을 보고 또 보았다.

첫 캠핑장

"혼자세요?"

"예."

"여권 주세요. 텐트 있어요? 전기는요? 며칠 머물 건가요?"

나는 어째 있는 장비들을 모조리 꺼내 보여 줘야 할 것 같은 생각이 들어 머리를 긁적이며 대답했다.

"텐트 있고요, 전기도 쓸 거고, 며칠 있을지는 아직 잘…."

아직 추위가 덜 풀린 4월인데도 그곳엔 초록색 잔디가 끝없이 깔려 있었다.

'캠핑장이란 데가 이런 곳이구나.'

상상했던 것보다 좋거나 나쁘거나 그런 게 아니라 그냥 내가 이런 곳에 왔다는 게 신기할 따름이었다.

"이건 6암페어용이에요. 여기에 꽂으면 돼요. 혹시 어댑터 필요해요?"

나는 파리에서 사 온 40미터짜리 전기선을 낑낑대며 트렁크에서 꺼내 보여 주었다. 아저씨는 씩 웃더니 샤워실은 저기, 빨래는 저기, 개수대는 여기 등등의 장소를 자세히 설명해 주시고 갔다.

'그런데 6암페어라는 건 뭐지?'

아저씨가 가자마자 전기박스부터 열어 봤다. 바닥에서부터 1미터 높이로 만들어진 그 박스 안에는 6암페어용 3개, 10암페어용 3개, 그렇게 6개의 콘센트가 있었다. 각각 자동 차단기가 달려 있어서 제한 용량 이상 쓸 경우 자동으로 차단기가 내려가는 시스템이었던 게다.

아니나 다를까 저녁밥을 해 먹으려 60와트 백열전구에, 전기장판에, 전기 주전자까지 꽂아 놓으니 딱 하고 멀리서 차단기 내려가는 소리가 들렸다.

아저씨가 지정해 주고 간 자리에는 위치를 알리는 번호판과 간이 수도꼭지가 달려 있었다. 나는 차를 어느 방향으로 세워야 물건을 꺼내기 좋은지, 텐트는 차 옆에 얼마만큼 띄워 놓고 쳐야 하는지, 물건은 뭐부터 꺼내서 늘어놔야 하는 건지, 어떤 건 꺼내고 어떤 건 꺼내지 않아도 되는지 등등을 챙기느라 자기 꼬리를 따라 뛰는 강아지처럼 이리 돌아보고 저리 돌아보며 저녁 내내 정신이 하나도 없었다.

한밤중은 무척 서늘했다. 아직 완연한 봄기운이 아니었기에 맨바닥에 깔아 놓은 전기장판의 열기가 모두 흩어져 버려 몇 번씩 깨어야 했다. 그런데 그보다 더 심한 복병은 다른 곳에 있었다. 무슨 새들이 그렇게 짹짹대는지, 아직 해도 안 뜬 어스름한 새벽부터 울어 대는 새들 소리가 꼭 양 귓가에 열 마리씩 묶어 놓은 것처럼 선명하게 들려왔다. 텐트라는 것은 참 이상해서 바깥에서는 안 들리던 소리도 안으로만 들어오면 모든 소리를 빨아들이는 듯 생생하게 들렸다. 지나가는 사람들의 발자국 소리도 꼭 텐트 바로 옆에서 걷는 것처럼 들려 누가 내 텐트를 탐색하는 줄 알고 벌떡 벌떡 일어나 괜히 안 자는 척 자동차 리모컨을 눌러 불을 번쩍이게 하고 흠흠 기침 소리까지 내곤 했다.

또 캠핑을 하는 데 일이 그렇게 많을 줄 몰랐다. 아침에 일어나서 씻고, 밥 해 먹고, 텐트 접고, 먹은 그릇 씻어 놓고, 자동차 정리까지 하는 데 꼬박 세 시간이 걸렸다. 이렇게 하고 나니 진이 다 빠져 출발할 기운도 없었다.

'적응하느라 그러나? 하긴 서울 집에선 애벌레처럼 이불 속에서 몸만 쏙 빠져나왔었으니.'

어쨌든 첫 캠핑은 무사히 마쳤고 이제 본격적인 치즈 마을 탐방에 나설 때가 되었다.

'그나저나 이 근처 어디에 치즈 농장이 정말 있긴 한 걸까? 들여보내 주기는 하려나?'

파리에서 사람들이 내 여행을 극구 말렸던 이유 중의 하나가 바로 이런 우려 때문이었다.

"이 나라 사람들이 어떤 사람들인데. 외지 사람을 함부로 들일 줄 아니? 천만에. 먼저 전화를 해서 '나는 누구입니다. 목적은 무엇이며, 무엇 무엇을 하고 싶어서 연락을 했습니다. 허락해 주실 수 있을까요?' 라고 물어보고 나서 그쪽에서 허락하면 그때 방문할 수 있는 거라고."

"에이, 설마 그래도 외국인이 멀리서 찾아왔는데 그렇게 냉정하게 내칠까?"

"여기 외국인이 어디 한둘이야? 한국같이 생각하지 마, 얼마나 냉정한 사람들인데. 농장은커녕 이 동네 저 동네 떠돌다가 그냥 오는 수가 있어."

파리에 10년쯤 산 사람들의 이야기였으니 분명 신빙성 있는 말이었다. 하지만 언제, 어떻게, 어디로 갈 줄 알고 미리 전화 예약을 하겠는가. 더군다나 겨우 3개월 배운 불어 실력으로 말이다. 결국 별수 없이 그냥 부딪쳐 보자는 심정으로 여행을 시작한 것이었다.

우리 농장에 오신 것을 환영합니다?

다행히도 캠핑장 근처에 일반인 출입을 허용하는 농장이 있다는 정보를 얻을 수 있었다. 그럼 혹시 '비앙브뉘 아 라 페흠' 농장인가? 그러면 전혀 걱정할 일이 없을 터였다.

비앙브뉘 아 라 페흠(Bienvenu à la Ferme, 우리 농장에 오신 것을 환영합니다)이란 프랑스 전국의 5,500개 농장에서 시행하고 있는 농촌 체험 프로그램으로 기본 취지는 외지인들에게 농촌 체험을 제공하는 것이지만 농가 민박, 농장에서 만드는 음식 시식, 캠핑 기회 등을 제공함으로써 농가 또한 소득을 올릴 수 있게 한 일거양득의 프로그램이다. 이 프로그램을 알게 된 것은 파리 국제 농업 박람회에서였는데 각 지역마다 이 같은 내용을 알리는 작은 책자를 만들어 홍보를 하고 있었다.

솔직히 나는 이 프로그램에 기대를 걸고 있었다. 그래서 프랑스 농가 민박 안내 책을 두 권이나 준비해 둔 터였고, 파리 박람회에서 모아 놓은 한 짐의 자료들을 단 한 권도 버리지 않고 챙겨 놓았다. 그런데 이렇게 빨리 그것도 캠핑장에서 5분 거리에 있는 농장을 찾게 되다니.

하지만 막상 언덕 위의 농장에 올라갔을 땐 어째 분위기가 이상했다. 초등학생 몇 명이 잔디 위에서 축구를 하고 있었고 오두막처럼 지어진 교실 같은 곳엔 스무 명쯤 되는 유치원생들이 무언가를 기다리는 듯 몰려 있었다. 그때가 오후 1시 반이었다. 사람들이 웅성웅성 모여들자 바로 옆의 작은 문 사이로 고개만 빼쭉 내민 아주머니가 "두 시까지 기다려요." 하고는 다시 문을 닫고 들어가 버렸다.

"뭐 하는 곳이지? 치즈를 만들기는 할까?"

오후 2시가 되자 농장 마당으로 풍채가 넉넉한 아주머니가 나타났다. 작은 쟁반에 밀가루 반죽처럼 보이는 덩이와 우유를 가지고 나온 아주머니는 커다란 탁자가 있는 방으로 사람들을 모으더니 갑자기 유치원 선생님으로 돌변하면서 말하기 시작했다.

"자, 여러부운~. 치즈는 무엇으로 만들까요? 맞아요, 우유예요!"

순간 농장 안의 작은 가내 수공업 공장을 볼 줄 알았던 나의 소망은 와르르 무너졌다. 아주머니의 설명은 30여 분간 더 이어졌고 이후엔 아이들을 위한 실습시간이 마련되었다. 밀가루처럼 엉겨 붙은 우유 덩어리들을 틀에 넣고 빼내는 모습이 흡사 점토놀이를 방불케 했다. 아이들은 서로 해 보겠다고 난리였고 우유 덩어리들을 먹네 어쩌네 어수선 그 자체였다.

'설마, 이게 다는 아니겠지? 적어도 치즈 만드는 과정쯤은 개방하겠지?'

하지만 체험학습이 끝나자 작은 접시를 돌리며 숙성된 뇌프샤텔을 맛보는 것으로 모든 과정이 끝나 버렸다. 사람들은 우리에 있는 소를 보러 갔고 나 또한 그들을 졸졸 따라 다녔지만 그 이상의 기대는 할 수 없었다.

"이게 끝인가요? 혹시 치즈 만드는 과정을 볼 순 없나요?"

나는 아이들을 인솔하고 온 어떤 선생님께 지푸라기라도 잡는 심정으로 물어보았다.

"아마 볼 수 없을 거예요."

"네? 왜요?"

"프랑스에서 치즈 만드는 과정은 가족사 같은 것이라 공개를 안 해요."

"네?"

순간 나는 그대로 굳어 버렸다.

'말도 안 돼! 이럴 수는 없어! 어떻게 시작한 여행인데!'

이제 막 시작한 여행이 뿌리째 흔들리는 순간이었다.

터덜터덜 농장의 언덕을 내려왔다.

'어쩌나….'

시간은 4시를 향해 가고 있었다. 해 놓은 일도 없이 하루를 또 버리게 생겼다. 그대로 캠핑장에 들어간다 한들 할 일도 없을 테고, 한숨만 푹푹 새어 나왔다.

마트에서 장이나 볼까? 아니 꿩 대신 닭으로 마트에 진열된 치즈라도 구경할까? 그래도 여기까지 왔는데 마트에서 다 만들어진 치즈나 보다니. 명색이 치즈 원산지 마을인데 말이야. 치즈 원산지 마을….

순간 번쩍 스치는 생각이 있어 마을의 중앙 광장으로 단숨에 달려가 관광 안내소를 찾았다. 관광 안내소라면 치즈 원산지인 그 마을에 대한 정보를 갖고 있을 것이라는 생각이 들었기 때문이다. 그렇게 찾아간 관광 안내소에서 나는 희망의 한마디를 들었다.

"시청의 공무원에게 가 보세요."

무작정 덤벼 보기

"실례합니다. 저는 치즈에 관한 책을 쓰는 사람입니다. 치즈 만드는 곳에 가 보고 싶은데요."

다음 날 아침. 관광 안내소 직원이 알려 준 대로 무작정 시청의 담당 공무원을 찾아가 알고 있는 불어를 최대한 엮어 사정을 설명했다. 관광 안내소 직원은 시청의 담당 직원을 찾아가면 도움을 받을 수 있을지도 모른다며 만약 일이 잘 안 풀리면 본인이 통역을 해 주겠다고 이름과 전화번호까지 적어 주었었다.

그러나 애써 찾아낸 시청 담당 직원은 내 얼굴을 한번 쓱 보더니 새로 구입한 듯한 휴대전화만 만지작거릴 뿐 아무 대답이 없었다. 그 자리에서 한 5분쯤 그렇게 서 있으려니 너무 민망해져 참다못한 나는 다시 말을 꺼냈다.

"아저씨! 그 전화기 우리나라에서 만든 거예요. 제가 한국 사람이거든요."

담당 직원은 그제야 한참을 만지작거리던 전화기를 내려놓았다.

"치즈를 보겠다고요? 왜요?"

"제가 치즈 만드는 과정을 보려고 한국에서 왔는데요. 직접 만드는 농장에 가고 싶은데…."

"기다려 봐요."

그러고는 전화번호부를 뒤져 몇 군데의 치즈 농장에 전화를 하는 듯했다. 한눈에 봐도 안 된다는 내용의 통화인 듯 서너 번의 연결을 끝낸 후 다행히 희망 어린 답을 들을 수 있었다.

"두 시간 후에 다시 와요."

두 시간 후, 그 직원은 자기 차를 따라 오라며 덜컹거리는 마을의 비포장도로를 앞장서 달려갔다. 산기슭을 따라 자갈이 넘쳐 나는 흙길을 달리며 먼지를 잔뜩 뒤집어쓰고 나서야 넓은 들판이 있는 한 치즈 농장에 도착했다. 어두침침한 낡은 건물로 들어서자 두엄 냄새가 진동을 했다. 한쪽은 소 우리였고 한쪽은 치즈를 만드는 제조실이었다. 아니 소 우리의 한쪽을 막아 제조실로 이용하고 있었다.

한눈에도 수줍음이 많아 보이는 농장집의 두 아들이 우리를 반겼다. 아직 프랑스식 인사에 익숙해지지 않은 나는 악수를 청했는데 두 청년은 뭐가 그리도 창피한지 잠깐 사이에 볼은 물론 귀까지 잔뜩 빨개지고 말았다. 수수함 그 자체였지만 더 인상적이었던 것은 그들의 굳은살이 덕지덕지 박인 두툼한 손바닥이었다. 태어나서 그런 손은 처음이었다.

인사를 끝내고 들어간 곳에서는 정말로 치즈가 만들어지고 있었다. 뚜딱 뚜딱 무언가 철판에 부딪치는 소리가 작은 방 안을 가득 메우고 있었고 그 속에서 아주머니 한 분이 빠르게 손을 움직이며 치즈 모양을 만들어 내고 있었다. 나는 뭔지 모를 신기함과 처음으로 치즈 농장을 뚫고 들어와 봤다는 기쁨에 빠르게 움직이는 아주머니의 손을 넋 놓고 바라봤다.

"아… 저게 바로 뇌프샤텔 치즈구나…."

작업대 위에는 전날 체험농장에서 봤던 밀가루 같은 하얀 반죽이 갖가지 모양의 틀과 함께 놓여 있었는데 아주머니가 빠른 속도로 틀 안에 반죽을 넣고 작업대에 통통 두드리자 하나하나 기계로 뽑아낸

듯 반듯한 모양이 쏙쏙 빠져나왔다. 시청 직원이 아주머니께 뭐라 말을 건네자 둥근 기둥, 작은 네모 할 것 없이 다양한 형태의 치즈를 모두 만들어 보란 듯 펼쳐 놓으셨다.

"가요."

"예?"

시청 직원은 내 어깨를 톡톡 두드리더니 뭔가를 보여 주겠다는 얼굴로 작은 문이 열려 있는 어떤 곳으로 들어갔다. 덜덜거리는 환풍기가 달린 허름해 보이는 그곳은 쿰쿰한 냄새가 가득한 뇌프샤텔의 저장소였다.

"우와!"

정말 상상만 해 왔던 광경이 눈앞에 펼쳐지고 있었다. 나는 안으로 들어갈 생각도 못한 채 입술만 깨물며 문가에 그대로 서 있었다.

"세상에… 치즈가 이렇게 만들어지는 거구나."

그곳에는 수백 개의 치즈가 건조대 위에 늘어서 있었다. 한창 숙성 중이었는지 솜털처럼 곰팡이가 보송보송 피어 오른 것부터 어제 오늘 가져다 놓았는지 밋밋한 것까지 뇌프샤텔의 숙성 과정이 한눈에 보이는 신기한 곳이었다.

내가 넋 놓고 감상에 젖어 있는 사이, 시청 직원 아저씨는 시간이 없어 그만 가 봐야 한다며 마치 오래된 친구에게 하듯 내 어깨를 툭툭 치며 인사를 건네고는 창고 밖으로 나갔다. 나는 혹시 놓칠세라 빠르게 뒤쫓아나가 아저씨를 붙잡았다.

"메르시 Merci, 메르시!"

기다려 달라는 불어를 몰라 손바닥을 활짝 펼쳐 잠깐 기다리라는 표현을 하곤 얼른 차로 뛰어가서 서울에서 가져간 한글이 새겨진 엽서를 드렸다. 아저씨는 처음의 그 뚱했던 표정은 어디 가고 이웃 아저씨처럼 씩 웃음을 지어 보이더니 손까지 흔들며 먼지 풀풀 날리는 농장 마당을 빠져나갔다.

그 후로 한 시간가량을 농장에 더 머물렀다. 수줍음 많은 두 청년은 내가 머무는 잠시 동안에도 소들을 밖으로 끌어내고 우리에 새로 볏단을 가져다 놓는 등 쉬지 않고 일했다. 저녁 6시에 또 젖을 짜야 하므로 그 전에 우리를 정리하고 소들을 들판으로 몰아야 하기 때문에 여유가 없다고 했다. 손바닥의 굳은살은 그냥 생긴 것이 아니었다.

그들은 그렇게 눈코 뜰 새 없이 일을 했고 나도 이제 그만 그곳을 빠져나와야 했다.

뇌프샤텔을 떠나며

토요일 오전. 서둘러 짐을 챙겨 시장이 열리는 마을의 광장으로 향했다. 광장에 연결된 지하상가엔 치즈만을 위한 전문 시장이 따로 열리고 있어 뇌프샤텔의 모든 농부가 다 모여 있는 듯했다.

'도대체 이 많은 분들이 어디들 있다 나오신 거야. 미리 만났었더라면 농장에 찾아가도 되냐고 물었으련만….'

뭔가 아쉬운 마을이었다. 단순히 치즈만 보러 다니려고 시작한 여행은 아닌데. 마을 사람들을 만나 보고 그분들과 같이 숨을 쉬는 일을 해 보고 싶었는데.

곰곰이 생각해 보니 지금까지의 일들이 모두 꿈만 같다.
정말 내가 노르망디라는 프랑스 북부지방에 와 있긴 한 걸까? 차를 세워 두고 길을 걸어 보고, 시청 앞 벤치에 누워 지도를 보고, 근처 농장에서 뇌프샤텔 치즈 만드는 것도 구경하고, '여기는 노르망디입니다.' 라고 적어 엽서도 보냈지만 실감이 나지 않는다. 어떻게 하면 진정한 이 마을의 향기를 느낄 수 있을까?
내일 아침엔 시장이 열리니까 그곳에 가면 많은 뇌프샤텔 사람들을 만날 수 있겠지? 슈퍼마켓 치즈가 아닌 진정한 뇌프샤텔 치즈도 만날 수 있을 거야. 그곳에서 마을을 마주하고 앉아 커피 한 잔 마셔 봐야겠다.
그러면 그 향기가 조금은 머물 수도 있겠지….

그곳 시장에서 100그램짜리 네모 모양 뇌프샤텔을 사 보았다. 뇌프샤텔은 파리 국제 농업 박람회에서 사 먹어 본 적이 있어 사실 맛에 대한 특별한 호기심은 없었다. 하지만 반을 뚝 떼어 먹어 본 그 맛은 웬걸, 내가 알고 있는 맛 이상이었다. 겉은 소금기가 있어 짠맛이 느껴졌으나 속은 이중의 느낌으로 한가운데는 백설기처럼 퍼석거리고 중심부를 둘러싼 부분은 진 반죽처럼 끈적였다.
   사실 파리에서는 하루에 많게는 세 종류의 치즈를 사는 날도 있어서 냉장고에 넣어 두고 한참 뒤에 먹은 적도 많았다. 그래서였는지 냄새도 고약했고 치즈 맛은 그 냄새에 가려 잘 느끼지 못했다. 여행을 하게 되면서부터는 치즈를 사자마자 바로 먹었는데, 산지에서 먹는 신선함이 한몫해서 그랬는지 파리에서 먹던 때보다 입 안에서의 느낌이나 냄새 등이 훨씬 부드럽고 편안했다.
   뇌프샤텔 치즈를 맛보는 것으로 이 마을에서의 여정은 모두 끝이 났다. 마을 안 카페에서 커피 한 잔을 앞에 놓고 마을과 작별인사를 나누었다. 여행을 시작하고 처음 찾은 마을이었던 만큼 시행착오도 많았지만 그렇기 때문에 더 오래 기억 속에 간직하게 될 것이다.

뇌프샤텔 Neufchâtel

Tip

하얀색 하트 모양의 독특한 디자인을 가진 이 치즈는 파리에서 북서쪽으로 179킬로미터 떨어진 북 노르망디 브레이(Bray) 지역의 뇌프샤텔 마을에서 유래됐다. 1035년 뇌프샤텔 마을 근방의 시기(Sigy) 수도원에 기부되었다는 기록이 있어 이미 그 이전부터 만들어진 것으로 추측되고 있지만, 파리에 알려진 것은 1800년대 초 당시 유명했던 음식 잡지에 소개되면서부터였다. 파리에서 그리 멀지 않은 생산지 위치 덕에 유명세를 타기 시작하여 현재까지 프랑스의 대표적인 치즈 가운데 하나로 손꼽히고 있다.

뇌프샤텔 치즈는 100, 200, 500, 600그램 등으로 나뉘는데 모양은 대표적인 하트, 작은 원기둥 그리고 정육면체가 있다. 하트 모양은 여성이 남성에게 사랑을 고백하기 위해 만들기 시작했는데 지금은 아예 밸런타인데이 선물로 정착이 되었다.

평균 숙성 기간은 최소 열흘에서 3주 정도인데 시간이 지날수록 점점 진한 갈색을 띠면서 냄새 또한 고약해진다. 그 냄새가 어찌나 강한지 사진 찍는 잠깐 동안에도 숨을 쉬지 못할 정도였다. 떼어 먹으려 손가락으로 집으면 윗면을 덮고 있는 2~3밀리미터의 얇은 표면이 눌리면서 차가운 지점토를 만진 듯 촉촉한 느낌이 드는데 프랑스 사람들은 이 느낌을 벨벳을 만지는 것 같다고 표현하기도 한다. 1977년 AOC 승인을 받았다.

3.
노르망디 까망베르

뇌프샤텔에서부터 180킬로미터를 달려 비무티에vimoutiers 마을에 도착하니 오후 5시였다. 예상대로 마을은 한가했다. 이때까지만 해도 아직 한가한 치즈 마을에 적응을 못할 때였기에 나에게 한가함은 곧 두려움으로 다가왔다.

  사실 원래의 내 상상 대로라면 치즈 마을은 입구에서부터 '여기는 ○○치즈 마을입니다.' 라는 팻말과 함께 농장들이 몰려 있어야 했다. 초원에서 뛰노는 소들도 함께 말이다. 하지만 이 모든 것이 헛된 공상이었음을 깨닫기까지는 그리 오랜 시간이 걸리지 않았다.

  캠핑을 잡은 비무티에 마을은 까망베르 마을에서 5킬로미터 떨어진 곳에 있었다. 미쉐린 캠핑책에 까망베르 마을에서 가장 가까운 캠핑장으로 소개돼 있어 찾게 된 것이었는데 이곳엔 까망베르 치즈를 만들었다는 최초의 여인 마리 아렐Marie Harel의 동상과 까망베르 상설박물관이 위치해 있어 까망베르와 완전히 동떨어진 곳은 아니었고 오히려 대부분의 중요한 행정 관리는 이 마을에서 하는 듯했다.

그러고 보니 늦은 토요일 오후였다. 일요일은 온 동네가 문을 닫아 버릴 테니 월요일까진 꼼짝없이 이 동네에 머물러야 하는 상황이 되었다. 여행을 시작한 지 6일이나 되었지만 제대로 한 것 없이 또 시간만 보내게 되었다는 생각에 마음이 영 불편했다.

"할 게 없어요."

멍하니 텐트 앞에 앉아 있으려니 옆 캠핑카 아주머니가 의자를 펴 들고 밖으로 나오셨다.

"프랑스의 일요일은 잠자는 약을 뿌린 것 같아. 온 마을이 다 잠에 빠져 있으니."

2시에 까망베르 박물관이 문을 연다는데 거기나 다녀올까. 인터넷에서 찾은 비무티에 마을은 까망베르에 관한 갖가지 볼거리가 많은 곳이었다. 그런데 온갖 미사여구가 따라 붙었던 그 비무티에 마을은 여기 말고 다른 곳에 있는 것 아닐까? 이곳은 정말 귀신이 나올 만큼 적막하니 말이다.

2시에 문을 연 박물관은 오래된 목조 건물이었다. 삐걱거리는 문을 밀고 들어가자 입구에는 근방의 관광 안내 팸플릿이 꽂혀 있고 초등학교 과학실에나 있을 듯한 나무틀의 캐비닛에 각종 자료들이 진열되어 있었다.

"영어로 틀어 드려요, 프랑스어로 틀어 드려요?"

"뭘 틀어 주시는데요?"

"안내 방송요."

"아~ 영어로 틀어 주세요."

그러곤 안쪽의 문을 열고 들어갔더니 마리 아렐의 석고 모양이 우두커니 서 있는 게 어째 분위기가 입구하고 별 차이 없어 보였다. 아니 차라리 입구까지는 좋았다. 한 발 한 발 안으로 들어갈수록 삐거덕거리는 낡은 나무 바닥 소리에 쩌렁쩌렁 울려 대는 안내용 오디오 소리에 전통적인 농업 복장이라며 입혀 놓은 코가 떨어져 나간 마네킹들까지 귀곡산장 세트장이 따로 없었다. 전시품이라고는 까망베르 치즈 모형이라며 낡은 스티로폼을 가져다 끼워 놓은 것이 거의 전부였고 예전에 직접 사용했던 물건은 몇 개 보이지도 않는 형편없어 보이는 박물관이었다. 그나마 관람이 끝난 후 까망베르 만드는 과정을 담은 비디오를 보여 줘서 그걸 보며 위안을 삼을 수밖에 없었다.

파리에서라면 그냥 치즈 가게를 하루 잘못 찾아간 경우겠지만, 이걸 어쩐다, 점점 이런 일들만 벌어지니…. 태산 같은 걱정을 안고 박물관을 빠져나왔다.

월요일 오후 한 시에 캠핑장을 나섰다. 이때까지만 해도 몇 시에 농장을 가야 하는지 몰랐기에 대충의 생각으로 점심시간만 넘겨서 가면 되는 줄 알았다.

까망베르 마을은 진짜 시골이었다. 버스는 생각할 수도 없었고 차들도 별로 안 다니는 외길의 적막한 마을이었다. 표지판을 따라 삼거리에서 올라간 언덕 위엔 메종 뒤 까망베르(Maison du Camembert, 까망베르의 집)와 지은 지 얼마 안 되어 보이는 작은 박물관이 길 옆에 붙어 있었다. 그런데 점심시간이라 그런지 마을의 사무소도 까망베르의 비무티에 마을에서 약 5킬로미터쯤 가면 나오는 까망베르 마을은 정말 아. 무. 것. 도 없는 허허벌판에 있었다. 여기가 그렇게 유명한 까망베르 치즈의 원산지가 맞나? 도대체 어디서 치즈를 만든다는 거지? 정말 이 한적한 길 어디쯤에 농장이 있기는 한 건가? 나는 의심에 의심을 더하며 우선 '까망베르의 집'이라는 간판을 따라가 보기로 했다.

D 246

← 3 CAMEMBERT

← Maison du Camembert

집도 굳게 잠겨 있어 어느 곳 하나 들어가 볼 수도, 정보를 얻을 수도 없는 상황이었다. 마냥 기다릴 수도 없어 우선 농장에 다녀와서 다시 들르기로 하고 그 마을에서 까망베르의 전통 제조 과정을 고수하고 있다는 유명한 농장으로 향했다.

1981년에 생긴 이 농장은 파리 출신 프랑수아 뒤랑François Durand이라는 사람이 세운 곳으로 까망베르에 관한 안내문에는 빠지지 않고 꼭 쓰여 있는 집이었다. 그러니 그 유명세에 맞게 찾는 사람도 많을 것이고 그렇다면 치즈를 만드는 과정도 공개하지 않을까 하는 기대감이 들었다.

농장은 길을 따라 한참 들어간 곳에 있었다. 입구에 들어서자 어떤 아저씨가 나중에 문을 열 테니 조금만 기다려 달라 하곤 트랙터를 타고 어디론가 가려 하기에 차를 대충 세워 놓고 황급히 아저씨를 따라 나섰다.

"어디 가세요? 저도 따라가면 안 될까요?"

생각보다 올라타기 힘든 그 높은 트랙터를 타고 따라간 건 이 농장도 가히 쉬워 보이지 않아서였다.

'이 아저씨하고 친해지면 치즈 만드는 과정을 보여 줄지도 몰라.'

나의 속내는 그러했다.

끝없이 넓은 벌판 앞에 트랙터를 세워 두고 시작된 일은 농장용 울타리를 만드는 일이었다. 내 키만 한 나무를 땅 위에 꽂은 다음 트랙터로 나무를 못 박듯 박아 고정시키고는 삐죽삐죽한 철끈으로 철조망을 치는 작업이었다.

손에 장갑도 없이 아저씨를 졸졸 따라다니며 망치도 날라 주고 못도 가져다주고 한두 개씩 나무도 나르면서 이쯤하면 됐다 싶어 "혹시 농장에서 치즈 만드는 과정을 좀 볼 수 없을까요?"라고 슬쩍 말을 건네 보았다. 그러나 청천벽력 같은 아저씨의 말,

"유리관 너머로 볼 순 있지만 안에는 못 들어가요."

나는 서울에서 비행기 타고 왔으며 자동차까지 빌려 이 먼 곳을 찾아왔다는 말까지 하면서 사정해 보았지만 아저씨는 단호했다.

"병균 침입 등으로 외부인은 절대 못 들어가요."

눈 하나 깜짝 않는 아저씨를 보며 다시 한 번 치즈 농장의 높은 벽을 실감하고는 아쉬운 대로 농장으로 다시 돌아가 유리벽 너머에서 건조되는 치즈만 구경하고 나왔다.

철조망을 다 치고 농장으로 돌아온 아저씨를 다시 한 번 붙잡아 보려 했지만 어느새 쌩하니 사라져 버린 후였다. 최대한 불쌍한 얼굴을 하고 치즈를 박스에 담는 작업을 하는 다른 아저씨 앞에 가서 고개를 내밀고 서 있어 보았으나 한참 만에 입을 연 아저씨 하는 말,

"문 좀 닫아 주세요."

한마디로 나가 달라는 말이었다. 결국 다시 터덜터덜 차를 몰고 마을의 광장으로 나왔다.

벌써 까망베르 마을에 도착한 지 3일이나 되었지만 난 아직 이렇다 할 경험을 하지 못했다. 겨우 마을 광장 앞을 서성이거나 동네 슈퍼에서 어떤 치즈들을 파는지 구경하는 일밖에는…. 내가 정말 하고 싶은 건 소젖을 짜고 시골 사람들과 참을 먹고 하루 종일 치즈 농장에서 치즈 만드는 일을 거들고 하는 것인데…. 마을 사람들이 어떻게 치즈를

먹는지, 어떻게 치즈와 생활하는지, 그런 것들을 직접 체험해 보고 싶었다. 하지만 지금까지의 상황으로선 그중 어떤 것도 가능해 보이지 않는다.

마지막으로 시장에 들르자. 오늘은 까망베르 마을 장이 서는 날이니 다른 농장주를 만날 수 있을지도 몰라.

3시가 좀 넘은 시간에 광장에 도착하자 장이 열리고 있었다. 캠핑장 아주머니는 시장이 무척 작으니 기대하지 말라고 하셨는데 그래도 생각보다는 작지 않았다. 동대문 시장의 좌판 같은 것도 보였고 물론 활짝 웃는 야채 가게 총각도 보였다. 그래도 제일 먼저 발길을 멈춘 곳은 역시 치즈 가게였다. 그 시장에서 제일 큰 트럭에 치즈를 가득 펼쳐 놓고 있는 가게라 혹 작은 정보라도 얻을 수 있을지 모른다는 기대를 갖게 했다. 하지만 가까이서 본 그 가게는 단지 잡화상에 불과했다. 치즈도 팔고 와인도 팔고 계란도 파는. 그런데 정말 까망베르 만드는 농장이 많긴 많나 보다. 까망베르라는 이름은 같은데 포장이 다른 치즈들이 저렇게 많은 걸 보면 말이다.

한두 걸음 걸어가는데 작은 치즈 노점이 눈에 들어왔다. 멀리서도 그 노점 아주머니의 작은 바구니 속 치즈를 한눈에 알아볼 수 있었다. 좀 전에 내가 퇴짜 맞은 농장의 치즈였다. 솔직히 기분은 별로였지만 까망베르 마을 하면 그 농장이었기에 그곳 치즈를 안 사 볼 수가 없었다. 내가 가지고 있는 치즈 책에서도 이 농장의 치즈를 추천할 정도였으니.

"치즈 하나 주세요."

"바로 먹을 거예요? 아니면 좀 있다가 먹을 거예요?"

나는 다른 지역으로 이동할 예정이었기에 조금 시간을 두고 먹을 거라 했다. 그랬더니 아주머니는 치즈마다 나무 뚜껑을 열어 가운데를 꾹꾹 눌러 보시는 게 아닌가. 순간 눈이 번쩍 뜨였다.

"왜 그렇게 눌러 보세요?"

이 모습은 파리의 슈퍼에서도 종종 봐 왔던 광경이었지만 그때는 그냥 그러려니 했었다. 치즈 하나 사면서 괜히 별스럽게 군다고 생각하기는 했지만 말이다. 그런데 그날 아주머니의 모습을 보니 분명 이유가 있을 듯싶었다. 더군다나 농장의 아주머니 아닌가.

"눌러서 단단한 건 만든 지 얼마 안 된 거거든요. 그래야 조금이라도 오래 두고 먹을 수 있지요. 숙성이 될수록 치즈는 물러져요."

아주머니는 서먹하게 서서 치즈 하나 달라고 했을 뿐인 나에게 생각지도 않은 배려를, 그리고 조곤조곤 설명까지 해 주고 계셨다. 솔직히 나의 불어 실력은 그런 긴 이야기를 띄엄띄엄 알아들을까 말까 한 정도여서 '이런 뜨내기 외국인에게 그런 설명까지 해서 뭣하나.' 하는 생각이 들 법도 한데 말이다. 아주머니의 깊은 배려에 그제야 좀 전에 농장에서 퇴짜 맞아 서운했던 마음이 조금 누그러져 나는 이런 저런 이야기를 풀어놓기 시작했다.

"아, 그랬구나. 하지만 그건 우리 농장의 규칙이라서 어쩔 수 없어요. 이거 미안해서 어쩌나. 그나저나 이 프로마주 프레 좀 가져가요. 가면서 먹으면 좋을 거야."

그랬었군요. 그게 그런 거였군요. 내가 좀 더 이쪽 상황을 알았거나 말이라도 잘 통했다면 '몰인정한 프랑스인들'이라며 오해하는 일은 없었을 텐데…. 그렇게 혼잣말을 되뇌며 씁쓸한 듯 담담한 마음으로

마을을 빠져나왔다.

 이 마을에서도 역시 원하는 것들을 얻진 못했다. 그렇다고 해서 파리의 지인들 말을 들었어야 했나 하는 생각은 들지 않았다. 나는 프랑스의 상황이 꼭 그렇지만은 않다는 걸, 그리고 간절히 원하면 이루어진다는 걸 보여 주고 싶었다.

 자, 마음이나 환기시킬 겸 바다나 보러 갈까? 여기까지 왔는데 치즈 때문에 마음 상했다고 그 유명한 노르망디 해변을 코앞에서 놓칠 순 없잖아.

 노르망디 최고의 휴양지인 도빌Deauville에 도착한 나는 다음 날 아침 캠핑장에서 드디어 까망베르의 나무 뚜껑을 열었다.

 "뇌프샤텔하고 다를 바 없네. 역시 연성치즈는 거기서 거긴가 보군."

 겉모양도 하얀 곰팡이에 둘러싸여 있고 내부 모습도 비슷했다. 맛은 뇌프샤텔이 좀 더 담백하고 씹는 맛은 까망베르가 더 부드럽긴 한데 난 사실 되직한 알갱이들이 씹히는 뇌프샤텔이 더 좋았다.

 근데 정말 뭐가 다를까? 겉 단면은 크림 같고 한가운데는 하얀 백설기처럼 생긴 것도 비슷한데… 아, 맞다. 까망베르는 국자로 떠서 만들지. 뇌프샤텔처럼 반죽으로 만드는 것이 아니고 말이야.

 한참 지나서야 생각이 났다. 처음부터 만드는 방법이 달라 담백함의 정도도 씹는 맛의 느낌도 모두 달랐다는 걸. 그러자 갑자기 거기서 거기라며 시시하게 여겼던 노르망디 치즈들이 새롭게 보이기 시작했다.

까망베르 Camembert

Tip

1790년대 프랑스 혁명의 와중에 정치를 비판하던 사제 봉부스트(Bonvoust)는 파리 근교의 브리 치즈 마을을 떠나 노르망디로 피신을 하게 된다. 그는 자신을 숨겨 준 농가의 주인 마리 아렐(Marie Harel)에게 브리 치즈의 제조법을 전수하였는데 이렇게 해서 탄생한 치즈가 노르망디화한 브리, 바로 까망베르이다. 까망베르가 유명해지기 시작한 때는 그로부터 70여 년이 지난 1863년으로 당시 철도사업차 마을에 들른 나폴레옹 3세가 이 치즈의 맛에 반하게 되면서부터였다. 치즈의 맛을 본 나폴레옹 3세는 까망베르에서 왕비의 체취를 느꼈다 하며 그 후 까망베르는 파리까지 공수되면서 널리 이름을 알리게 되었다. 하지만 쉽게 변질되는 최대의 약점으로 장거리 이동이 불가했기에 그로부터 30년이 지난 1890년이 되어서야 나무 상자 보관법이 개발되어 프랑스 전역으로 퍼질 수 있게 되었다.

1983년에야 AOC 취득이 이루어진 탓에 복제품이 전 세계적으로 많이 나도는 치즈이기도 하다.

까망베르만의 독특한 제조 방법

일반적으로 치즈를 만들 때에는 레닛(rennet)을 넣어 응어리진 우유 덩어리들을 잘게 잘라 낸 다음 틀에 부어 넣는데, 까망베르는 이때 국자를 사용한다. 국자로 응어리진 우유 덩어리를 그대로 떠내어 총 네 번에 걸쳐 구멍이 나 있는 높이 13센티미터, 지름 11.5센티미터의 원통형 하얀색 플라스틱 틀에 넣는다. 이때 사용하는 국자의 지름은 틀의 지름과 같아야 한다.

7시간이 지난 후 훼이(whey)가 빠진 틀을 한번 뒤집어 준 다음 지름 11센티미터의 얇은 메탈커버를 틀 안에 넣어 준다. 이는 치즈를 눌러 주는 역할을 한다. 다음 날 아침, 몰드와 메탈커버를 벗겨 낸 후 페니실리움 칸디다(Penicillium candida) 곰팡이균을 치즈 위에 뿌려 준다.

5일이 지난 후 얇게 가루를 낸 소금을 치즈 전체에 톡톡 묻혀 준 다음 12~14일간 본격적인 숙성 과정에 들어가는데 이때 숙성실 습도는 85퍼센트, 온도는 10~14도여야 한다.

그 후 얇은 종이로 싸 나무 박스에 넣어 판매하는데 판매 직전 보관창고의 온도는 8~9도여야 한다.

4.
알프스 프랑슈 콩테

프랑슈 콩테의 오르낭에 도착한 캠핑 첫날.

 텐트를 쳐 놓고 저녁을 먹으려는데 날씨가 무지무지 추웠다. 노르망디에선 이렇게 입김까지 호호 나오진 않았는데. 전기 그릴에 손을 녹이면서 밥을 해 먹으려는데 괜스레 맘이 슬퍼진다. 도대체 스위스 근처 티 내는 것도 아니고 이 동네 왜 이리 추운 거야. 사람 맘 스산하게 말야….

 하필 그때 옆 캐러밴 아저씨가 "식사할 거예요?" 하면서 거기 추우면 자기 캐러밴에 와서 먹으라고 한다. 캐러밴 안은 따뜻하다고…. 커튼이 쳐져 있는 창문 사이로 붉은 불빛의 텔레비전 영상이 삐죽삐죽 흘러나오는 캐러밴은 정말 따뜻해 보였다.

 그런데 왜 그 말을 듣자 눈물이 났는지…. 엄마 아빠 생각, 그리운 집 식구들 생각이 왈칵 밀려와서 서둘러 "고맙지만 괜찮습니다." 하고는 돌아서서 나오는 눈물을 얼른 훔쳤다.
 해는 어둑어둑 컴컴해지고 날은 점점 추워져서 온몸이 오들오들 떨리는데 손까지 곱아 펴지지도 않아 냄비와 전기그릴을 들고 텐트 안으로 들어갔더니 그제야 몸이 풀리면서 맘도 풀렸다.
 '추워서 괜히 맘이 움츠러들었었나 보다.'
 하지만 그날 밤, 왜 그리 엄마 생각에 눈물이 마르지 않았는지, 한참 동안 일기를 쓴 후에야 잠이 들 수 있었다.
 4월은 아직 캠핑하기엔 많이 이른 시기인가 보다. 그리고 아직 나는 혼자 여행하기엔 많이 부족한 사람인가 보다. 자동차 여행을 시작한 지 이제 겨우 열이틀째인데 몇 달이 훌쩍 넘은 것처럼 외롭고 힘들다.

공육년 사월 스물아홉날의 일기 중에서

처음 본 치즈 제조장

밤을 새워 가며 달려 도착한 곳은 북 노르망디의 도빌에서부터 650킬로미터나 떨어져 있는 알프스 인근 스위스 인접 지역의 프랑슈 콩테 마을이었다. 햇살 가득한 한여름의 기운을 보이던 노르망디와는 달리 파카를 껴입어도 두 손이 꽁꽁 얼어 버릴 만큼 콩테 지역은 정말 추웠다.

"저…."
농장인지 상점인지 알 수 없었지만 프로마주리fromagerie라는 문구에 일단 차부터 세우고 봤다. 그때 나는 캠핑장 아저씨의 말에 따라 근처 어디에 있다는 콩테 치즈 박물관을 찾아 나선 길이었다. 문을 열어 보니 다행히도 그곳은 치즈를 파는 가게였다. 하지만 가게라고 하기엔 파는 물건이 고작 커다란 콩테 치즈 몇 덩이와 야욱트(떠먹는 요구르트)뿐이었다.

"저…."
특별히 할 질문도 해야 할 말도 없었지만 앞의 손님이 치즈 두 덩이에 야욱트 열 개를 계산할 때까지 그렇게 나는 "저…"만 열 번쯤 중얼거리고 서 있었다.

"봉 주르."
드디어 아주머니가 나를 향해 눈짓을 보내셨다.
"음… 저기… 저는 저널리스트입니다. 제가 원하는 건…."
바로 그때 유리문 뒤 제조장 모습이 눈에 들어왔다. 나는 재빨리 그곳을 가리키며 사진을 찍고 싶다고 했다. 사실 그렇게 뻔뻔하게 저널리스트라는 거짓말까지 하고 있었지만 머릿속에선 쫓겨날지도 모른다는 온갖 불길한 생각들이 맴을 돌고 있었다.

그런데 내 얘기를 들은 아주머니는 잠시 고개를 갸우뚱하시더니 갑자기 알겠다는 듯 '아!' 하시며 저벅저벅 내 앞을 지나쳐 제조장 쪽으로 걸어가 문을 덜컥 열어 주시는 게 아닌가. 나는 뭐라 대꾸할 새도 없이 안에서 쏟아져 나온 열기에 온몸이 휘감겨 숨이 턱! 막혀 버렸다. 마치 수증기로 가득한 사우나탕에 들어간 기분이었다. 밖은 아직 파카를 입어야 할 만큼 추웠지만 반팔 차림의 두 남자는 땀을 뻘뻘 흘리며 끓인 우유를 체로 걸러 내고 있었다.

"봉 주르."

그들이 나에게 인사를 해 왔다. 세상에… 내가 제조장이란 곳에 드디어 발을 디뎠구나. 그제야 실감이 났다.

"와아!"

깜깜한 창고에 따닥거리며 형광등이 켜지자 그야말로 새로운 세상이 펼쳐졌다. 나는 입을 다물지 못했다. 젖은 신문지들이 쌓여 있을 때 나는 그런 쿰쿰한 냄새들이 천장까지 쌓여 있는 치즈들에서 뿜어져 나오고 있었다.

"이게 다 콩테 치즈예요?"

흑갈색의 치즈 표면은 잘 반죽된 점토를 만지는 것처럼 차가운 듯 야무진 느낌이었다. 고개를 들어 저 위까지 쌓여 있는 치즈들을 한참이나 바라보고 있으려니 어린 직원이 내 어깨를 톡톡 두드렸다.

"옆에 또 다른 방이 있어요."

우리는 옆방으로 이동했다.

"이 방은 새로 만들어진 치즈가 보관되는 곳이에요."

그때 선임인 듯한 직원이 뒤따라 들어왔다. 아마도 어린 직원의 설명이 영 불안했던 듯 선임 아저씨는 들어오자마자 탁한 물이 담긴 작은 양동이에서 걸레 같은 것을 꺼내더니 폼 나게 치즈를 닦기 시작했다. 어린 직원은 의미심장한 웃음을 지으며 뒤에 서 있었고 나는 그 두 사람의 모습에 풋풋 새어 나오는 웃음을 참고 있었다.

"이건 소금물이에요. 이렇게 일주일에 두 번씩 총 2개월간 닦아 줘야 한답니다."

어쩐지 첫 번째 방과 달리 이 방은 바닥에 물기가 흥건하고 습기가 가득했는데 치즈들이 항상 목욕(?)을 해서 그랬던 거였다. 아저씨는 이 방이 첫 번째 단계 숙성실이며 총 3단계의 방이 있다고 했다.

두 번째 단계의 숙성실은 문을 여는 순간부터 숨이 막혔다. 첫 번째 방에서 넘어온, 두 달 동안의 숙성을 거친 콩테 치즈들이 최소 5개월에서 최대 1년까지 머무는 곳이었는데, 박테리아 형성 때문에 20도까지 올려놓은 뜨뜻한 공기가 독한 냄새를 더 진하게 만들어 숨을 턱턱 막히게 했다. 좋게 말하면 홍어 삭힌 냄새고 나쁘게 말하면 파마 중화제 냄새하고 똑같았는데 그 냄새 속에서 한 이십여 분을 있으려니 머리가 어질어질해 계속 있다간 장렬히 전사할 것 같았다. 결국 아저씨께 그만 나가자고 말하며 나 먼저 그곳을 빠져나왔다.

마지막 단계의 숙성실은 처음에 어린 직원이 안내해 주었던 그 치즈 창고였다.

"이 방이 마지막 단계예요. 다 만들어진 치즈를 팔기 직전까지 이곳에서 보관하지요. 온도는 항상 8~9도를 유지해야 한답니다."

아저씨는 사진을 찍으려고 끙끙거리며 45킬로그램에 달하는 콩테 치즈를 움직여 보려던 나를 위해 직접 치즈를 들고 포즈까지 취해 주셨다.

'역시 선임은 선임이야.'

나는 계속 탄성을 질러 가며 정신없이 셔터를 누르고 또 눌렀다.

냉장고 좀 보여 주세요

농장을 나와 치즈 박물관에 도착한 시간이 오후 한 시. 아마도 점심시간이라 닫았나 보다 하곤 두 시가 될 즈음 박물관 앞에 다시 가 보았지만 문은 열려 있지 않았고 한쪽 귀퉁이에서 다음과 같은 문구만 찾아냈다.

'7~8월만 오픈, 혹은 단체 예약만 가능.'

별 뾰족한 수가 없어 보여 포기하고 차에 오르려는데 맞은편 집 앞에 서 계신 할아버지와 눈이 마주쳤다. 혹시 작은 정보라도 얻을 수 있을까 하여 할아버지 쪽으로 향하려는데 내 생각이 이미 전해진 듯 아직 채 다가가지도 않은 나를 향해 할아버지는 대뜸 박물관은 열지 않고 근처에 농장이 있다며 시큰둥하게 말씀하셨다. 분명 시큰둥하기는 했으나 무서운 말투는 결코 아니었다. 그리고 때마침 입구가 온실처럼 보이는 할아버지 댁 문이 열려 있었기에 나는 대뜸 할아버지께 말씀드렸다.

"할아버지. 저기… 박물관도 닫았는데 할아버지 댁의 냉장고 구경이라도 시켜 주시면 안 될까요?"

"우리 집 냉장고?"

"예. 일반 가정에선 어떤 치즈를 어떻게 드시는지 궁금해서요."

지금 생각해도 어떻게 이 말을 불어로 표현했는지 알 길은 없으나 아무튼 나는 기특하게도 불어로 의사소통을 하고 있었다. 할아버지는 어느새 옆에 나와 서 있던 아들과 잠시 눈빛을 나누시더니 흔쾌히 "OK" 해 주셨다.

도대체 프랑스 사람들은 하루에 얼마나 많은 치즈를 먹을까? 그리고 어떻게 먹을까?

파리에서 그렇게 많이 치즈를 사러 돌아다니면서 가장 궁금했던 건 "도대체 이 많은 치즈를 누가 다 먹을까?"였다. 온 동네에 치즈 가게가 넘쳐 났고 대부분 항상 사람들이 줄 서서 치즈를 사고 있었지만 얼마나, 어떻게 치즈를 먹는지에 대해선 남의 집에 들어가 냉장고를 열어 보지 않고는 알 길이 없는 것이었다.

온실을 지나자 집 안으로 연결되었는데 할아버지께서 안에 계시던 할머니께 뭐라고 말씀하시자 할머니는 나를 이끌고 부엌으로 들어가 정말로 냉장고 문을 열어 주셨다. 그 안에는 연성치즈 두 종류, 일반 프로세스치즈(가공치즈), 프로마주 프레, 그리고 콩테가 크게 한자리 차지하고 있었다. 그 외에도 우유와 야욱트 네 종류에 버터까지, 작은 냉장고의 반 이상을 유제품들이 차지하고 있었다.

잠시 후 할머니는 여러 장의 접시와 세 종류의 치즈 그리고 바게트와 붉은 포도주를 내오셨는데, 가정집의 치즈 먹는 형태라고 할까? 그걸 처음 접한 나는 칼로 치즈를 똑! 똑! 잘라 능숙하게 바게트에 넣어 먹는 모습에 부탁해 보길 정말 잘했다는 생각이 백 번도 더 들었다. 처음엔 거리를 두시던 할머니도 내가 술을 못 먹는다고 하자 물도 따로 내어 주시고 손님이라고 예쁜 냅킨도 깔아 주셨다. 그렇게 30여 분을 생각지도 않았던 치즈 시식을 하며 즐겁게 보내고 있었는데 할아버지께서 갑자기 벌떡 일어나셨다.

"가자!"

"예? 어디를요?"

"농장에."

급하게 서두르시는 할아버지를 따라 차를 달려 도착한 곳은 오전에 내가 들렀던 바로 그 농장이었다. 사정을 알게 된 할아버지는 농장 주인에게 양해를 구하더니 아까 그 어린 직원을 데리고는 또다시 '가자!' 고 하시며 서두르셨다. 노인 양반이 어찌나 속력을 내시는지, 나는 영문도 모른 채 열심히 할아버지 차를 뒤쫓아 갔다. 그런데 우리가 도착한 곳은 다시 할아버지 댁 앞이었다.

"여긴 또 왜 왔어요?"

따라온 어린 직원에게 묻자 자기는 통역하러 온 거라서 잘 모른다며 배시시 웃기만 했다. 할아버지는 어디선가 열쇠 한 뭉치를 들고 나오셔서는 또 '가자' 고 하셨다. 그리고 성큼성큼 앞장서서 가신 곳은 바로 아까 내가 들어가길 포기한 그 박물관이었다.

'세상에, 여길 열어 주시는 거야? 단지 나 하나 때문에?'

박물관 안으로 들어서자 할아버지의 설명이 시작되었고 농장 직원이 영어로 통역을 해 주었다. 할아버지는 일일이 하나하나 설명을 해 주시며 상세한 동작까지 취해 주셨다.
　"이건 치즈를 누르는 프레스 기계야. 이게 바로 뚜껑이지."
　"이게 콩테 치즈의 틀인데 이렇게 끈을 조절하며 사용할 수가 있어."
　"이쪽은 우유에서 크림을 분리하는 기계야."
　이 박물관은 실제 치즈를 만들었던 장소이며 대부분 예약하는 사람들만 방문할 수 있는 곳이라 했다. 때마침 놀러 온 할아버지 아들의 친구조차 그날 처음 들어와 봤다고 할 정도로 평소엔 꼭꼭 닫혀 있다고 했다. 통역을 해 주었던 직원조차 그곳이 처음이라 했으니, 나는 정말 운이 좋은 거였다.
　할아버지가 박물관의 주인인지, 아니면 나를 위해 일부러 박물관 열쇠를 빌려 오신 건지는 미처 여쭤 보지 못했지만, 할아버지의 배려로 생각지도 못했던 소중한 경험을 할 수 있었던 셈이다.
　프랑슈 콩테, 시작이 좋다.

5.
프랑슈 콩테, 테즈의 집에서

햇살이 좋은 오후 잠시 핸들을 놓았다.
"적혀 있는 주소대로라면 저 길 끝쯤 어디에 테즈의 집이 있을 거야. 그런데 정말 가도 될까? 그래도 여기까지 왔는데…. 하지만 아는 척을 안 하면 어쩌지? 민망하게 쫓아내면 어쩌지?"
나는 잠시 차를 세워 놓고 휴식을 빌미로 고민에 잠겨 있었다.

수상한 우유 공장

"민희, 나가자!"

"응? 어딜? 멀리 가? 잠깐만, 카메라 좀 챙기고."

잠을 자려고 늘어놓은 침낭이며 옷가지들을 대충 던져 놓고 나는 테즈를 따라나섰다. 테즈의 덜덜거리는 자동차는 작은 다리를 건너 사람들이 모여 있는 공장 앞에 섰다.

"어? 여긴 아까 내가 들렀던 곳인데?"

마을 입구에 들어서자마자 처음 눈에 띈 그 건물이었다. 치즈 공장처럼 생기긴 했는데 대낮이었음에도 공장의 문은 닫혀 있었고 아무리 두드려도 사람은 나오지 않았다. 살펴보니 공장이 열리는 시간은 아침 7시에서 11시 반, 저녁 6시 반에서 7시 반까지라고 붙어 있었다.

'장사를 하는 곳이야? 이상해, 아침에 여는 건 그렇다 치고 저녁 시간에는 왜 여는 거지?'

참 희한한 공장이라고 생각하곤 지나쳤던 그 공장 앞에 왜 테즈가 차를 세웠는지 모르겠지만 어쨌든 시간은 아까 공장 앞에 쓰여 있던 오픈 시간대인 저녁 6시 반이었고 무슨 일인지 동네 아저씨들이 그 앞에 모여 있었다.

"여긴 민희라고 해요. 치즈를 보려고 우리 마을에 온 거예요."

테즈는 사람들에게 나를 소개하기 시작했다.

"봉 수아."

인사를 하자마자 여기저기서 질문이 쏟아졌다.

"어디서 왔어요?"

"파리에서요."

"우와, 파리에서 여기까지 어떻게 왔어요? 엄청 먼데."

"자동차로 여행 중이라 직접 운전해서 왔어요."

"테즈는 어떻게 알았어요?"

"파리에서 국제 농업 박람회 때 알게 됐어요."

"국제 농업 박람회? 맞아, 테즈가 박람회에 갔었지? 그래, 맞다, 맞아."

아저씨들은 서로 맞장구쳐 가며 계속 질문을 던졌다.

"그런데 말이야."

또다시 질문이 시작될 무렵 새로운 아저씨 한 분이 동그란 철통을 차 뒤에 매달고 나타났다. 저게 뭐지, 하는 순간 아저씨는 재빠른 손놀림으로 철통에 커다란 파이프를 연결했다.

"저게 뭐야?"

내 질문에 테즈는 안으로 따라 들어오라고 했다.

"저 통에 있는 건 모두 우유야. 우리 마을은 치즈를 공동 작업으로 만들거든. 그러니까 치즈를 만드는 공장이 각 집마다 있는 게 아니고 한 공장에서 우유를 모아 치즈를 만들어."

주황색 파이프 관을 따라 들어가니 파이프는 공장 안 탱크로 연결돼 있었다.

이 공장의 공장장님은 하얀색 장화에 하얀색 바지를 입고 있어서 한눈에 보기에도 깔끔함 그 자체였는데 뚫어져라 눈금을 보면서 각각의 집에서 얼마만큼의 우유를 가져오는지를 체크하고 있었다. 그리고 매일 아침 7시경 치즈를 만들 우유를 근처의 농장주들이 가져오면

전날 저녁 모아 놓은 우유와 섞어서 치즈를 만든다고 했다.

아하, 그래서 이 공장의 오픈 시간이 그렇게도 이상했구나. 나는 그제야 이 수상한 공장의 영업시간을 이해할 수 있었다.

그날 테즈는 나를 데리고 온 동네를 휩쓸고 다니면서 인사를 시켜 주었다. 나는 꼭 드라마 '전원일기'에서 동네에 새로운 사람이 오면 어르신들께 인사를 다니듯 그렇게 테즈의 뒤를 졸졸 따라다니며 봉 주르, 봉 주르 인사를 했다.

어느 나라나 시골의 정감 어린 모습은 다 같은 걸까? 농장에서 만난 테즈의 형도, 작은 다리를 건너다가 만난 낚시를 하던 테즈의 친구도, 돌담 집 어귀를 지나다가 만난 마당을 손보고 계시던 테즈의 어머니도 한결같이 나에게 따뜻한 환영의 웃음을 건네 주었고, 그래서인지 나는 정말 오랜 친구의 시골집에 놀러 온 듯한 기분이 들었다.

테즈는 파리의 국제 농업 박람회에서 만난, 자기를 찾아오면 오토바이를 태워 주겠다고 호언하던 그 총각이다. 이곳에 오기까지 정말 많은 고민을 했으나, 노르망디에서 별 소득을 얻지 못했고 어차피 스위스로 넘어가야 하는 길에 있다면 모험 삼아 들러 볼 만하다는 결론을 내려 찾아온 것이었다.

'생판 모르는 남이지만 어차피 어느 농장을 가든지 이 정도의 부탁은 해야 하잖아…. 적어도 농장을 볼 수 있는 기회는 얻을 수 있을지도 몰라. 설마 이렇게 멀리까지 온 나를 내치기야 하겠어?'

테즈의 집은 미쉐린 프랑스판 지도책에서도 작디작은 길 위의 무척 조그마한 마을에 있었는데 마을이 작아서인지 동네 꼬마들에게 길을 물으니 테즈의 집 앞까지 자전거로 에스코트를 해 주었다.

농장에서 일하다 말고 나와 마주친 테즈는 속으로 "설마? 정말?"을 여러 번 되뇌었단다. 파리의 박람회에서 찾아오겠다고 주소를 받아 간 사람이 여럿 있었지만 그중 동양인은 나 혼자뿐이었고 게다가 이렇게 먼 곳까지 찾아올 줄은 몰랐단다. 그것도 달랑 주소 한 줄 들고.

어쨌든 테즈는 나를 무척이나 반겼고 그날 저녁 난 전날 밤 텐트 속에서 추위에 떨며 빌었던 소원이 이루어졌음에 진심으로 감사하며 잠자리에 들었다. 내 소원이란…

"제발 하룻밤만이라도 문 달린 방 안에서 잠들어 보았으면."

"민희, 일어났어? 아침 먹자!"

꿈인지 생신지 보송보송한 침대에서 자고 일어나 창문을 열고 아침 공기를 마시고 있을 때였다. 새벽 5시에 일어나 오전 일을 마친 테즈는 엄마 집에서 가져왔다며 닭 가슴살 스테이크에 카레밥을 챙겨 가지고 들어왔다.

"이 마을에서 뭐 하고 싶어?"

"그… 글쎄…."

나는 숟가락을 입에 문 채로 머뭇거리면서 대답했다. 사실 나는 농장에 가서 소젖도 짜고, 사람들과 모여서 담소도 나누고, 치즈 공장에 가서 치즈 만드는 일도 거들고 싶었다. 말 그대로 이 마을에서 할 수 있는 모든 일을 다 체험해 보고 싶었다.

"이 마을은 천국이야. 봐, 세상에 이런 마을이 어디 있겠어? 넌 네가 이 마을에서 하고 싶은 모든 것을 할 수 있어!"

"정말?"

"우선 자전거 빌려다 놓을게. 이따가 동네 한 바퀴 돌고 올래?"

"좋아!"

나는 떨 듯이 기쁜 얼굴이 되어 재차 확인하고 싶었지만 그냥 우아하게 슬쩍 웃음만 지어 줬다. 테즈는 곧 자전거 한 대를 집 앞에 갖다 놓았고, 나는 페달을 밟기 전에 숨부터 깊게 들이마셨다.

"자, 그럼 이제 이 마을 어디를 가 볼까?"

테즈의 농장

"현관에 사이즈 맞는 장화 구해 놨어. 얼른 따라 나와!"

오후 4시경이었다. 갑자기 집에 들어온 테즈는 무조건 빨리 나오라면서 농장에 가면 옷을 버릴 테니 소파 위에 걸려 있는 감색 티셔츠를 입으라고 내주었다.

집 앞에 있는 테즈의 농장은 150마리의 소가 있는 대형 축사로 혼자 운영하기엔 무리가 있어 보일 만큼 규모가 큰 곳이었다.

나는 소젖 짜는 일이 아주 낭만적일 줄 알았다. 그러니까 드라마에서 보면 대관령 목장 같은 곳들 말이다. 그 희뿌연 화면에 햇살이 밝게 비추고 목장 주인은 여유로이 소를 몰고 우유를 짠다. 아니 그 정도까진 아니더라도 이 정도까진 줄은 몰랐다. 소똥이 거의 밭을 이루고 있는 창고 밖에 나를 세워 둔 채 테즈가 말했다.

"거기 있는 소들 모조리 창고 안으로 끌고 들어와. 알았지? 무서우면 그냥 거기서 밤새 있든가. 아님 담을 타고 넘어서 돌아 나오든가."

설마 농담이겠지. 거짓말 안 하고 소 한 마리 몸체가 RV 자동차만 한데 한두 마리도 아니고 몇 십 마리를? 하지만 농담이 아니었다. 달랑 그 말만 하고 테즈는 휭 가 버렸다.

솔직히 밤새 그대로 있고 싶은 심정이었다. 태어나서 소를 몰아 보기커녕 이렇게 큰 소들이 왕창 몰려 있는 것도 처음 본 터였으니까. 담을 타고 넘어서라도 나가고 싶었지만 그렇더라도 소를 헤치고 지나가야 했고 더군다나 넘을 수 있는 높이의 담도 아니었다. 수가 없었다. 그런데 과연 저 덩치가 산만 한 애들이 내 말을 들을까? 어쨌든 나는 테즈가 무작정 쥐여 주고 간 삼지창을 들고 외쳤다.

"알레(가자)! 알레! 아니, 그렇게 멀뚱히 쳐다보지만 말고 움직이란 말이야. 왜? 내 발음이 불어 같지 않아? 아무튼 부탁이니 좀 가자고! 알레!"

하지만 소들은 까만 눈동자의 큰 눈을 껌벅이기만 할 뿐 움직일 생각을 하지 않았다. 한쪽 소를 몰면 한쪽 소는 멍하니 딴 곳만 바라보고 있거나 구석의 먹이통에 고개를 박고 정신없이 먹거나 혹은 줄줄줄 선 자리에서 볼일을 보고 있었다. 이래서 꼭 장화를 신어야 하는구나. 그동안은 볏짚이 가득 쌓인 바깥만 봐서 안쪽이 이렇게 질척거리는 줄도 몰랐다.

가까스로 소를 안까지 몰고 들어가자 테즈는 이번엔 유축기를 손에 쥐여 주었다. 모퉁이 끝의 커다란 통에 우유가 한꺼번에 모이게 되는 이 기계는 압력 조절 장치 때문에 쑥 싹 쑥 싹 소리를 규칙적으로 내고 있었다.

"잘 봐. 한 손으로 이렇게 젖을 마사지해 주는 거야. 그러면서 끼우는 거지."

테즈의 한 손이 소의 늘어진 젖을 쓱쓱 마사지하는가 싶더니 어느 샌가 쏙쏙 유축기를 끼우고 있었다.

"이렇게?"

나도 따라서 쓱쓱 젖을 문질러 마시지를 했는데 처음 만지는 그 느낌은 물컹거리는 듯 뜨뜻하면서도 호박잎을 뒤집어 결을 반대로 만지는 것처럼 꺼끌꺼끌했다. 그러곤 유축기를 갖다 대자 압력 때문인지 저절로 쏘옥 빨려 들어갔다.

"이야, 신기한데!"

"세 봉! 잘하고 있어."

그 한마디 칭찬에 신이 나 씨익 웃고 있는데 에구머니! 글쎄 그 사이에 엉덩이를 내 코앞에 들이민 소가 주르륵 분뇨를 뿌려 버리고 말았다. 테즈가 피하라고 소리치지 않았다면 아마도 분뇨 샤워를 했을지도 모를 일이었다.

우유를 모두 짜 모아 놓고, 새끼 송아지에게 젖을 먹이고, 문을 닫는 둥 마는 둥 커다란 밀문을 대충 밀어 놓고 우리는 어제 그 수상한 우유 공장에 우유 납품을 하러 갔다. 커다란 철공 같은 탱크를 매달고 달달거리는 테즈의 차가 공장 앞에 다다르자 어제 하루 얼굴을 익혔을 뿐인데 한 달도 더 머문 사람처럼 동네 분들이 반갑게 인사를 해 왔다.

"봉 수아! 봉 수아!"

우유를 다 납품한 우리는 다시 소에게 여물을 주려 농장으로 돌아왔다. 하지만 나는 농장 일을 거드는 것보다 카메라 메고 여기저기 두리번거리면서 사진을 찍는 데 더 열중하고 있었다. 그때 멀리서 테즈가 부르는 소리가 들렸다.

"어! 나 여기 있어. 금방 가." 하곤 테즈가 부르는 방향으로 달려가던 찰나, 뜻밖의 광경을 보게 된 나는 발걸음을 멈출 수밖에 없었다.

"민희! 그냥 무시하고 와! 괜찮아. 정 그러면 쳐다보지 말고 이리로 돌아와."

테즈가 괜찮다고 여러 차례 말했지만 나는 괜찮지가 않았다. 어찌할까 망설인 끝에 눈을 질끈 감고 그 길을 달려 지나쳐 왔다.

"저 소는 뭐야? 자는 거야? 왜 뒤집혀 있어?"

소는 피를 흘리고 죽어 있었다. 몸은 풍선 불어 놓은 것처럼 터질 듯 빵빵했고 고개는 땅을 향해 떨어뜨리고 있었다. 이미 부패한 냄새가 나고 있었고 근처엔 많은 파리들이 날아다니고 있었다. 테즈가 말하기를 아침에 나와 보니 가스가 가득 찬 채로 뒤집혀 죽어 있더란다. 아마도 가스가 제대로 빠져나가지 못하고 배설에 문제가 생겨 저렇게 된 것 같다고 했다.

"가스가 가득 차서 저렇게 돼? 세상에, 말도 못하는 짐승이 얼마나 힘들었을까."

세상에 나와서 암놈이면 평생 젖을 짜 주고 수놈이면 얼마 안 가 사살을 당하고(젖소의 수놈은 필요가 없어서 그렇게 된단다.) 평생 건강하게 살아 봐야 사람 좋은 일만 시키고 그 큰 덩치에 맞지 않게 겁도 많고 동물이라는 이유 하나로 배설을 한 자리에서 먹고. 다음 세상에 태어나거든 절대 다시는 소로 태어나지 마라…. 어쩐지 맘이 짠해졌다.

"괜찮아. 1, 2년에 한 번씩 저런 일이 생겨. 내일 공무원들이 와서 조사하고 묻을 거야."

얼굴이 굳어 있는 나를 향해 테즈는 별일 아니라는 듯 흘려 말했다.

"그런데 말이야, 그 삼지창 조심해. 여긴 전기선이 깔려 있거든. 밤에 소들이 우리 밖으로 못 나가게 약간의 전류를 흘려 보내고 있어."

테즈는 계속해서 열심히 송아지들에게 줄 여물을 헤치고 있었다. 하지만 나는 농촌의 일상에, 아니 그 속에 갇혀 평생을 보내야 하는 소들의 운명에 마음이 불편했다. 차라리 모르고 지나갔으면 좋았을 것을.

콩테 퐁듀

"혹시 퐁듀 먹어 본 적 있어?"

"응, 예전에 스위스에 배낭여행 갔을 때. 근데 왜?"

"그럼 그동안의 퐁듀는 다 잊어. 내가 오늘 진정한 퐁듀를 보여 줄게."

그날 저녁 테즈의 친구들과 함께 퐁듀 파티를 열었다. 바게트를 깍두기만 하게 잘라서 한 소쿠리 담아 놓고 씻어 놓은 양상추에 오일을 뿌려 샐러드를 만들고 마지막으로 한 손으론 도저히 들기 힘든 빨간 냄비 속을 마늘로 닦아 내곤 잘게 갈아 놓은 콩테 치즈를 와인과 함께 슬슬 녹였다.

"퐁듀가 퐁듀지, 뭐 별거 있어?"

만드는 과정이 그리 특별해 보이지 않았기에 테즈의 넘치는 자신감

에도 별다른 기대를 하지 않았던 나는 기다란 포크에 바게트를 꽂아 냄비 속을 한 번 휘저어 맛을 본 순간 생각이 확 바뀌었다.

"세상에, 퐁듀는 바로 이런 거구나!"

쭉쭉 늘어져 포크 끝을 계속 따라오며 끊어질 줄 모르는 담백한 치즈 맛은 정말 일품이었다. 치즈가 거의 바닥이 날 즈음 테즈는 냄비에 달걀 두 개를 풀어 스크램블을 해 주었는데 꼭 우리나라에서 전골을 먹고 마지막에 밥 볶아 먹는 느낌이랄까? 모두들 냄비 바닥에 구멍이 날 만큼 싹싹 긁어 먹었다.

콩테 치즈 공장에 가다

"민희, 수요일 어때?"

"좋아. 근데 몇 시에 출발하지?"

"아침 8시. 좀 이르지?"

"아니야, 괜찮아."

7시쯤 일어나 준비하고 나서서 콩테 프로마주리에 도착한 시간이 8시 반. 이른 시간임에도 이미 일이 한창 진행되고 있었는데 우유 끓이는 작업을 처음 보니 무척 신기했다.

▶ 크림 분리 중. 우유에서 크림을 분리하는 이유는 지방 함유량 조절 때문이다. 아침에 농장에서 가져온 신선한 우유에서 분리해 낸 크림 맛은 무지무지 고소하다. ▶ 응고된 우유 덩어리들을 잘게 조각내어 어느 정도 시간이 흐를 때까지 계속 저어 준다. 그래야 훼이라는 물과 우유 덩어리로 분리가 된다. ▶ 커다란 파이프 관을 통해 치즈가 만들어지는 틀로 이동시킨다. ▶ 구멍이 송송 나 있는 틀에 넣으면 훼이가 빠져 나간다. ▶ 결국 이렇게 작은 우유 알갱이들만 남는다. ▶ 오랜 숙성 과정을 거쳐 노란색 치즈들이 만들어진다. 치즈 위의 하얀 물질은 규칙적으로 닦아 주는 소금물의 알갱이들이 올라온 것이며 치즈에서 뿜어 나오는 지방과 섞여 직접 만지면 기름처럼 미끌미끌하다. 사진 속 콩테 치즈는 숙성 과정이 얼마 되지 않아 아주 옅은 색을 보이는데, 시간이 지날수록 샛노랗게 그리고 흑갈색으로까지 변한다.

우선 우유에서 크림을 분리하고 난 후에, 황동으로 된 커다란 가마에 그 우유를 넣고 데우는데 어느 정도의 온도에 이르면 레닛rennet을 넣어 우유를 두부화시킨다. 응고된 우유 덩어리들은 커팅 기계로 잘게 잘라 준 다음 일정한 크기(대략 1센티미터로, 이는 공장장이 눈으로 판단한다.)가 되면 커다란 틀에 넣고 훼이whey라는 분리된 물을 빼내고 작은 알갱이 같은 우유 덩어리들만 가지고 굳혀서 치즈를 만든다.

영어를 전혀 못하시는 공장 분들과의 대화가 사실상 많이 어려웠지만 여느 프랑스 시골 사람들처럼 무척 친절해서 모르는 단어는 일하는 중간 중간 사전까지 찾아 주는 세심함까지 보여 우유를 어떻게 끓이는지, 우유 파이프는 어디로 연결되는지, 그리고 훼이가 어떻게 빠져나가는지 등등 콩테 치즈의 형성 과정을 외울 수 있을 만큼 자세히 들을 수 있었다.

테즈의 말처럼 이 마을에서 내가 하고 싶은 일은 정말 다~ 할 수 있나 보다. 그 어렵다는 공장에 이렇게 쉽게 들어오고 말이다. 그런데 치즈 만드는 과정을 보는 내내 콩테 냄새에 미칠 정도로 빠져 콩테 창고에 들어갔을 때에는 그 속에서 살고 싶을 정도였다. 그 냄새라는 건 달달하면서도 담백한 크림치즈 냄새라고나 할까?

그날의 점심은 바게트와 함께한 콩테 치즈였다.

한국식 저녁식사

고추장에 국수를 할까? 간단하긴 한데 너무 단출하다. 맵기도 할 거고…. 뭐 특별한 것 좀 없을까? 부침개? 김치가 없다. 김치가 없다면 감자 수제비? 파와 고추를 쫑쫑 썰어 통깨를 넣고 장을 만들면 맛있긴 하겠지만 그간의 친절에 대한 보답으로는 너무 약소한데. 야채를 이용한다면… 비빔밥? 하지만 집에서라면야 있는 김치 대충 넣어서 참기름에 통깨 넣고 비벼 먹겠지만, 여기선 뭘 넣나? 물론 가방엔 참기름에 참깨에 튜브형 고추장도 있지만 입에 안 맞으면 어떡하지?

　외국인에게 음식을 만들어 대접한다는 건 실로 큰 부담이었다.

　우선 콩을 불려 놨다. 그러고 보니 부엌에 압력 밥솥이 있었다. 하지만 어떻게 쓰는 건지 알 수가 없어 결국 콩을 덜 익게 만들어 버렸다. 야채를 볶는데도 어찌나 정신이 없던지. 비빔밥용 야채를 너무 많이 사 와 남은 야채를 몽땅 넣고 부침개를 하고 식탁을 겨우 다 차렸을 무렵 테즈의 여자친구가 도착했다.

　사실 그렇게 정신없이 음식을 한 건 그녀가 도와주러 6시까지 온다고 해서였다. 잘하지도 못하는데 옆에서 도와준다고 하면 오히려 부담이 되겠기에 미리 그렇게 정신없이 음식을 해 댔던 것이다.

　어림 준비가 다 되어 볶은 야채를 큰 접시에 둘러놓고 결국 따로 삶아 낸 콩을 밥에 섞어 대접에 차려 놓으니 나름 그럴듯한 식사가 준비되었다. 야채는 기호에 맞게 알아서 넣으라고 하니 아니나 다를까 테즈와 여자친구 모두 야채 따로, 밥 따로 집어 먹고 있었다.

　"그게 아니야."

　나는 보란 듯 야채를 골고루 넣고 고추장과 함께 밥을 슥삭슥삭 비볐다. 그러자 두 사람은 열심히 따라 하더니 어느새 정신없이 먹기 시작했다.

　"안 매워? 괜찮아?"

걱정이 돼 묻는 말에도 두 사람은 참기름 냄새가 좋다느니 이건 다 언제 준비했냐느니 딴 소리들뿐이었다. 그 와중에 테즈는 어디서 생겼는지 나무젓가락을 꺼내 와서 젓가락 쓰는 방법까지 알려 달라고 했다.

젓가락 쓰는 방법 알려 주랴 음식 재료들 설명하랴 부침개 부치랴 연방 정신없는 저녁이었지만 그들의 놀라워하면서 또 즐거워하는 반응에 무척 기쁘고 신이 났다. 밥솥을 사용할 줄 몰라 결국 밥을 태우는 바람에 본의 아니게 후식으로 숭늉까지 만들어 줬는데 테즈의 여자친구가 밥에 설탕을 넣었느냐고 묻는다.

"하하하! 아니야. 그냥 물만 넣고 끓인 거야."

압력솥 바닥의 누룽지를 보여 주니 간단한데 무척 맛있다며 몸에도 좋다니 더 좋단다. 이 나라에서도 간장을 팔긴 하는데 농도가 너무 짙어 물을 넣어 희석시킨 후 식초와 통깨를 넣었는데 이런 간장 사용법에도 두 사람은 무척 신기해했다. 누가 프랑스 사람들 아니랄까 봐 갖가지 음식 재료들에 계속해서 높은 관심을 보였다.

테즈의 여자친구는 내 낡은 수저 세트에도 지대한 관심을 보였다. 십 년은 넘었을 법한 쇠로 된 그 숟가락과 젓가락 세트는 무척 낡아 있었는데 결국 반 강제로 테즈네 집에 있는 전통 유럽형 숟가락과 맞교환을 하게 됐다. 그 전통 유럽형 숟가락은 한입에 넣기엔 버거운 국자같이 커다란 것이었는데 말이다.

통깨를 입 안에 넣고 톡톡 터트려 보라니까 입 안 가득 향기가 퍼진다며 무슨 커다란 발견이라도 한 듯 신기해하질 않나, 식탁 의자에서 양반다리를 하고 밥을 먹는 내 자세를 따라 하려고 안간힘을 쓰질 않나…. 결국 테즈의 여자친구가 후식으로 구워 온 빵엔 아무도 손을 못 댔지만 한국식으로 전식에서 후식까지 단단하게 챙겨 먹은 그날의 저녁은 정말 말할 수 없이 즐거웠다.

이제 테즈의 집을 떠나야 하는데 매일 매일 찾아오는 테즈의 여자친구와 아침저녁으로 인사를 나누는 동네 분들, 그리고 콩테 치즈뿐만 아니라 프랑스 시골 마을의 진정한 모습을 느끼게 해 준 테즈에게 어떻게 간다고 말해야 할지. 차마 가야 한다는 말이 떨어지지 않아 나는 아직 아무 말도 꺼내지 못했다. 어쩌나. 이틀밖에 안 남았는데.

모르비에 치즈

시계를 맞춰 놓고 일어난 시간은 새벽 4시였다. 이번에 갈 곳은 콩테가 아니라 모르비에Morbier 프로마주리였다.

전날 테즈는 손가락 끝이 넉넉히 남을 만큼 커다란 가죽장갑을 내 양손에 끼워 주고 양볼이 못난이 인형만큼 솟아오르는 꽉 끼는 헬멧을 씌워 주고는 오토바이 뒷좌석에 나를 태워 프로마주리로 데리고 갔다. 테즈의 집에서부터 15킬로미터나 떨어져 있는 그곳을 다음 날 새벽엔 나 혼자 가야 했기에 길도 익혀 놓을 겸 지난 2월의 약속처럼 그가 연방 자랑하는 오토바이도 탈 겸 해서 간 길이었다.

전날의 기억을 더듬으며 5시가 좀 못 되어 도착한 프로마주리에선 한창 작업이 진행 중이었다. 받아 놓은 우유는 레닛을 붓기 직전까지 데워 놓은 상태였고 대부분의 아저씨들은 전날 만들어 놓은 치즈를 틀에서 벗겨 내는 작업에 열중하고 있었다.

모르비에라는 치즈를 알게 된 건 지난 2월 파리 농업 박람회에서였다. 치즈를 잘라 놓은 단면의 한가운데에 검은깨를 갈아 넣은 듯한 무늬가 들어가 있었고 그 사이로 불규칙한 크기의 구멍들이 분포되어 있었다. 눌러 보면 굳혀 놓은 커다란 인절미 덩어리처럼 탄성이 느껴졌으며 특별히 향도 맛도 치즈 고유의 냄새도 강하지 않아 노란 인절미라 불러도 어색하지 않을 정도였다. 딱딱하거나 아니면 아예 물컹거리거나 혹은 퍽퍽할 정도거나로 분류되었던 치즈의 종류에서 전혀 다른 색깔을 지닌 치즈였다. 그게 그때 파리에서 처음 맛본 모르비에의 느낌이었다.

레닛이 부어지고 본격적인 치즈 만들기 작업에 들어가자 그제야 서로 다른 일을 하느라 분주했던 공장이 조용해져서 공장장 조엘 아저씨와 대화를 나눌 수 있게 되었다. 채 5시가 못 되어 도착했을 때 이미 공장의 일이 한창 진행 중이었는데 도대체 몇 시부터 일을 시작하는지를 물었더니 2시 15분이면 이미 공장에 도착하신단다. 나는 잘못 들은 줄 알고 다시 물었다.

"2시 15분 맞아요? 그럼 도대체 몇 시에 일어나시는 거예요?"

"밤 9시에 자는데 새벽 2시에 집에서 나오지. 집이 바로 앞이거든. 벌써 이 생활이 15년째라 그런지 아무렇지도 않아. 스물일곱에 시작했는데 벌써 마흔둘이나 됐네. 이제 이건 내 평생의 일이 됐지."

휴…. 아저씨는 주말을 빼고 평일에만 일을 한다고 했지만 새벽에 일어나는 일을 해 본 나로서는 그게 아무리 오래 했다 한들 그렇게 흘려 말하듯 쉽게 말할 일이 아님을 알고 있었다. 그 자리에서 멍하니 아저씨 얼굴만 보고 있는데 아저씨는 아무것도 아니라는 듯 그 사이

굳어진 우유들을 젓기 위해 다른 도구들을 찾고 계셨다.

치즈 만드는 과정이 끝난 후 마지막으로 저장고를 구경하고는 혹시 모르비에 치즈를 그곳에서도 살 수 있는지를 여쭈었더니 조엘 아저씨는 모르비에, 콩테, 블루 드 젝스 Bleu de Gex 그리고 생우유로 만든 버터까지 한 보따리 챙겨서 내어 주신다. 아무래도 이 마을은 전생에 내 외갓집이 아니었나 모르겠다.

테즈, 안녕

"민희, 이건 너한테 온 팩스야."

농장 일을 마치고 점심을 먹으러 온 테즈가 두 페이지가 넘는 팩스를 넘겨주었다. 테즈의 집엔 텔레비전도 없고 컴퓨터도 없었다. 통신 수단이라곤 유일하게 팩스뿐이었다.

"나한테 무슨 팩스가 와?"

그런데 정말 선명하게 내 이름이 쓰여 있는 그 팩스는 알고 보니 테즈의 여자친구가 인터넷에서 찾은 한국 음식 리스트를 뽑아서 보내 준 것이었다. "어제 음식 정말 잘 먹었어."라는 인사로 시작한 그녀의 팩스엔 불고기, 김치 등등 우리나라 음식 이름이 즐비하게 적혀 있었다. 그녀는 보답으로 그날은 본인이 저녁을 차리겠다고 했다.

그날 저녁 메뉴는 콩테 치즈를 갈아 넣은 파스타와 물에 삶은 수제 소시지였다. 한 입 크기로 자른 콩테 치즈를 갈아서 파스타에 솔솔 뿌려 먹는, 말 그대로 콩테 치즈를 얹은 파스타는 그 맛이 정말 최고였다. 하지만 입에 쩍쩍 달라붙는 콩테 치즈를 이젠 더 이상 먹기 어려울 거라는 생각에 아쉬움이 너무 컸다. 그렇게 테즈네 집에서의 마지막 저녁식사가 끝나 가고 있었다.

다음 날 정오. 여기서 스위스까지는 겨우 2시간밖에 되지 않는다며, 그러니 며칠 더 있다 가라고 붙드는 테즈와 여자친구에게 작별 인사를 건네고는 길을 나섰다.
이 마을에서 내가 받은 모든 것에 대한 고마움을 어찌 말로 다 표현할 수 있을까. 평생 잊지 못할 추억으로 간직할 것이다.
"테즈, 안녕!"
이제는 스위스로 간다. 한 손에는 이삼 일 정도 먹을 수 있는 콩테 치즈 덩어리를 잔뜩 싸 들고 말이다.

콩테 Comté

프랑스 중동부의 스위스 인접 지역인 프랑슈 콩테에서 만들어지는 치즈로 지름 50~70센티미터, 높이 9~13센티미터, 무게 40~55킬로그램의 원반형 모양을 하고 있다. 대부분 마을의 공동 작업으로 만들어진다. 퐁듀를 만들 때 가장 기본이 되는 치즈이며 전체 생산량의 40퍼센트가 프랑스 내부에서 소비될 정도로 인기가 높다. 소금물로 닦아 내 형성된 거친 외피와 달리 입 안에서는 부드러운 듯 습한 느낌이며 구운 땅콩 맛이 나는 깊은 풍미를 가지고 있다.

숙성 기간은 평균 일 년이며 1976년에 AOC 승인을 받았다.

모르비에 Morbier

지름 약 40센티미터에 무게 9킬로그램의 둥근 모양 치즈로 소의 젖을 이용해 일 년 내내 만들며 숙성 기간은 최소 45일, 평균 2달이다. 2000년 AOC 승인을 받았다.

모르비에 치즈는 원래 200년 전 콩테 치즈를 만들던 사람들이 집에서 먹을 요량으로 만들기 시작한 것이다. 콩테 치즈는 대부분 공동 작업으로 만들어졌는데 한겨울에 작업이 어렵게 되자 각자 집에서 작업을 시작하게 되었지만 가지고 있는 우유의 양이 부족하다 보니 저녁에 만들어 놓은 치즈 위에 해충을 막을 요량으로 검은 가루를 뿌려 놓고 다음 날 아침에 새로 짠 우유로 만든 치즈를 그 위에 얹어 하나의 치즈를 완성하게 되면서 특이한 모양이 형성되었다. 하지만 지금은 단지 장식용으로 식품 첨가탄을 이용한다.

6.
스위스에 들어서다

스위스 국경을 넘자 굵은 빗방울은 금세 차를 뚫을 만한 우박으로 바뀌었다. 기온은 대낮임에도 이미 10도 안팎으로 떨어지기 시작했다. 5월의 스위스는 아직 겨울의 끝을 벗어나지 못했나 보다.

"아! 여기 있다. 이거 가져가."

테즈는 서랍 속을 뒤적거리더니 차곡차곡 잘 접혀 있는 붉은색 스위스 지도를 내게 건넸다.

"이거 아주 잘 나와 있어. 여기 봐. 우리 마을 이름도 나와 있잖아. 이 정도면 스위스 어디를 가든 충분할 거야."

다짜고짜 식탁 위에 지도를 펴놓고 위치를 가리키는 테즈의 손끝에는 정말 눈곱만큼 작은 그 마을 이름이 나와 있었다.

"아니야. 이건 오토바이로 여행할 때 테즈가 쓰는 거잖아. 나는 가는 길에 사면 돼."

하지만 내 말은 안중에도 없이 테즈는 무조건 지도를 내 가방 안에 우겨 넣었다.

결국 테즈가 챙겨 준 스위스 지도를 들고 서둘러 출발한 토요일 정오. 그의 말대로 두어 시간쯤 가자 정말 스위스 국경에 도착했다. 처음으로 국경선이라는 곳을 접한 그때의 기분은 신기하기도 하고 꼭 처음 외국 땅에 발을 디뎠을 때처럼 긴장되기도 했다. 30유로쯤 하는 스위스 고속도로용 스티커를 차에 붙이고 들어서자 드디어 독일어 간판이 보이기 시작했다.(고속도로 사용 요금은 나라마다 다른데 프랑스와 스페인은 우리나라처럼 구간별로 내고, 스위스는 일 년치 비용을 매년 발행하는 스티커를 구매하는 것으로 끝내며, 독일은 아예 없었다.)

오후 4시쯤 알프스 쥐라 산맥 쪽 센뉴레지에 Saignelegier라는 마을에 도착해 막 문을 닫으려 하는 여행 안내소에 먼저 들어갔다. 이 지역은 원래 계획에는 없었던 곳인데, 스위스 북서쪽에 위치한 테트 드 무안(Tête de moine, 수도승의 민머리라는 뜻)이라는 재미있는 이름의 지역에서 그 이름을 딴 치즈를 만든다고 하여 급작스레 계획을 수정해 들른 곳이었다. 하필 토요일이라, 월요일쯤이나 연락이 가능하다는 농업 담당 직원 앞으로 간단하게 메시지를 남겨 놓은 후 근처의 캠핑장으로 향했다.

날은 점점 어두워지고 비까지 내려 기온이 5~6도 사이로 떨어져 입김까지 솔솔 나오던 그날 도착한 캠핑장은 하필 전기가 전혀 들어오지 않는 완전 자연산 캠핑장이었다. 잔디가 잘 깎여 정갈한 모습을 하고 있던 프랑스 캠핑장들과는 달리 잔디보다 맨땅이 더 많았고 하늘을 찌를 듯 자라난 침엽수들이 들어차 있는 그야말로 완전 숲 한가운데의 캠핑장이었다. 이미 시간이 늦었고, 일주일을 테즈의 집에서 편하게 있다가 오랜만에 운전을 하니 눈이 제대로 떠지지 않을 만큼 피곤한 상태여서 이러지도 저러지도 못하고 서 있으려니 캠핑장 주인이 인디언 천막이라 일컫는 티피 tepee 를 사용할 것을 제안했다. 영화에서나 봤던 티피는 높이가 적어도 10미터쯤 되고 그 안에 자동차 세 대는 주차할 수 있을 만큼 아주 커다란 공간이었다. 금액을 더 내지 않고 써도 된다는 말까지 들은데다 밖에서는 여전히 천둥과 우박을 동반한 비가 퍼붓고 있었기에 더 망설이지 않고 그곳에 묵기로 결정했다.

처음엔 모닥불도 지필 수 있고 그 불에 감자도 구워 먹을 수 있어 잘 됐다고 좋아하며 운치를 즐겼는데, 새벽이 되자 기온이 0도 이하로 떨어졌는지 잠을 잘 수 없을 만큼 몸이 떨려 와 결국 텐트에서 나와 자동차에서 뜬눈으로 밤을 새웠다. 그리고 아침 7시 해가 뜨자마자 짐을 챙겨 도망치듯 캠핑장을 빠져나와 마을 광장의 해가 잘 드는 주차장에 차를 세우고 나서야 겨우 눈을 붙일 수 있었다.

다시 잠이 깼을 때는 오전 11시였다. 햇볕에 달구어진 차 안이 어느새 20도를 넘어서면서 오리털 침낭을 덮고 잔 몸에 찐득찐득 땀이 배어 있었다. 지난 밤 캠핑장에서 차바퀴가 진흙 속에 빠지는 바람에 옷은 온통 진흙투성이였고 밤새 좋아라 때던 모닥불 덕에 손톱엔 때가 꼬질꼬질 끼어 있었다. 추위에 온몸의 근육이 굳었는지 4시간이나 잠을 자고 난 뒤였지만 몸은 여전히 찌뿌듯했다.

"안 되겠다, 몸만 처지고. 내일 아침 담당 공무원을 만난다 해도 치즈 공장에 들어간다는 보장도 없는데 차라리 공장 앞에 차를 세워 놓고 내일 아침까지 기다려 보자. 뭔가 수가 생길지도 몰라."

난데없는 결정에 차를 몰아 도착한 곳은 근교의 생티미에르St-imière라는 마을이었다. 역시 여느 치즈 마을이 그렇듯 개미 한 마리 찾기 힘들 정도로 조용한 곳이었다. 치즈 공장이 어디에 있는지는 찾았지만 역시나 문이 닫혀 있었고, 간밤에 잠을 못 자서 그런지 계속 졸리기만 했다. 마을 사람들에게 물어물어 근처 캠핑장을 찾다가 지치고, 찾다가 지치고…. 어느새 시간이 오후 4시가 되었건만 아무런 소득도 없이 마을만 헤매고 다녔다.

"차라리 공장 앞에 다시 가 볼까?"

공장 앞엔 숙직자가 있는지 차가 몇 대 세워져 있었다. 그렇게 공장 앞을 서성이고 있는데 마침 맞은편 어느 가정집에서 마당을 정리하고 계시던 아주머니와 눈이 마주쳤다. 꽃무늬 앞치마에 간단한 슬리퍼만 신고 있는 그 아주머니의 모습은 정말이지 내 집에서나 누릴 수 있는 여유로운 차림이었다.

'서울에 계신 엄마도 저렇게 편안한 차림으로 계시겠지?'

여러 차례 고민 끝에 결국 차를 후진해서 아주머니 댁 마당 앞에 차를 세웠다.

"저기 혹시… 이 치즈 공장이 언제 여는지 아세요?"

사실 나는 이미 공장이 언제 여는지, 숙직자의 전화번호가 어떻게 되는지쯤은 공장 문 앞에 붙어 있는 메모를 통해 알고 있었다. 그럼에도 그저 아주머니와 얘기를 나누어 보고 싶은 마음에 질문을 하는 것처럼 말을 붙여 보았던 것이다. 아주머니는 하던 일을 멈추시고는 전화기까지 챙겨 나오셔서 숙직자와 통화를 하시며 오늘은 일요일이니 공장을 열지 않는다는 상세한 설명까지 해 주셨다. 그렇게 아주머니와 몇 마디 이야기를 나누다가 "혹시… 화장실 좀 쓸 수 있을까요." 하고 부탁을 드렸다.

따뜻한 집 냄새…. 손을 씻으니 새까만 때가 씻겨 나왔다. 생각해 보니 딱 19시간 만에 화장실에 온 것이었다. 이젠 별것에 다 눈물이 난다. 꼬질꼬질한 내 상태, 거의 하루 만에 써 보는 수돗물, 겨우 오후 4시를 넘긴 시간이었지만 비가 올 듯 잔뜩 흐린 날씨 때문에 밖은 이미 어둑어둑해지고 있었다. 내일 새벽 공장을 뚫고 들어가려면 어디 캠핑장까지 가긴 어렵겠는데…. 나는 화장실까지 얻어 쓰고도 염치 불구하고 아주머니께 부탁 하나를 더 드렸다.

"제가 실은 내일 새벽 이 공장에 가야 하는데요… 그러니까… 저는 텐트가 있어요. 하룻밤만 마당에서 재워 주시면 안 될까요…."

잠시 머뭇거리던 아주머니는 집 안으로 들어갔다 나오시더니 "우리 아저씨가 마당은 너무 추워서 안 된다네요. 그러니까 그냥 우리 집에서 자요."라고 하시는 게 아닌가. 차를 그 집 앞에 제대로 주차하고 작은 옷가지들이며 세면도구를 챙기고 있는데 옆에 계시던 아주머니가 간밤에 미처 씻어 놓지 못한 냄비를 차 안에서 발견하시고는 가타부타 말할 새도 없이 가지고 들어가 버리셨다. 짐을 들고 집 안으로 들어가자 아주머니는 우선 차를 마실 것을 권하셨다.

그때 나는 계속 울먹거리고 있었다. 아주머니는 "에그, 이 꽃 화분 때문에…."하시며 화분을 치우셨다. 알레르기 때문인 줄 아셨던 게다. 좀 전에 치즈 공장 앞에서도 나는 울고 있었다. 달랑 하루를 밖에서 떨었지만 그동안 누적된 외로움이 서울의 엄마와 비슷한 아주머니를 뵙자 주체할 수 없이 밀려왔기 때문이다. 하필 그 공장 앞에도, 아주머니 댁 식탁에도 꽃이 있었기에 아주머니는 알레르기가 있는 줄로 생각하신 모양이었다. 그때 아주머니의 조카가 도착했다. 영어를 할 줄 안다고 일부러 데려오신 모양이었다. 그제야 나는 자세하게 설명할 수 있었다. 왜 치즈를 보러 다니는지, 왜 주책없이 울고 있었는지 등등. 그런데 막상 실토를 하고 나니 가족들 생각이 더 밀려와 눈물이 멈추질 않았다.

"우선 샤워부터 할래요?"

커다란 타월에 드라이어 쓰는 법까지 자세히 알려 주신 아주머니는 내 어깨를 톡톡 두드리시더니 문을 꼭 닫고 나가셨다. 나는 더운물을 틀어 놓은 채 어깨를 들썩거리며 샤워를 하는 건지 눈물을 닦는 건지 모르게 씻었다. '별걸 다 가지고 이런다.' 나는 나를 다독였다. 그러게 말이다. 생각해 보면 별로 큰일도 아닌데 여행에선 별게 다 서럽고 서글프다.

  샤워를 끝내고 나오자 내가 묵기로 한 방 침대에는 어느새 영화에나 나올 법한 푹신한 꽃무늬 이불이 깔려 있었다.

  "7시에 깨울 테니 그때 저녁 먹자구요."

  그러곤 아주머니는 테라스로 나가 커다란 외투를 창문에 걸어 두고서야 밖으로 나가셨다. 때마침 잠깐 갠 하늘에 붉은 해가 비치고 있었는데 아주머니는 그것까지 가려 주고 나가신 거였다. 그렇게 꿈같은 저녁 시간이 흘러가고 있었다.

  다음 날, 정확히 아침 7시가 되었을 때 현관문을 열고 나가니 어제의 약속대로 공장장님이 나를 기다리고 계셨다. 전날 저녁 아주머니는 저녁식사를 마친 나를 데리고 동네 구경을 시켜 주겠다며 산책을 나섰는데 마침 공장장님과 마주치게 돼 급작스레 약속이 성사될 수 있었다. 아주머니는 일찍 나가야 하는 내가 늦잠 잘까 손수 깨워 주시더니 아침식사까지 챙겨 주시고는 연방 여행 조심하라는 당부를 하시며 대문 밖까지 배웅해 주셨다. 그간 가지고 다니던 쓸 만한 기념품들은 모두 떨어져 어째 드릴 것도 없어 나는 그저 감사하다는 말씀만 겨우 드리고는 돌아설 수밖에 없었다. 정말 너무 고마울 땐 고맙다는 말도 제대로 나오지 않는 것 같다.

간단한 아침 휴식시간이었다. 처음엔 3명쯤이던 사람들이 나중엔 12명까지 늘어나서 앉을 자리가 없을 정도였다. 창밖에는 여전히 장대비가 내리고 있었지만 공장 안의 분위기만큼은 유쾌, 상쾌 그 자체였다. 한참 떠들다 보니 한쪽에 앉아 말없이 웃고만 계신 아저씨가 눈에 띄기에 여쭈어 보았다. "어느 파트에서 일하시나요?" "난 이 공장 사장이라우."

7.
테트 드 무안 공장에서

이른 아침이었지만 공장은 이미 분주하게 돌아가고 있었다. 머리에 흰색 모자를 쓰고 발에 덧신을 신고 하얀 가운을 입자 공장장님은 건물의 대부분을 차지하고 있는 지하의 치즈 저장고로 먼저 안내해 주셨다. 이 공장의 주된 치즈는 테트 드 무안이지만 여느 공장들처럼 하나의 치즈만을 생산하지 않고 자체 브랜드인 르낭Renan, 스위스의 대표 치즈 중 하나인 그뤼에르Gruyère까지 총 세 종류의 치즈를 만들고 있었는데 이곳의 치즈 저장고는 가히 충격적일 만큼 거대했다.

 종류별로 나뉜 치즈 창고 중 4만 1천 개의 테트 드 무안 치즈가 보관되어 있는 창고 입구에는 이 지역이 프랑스 인접 지역이라 그런지 불어와 독일어가 함께 표기되어 있었다. 나는 원래 치즈는 그냥 세계 어느 나라를 가도 치즈라고 불리는 줄 알았다. 그런데 불어로는 프로마주Fromage라 불리고 독일어로는 케제Käse라고 불린다.

치즈의 숙성 기간별 상태를 보니 만든 지 4일된 치즈는 치즈라기보다 뭉쳐 놓은 우유 덩어리 자체로서 희끄무레한 아이보리색을 띠고 있었다. 그리고 두 달 된 치즈는 표면에 하얀 가루 같은 것들이 형성되면서 색이 점점 노랗게 변하고 있었으며 약 4개월쯤 된, 숙성 기간이 끝나가는 치즈는 아주 강한 암모니아 냄새를 풍기면서 표면의 오돌도돌한 모양이 점점 무뎌지고 거친 면을 형성하고 있었다.

창고의 문을 열면 셀 수 없이 많은 치즈들이 진열되어 있는데 치즈의 배열은 오른쪽 앞쪽이 가장 진한 색을 띠고 있는 숙성이 끝난 치즈, 그 다음 왼쪽이 중간 정도 숙성 단계의 치즈, 마지막으로 맨 뒤가 어제 오늘 들어온, 하루 이틀 정도 된 신선한 치즈들이다. 한눈에 봐도 숙성 기간에 따라 색이 많이 다른데 출고 준비를 기다리고 있는 창고 맨 앞줄의 치즈들 덕에 문을 열자마자 눈이 매울 정도의 강한 암모니아 냄새에 흠뻑 취해 버렸다. 더군다나 마음의 준비도 하지 않은 무방비 상태에서 맡는 냄새는 순간 머리까지 핑 돌게 했다.

공장에서 아침 일찍 제일 먼저 시작하는 일은 삼 일 전 만들어 놓은 치즈들을 꺼내는 일이었다. 높이 30센티미터 원통형 틀을 양손으로 잡고 그 안에 있는 치즈를 흔들어 꺼내는데, 처음엔 뭣 모르고 도와준다고 나섰다가 정말 팔 빠지는 줄 알았다. 도대체 이 작업은 언제 끝이 나는지 저어기 끝까지 줄줄이 늘어선 통들이 셀 수 없어 보일 만큼 많았다. 이렇게 빼낸 통들은 금세 모아져서 새로 치즈를 만들기 위해 기계 위에 재배치되는데 좀 전에 잠깐 아침 수다를 떠는 사이 알고 보니 우유 속에 레닛을 부어 다음 작업을 준비해 놓고 있었다. 그리고

그 수다가 끝나자 일사천리로 또다시 작업이 시작되었다.

우선 비어 있는 치즈 틀을 재배치한다. 그 다음 기다란 파이프가 틀 위를 좌우로 서너 번 오가면서 끓여 응고시킨 우유를 채워 넣는다. 담당 직원이 손으로 미처 들어가지 못한 우유 덩어리들을 밀어 넣은 후 (보기에는 김이 솔솔 나지만 우유의 온도는 40도 정도로 아주 뜨거운 정도는 아니다.) 배수구를 열어 우유에서 분리된 물 훼이를 빼내고 나머지 우유 덩어리들을 밀어 넣는다. 그 다음 커다란 틀은 걷어 내고 각각의 치즈 틀 안에 당일 날짜가 찍힌 마크를 넣고 철로 된 뚜껑을 덮는다. 그리고 기계로 누르는데 처음엔 30분을 누르고 다시 뒤집어서 40분간 눌러 준다. 이렇게 해서 물기가 쪽 빠지고 응고된 우유 덩어리들만 남게 만들어 놓은 후 3일 뒤 틀에서 꺼내는 작업을 시작한다.

촬영이 끝나면 자기 방에 들르라던 홍보 담당 직원을 찾아가니 테트 드 무안에 대한 각종 자료며 시중에서 판매되지 않는 전문 서적까지 챙겨 주었다. 감사하다고 인사를 하며 나오려는데 치즈를 먹을 때 쓰는 지롤Girolle 기구까지 선물이라며 건네주었다. 괜찮다고, 나중에 사면 된다고 해도 막무가내로 안기고는 여행 잘하라며 격려까지 해 주었다. 촬영을 허락해 준 것만 해도 감사한데 비싼 지롤 기구까지 받다니. 마지막으로 공장 사장님께 인사를 드리는데 이번엔 치즈 한 덩어리를 챙겨 주시며 여행 잘하라고 하신다. 연방 감사하다고 인사를 드리며 공장 문을 나서는데 어째 마음이 찡했다.

바깥에는 여전히 장대비가 내리고 있었다. 자, 이제 어디로 가지? 에멘탈 마을을 가기 전에 잠시 베른에 들러 볼까.

테트 드 무안 Tête de moine

Tip

'테트(Tête)'는 '머리', '무안(moine)'은 수도사라는 의미의 불어로, 베른 지방 벨르레이(Belleray)라는 수도원의 수사들이 만들었다는 설과 농가에서 수도사의 머릿수만큼 수도원에 바쳤다고 하는 설이 있다.

여름의 신선한 우유로 만들어 가을에 첫 낙엽이 떨어질 때 먹으면 최적의 맛을 느낄 수 있다는 이 치즈는 종종 벨르레이 치즈로도 불리는데 3~6개월 정도의 숙성을 거쳐 판매된다. 오래 숙성된 치즈일수록 구운 땅콩 냄새와 와인처럼 잔잔한 향을 남긴다. 맛은 달콤한 듯 강하다.

특이하게도 이 치즈는 칼로 잘라 먹거나 손으로 떼어 먹지 않고 지롤(Girolle)이라는 도구를 사용한다. 치즈의 윗면을 잘라 내고 칼로 긁어 먹은 다음 다시 뚜껑을 덮어 놓는 방식이 불편하다는 생각에 니콜라 크루아비제(Nicolas Croiviser)라는 사람이 식구들의 편의를 위해 1982년에 만들었다고 한다. 원통형의 치즈에 긴 축을 꽂아 빙빙 돌리면 꽃잎처럼 모양이 만들어지는데 먹어 보면 담백한 맛에 입 안에서 부서지듯 하는 느낌이 페스트리 같으며 씹히는 맛이 치즈 맛 이상으로 재미있어 치즈에 거부감이 있는 사람들도 쉽게 다가갈 수 있게 한다. 특히 이 치즈는 잘라 놓은 모양의 화려한 특성 때문에 파티에서 많이 사용한다고 한다.

8.
에멘탈

에멘탈의 마을 아폴테른에 아침이 밝았다.
스위스에 도착한 지 5일 만에 드디어 해가 떴다.
정말 찬란한 태양이었다.

아쉬웠던 에멘탈 공장 견학

에멘탈 치즈 마을인 아폴테른Affoltern에 도착한 건 저녁 7시가 다 되어서였다. 에멘탈 공장 앞에 대충 차를 주차해 놓고 찬찬히 주위를 둘러봤지만 지나가는 사람이 거의 보이지 않았다. 사실 한 시간 전쯤 마을 근처에 도착하긴 했었다. 작은 마을인지라 쉽게 치즈 공장을 찾을 줄 알았는데 너무 만만하게 봤는지 그만 길을 잃고 말았다. 결국 왔던 길을 되짚어 핸들을 돌리는데 커다란 가건물 앞에서 자동차에 우유통을 싣는 할머니 한 분을 발견했다. 그 시간에 우유를 싣고 있다는 건 분명 치즈 공장으로 그 우유를 가지고 간다는 얘기였다. 그렇다면 할머니만 따라가면 공장에 도착할 수 있을 것이었다. 나는 막 출발하려는 할머니의 차 뒤에 냉큼 차를 붙여 대고 손짓 발짓을 동원해 설명을 시작했다.

"제가요, 할머님을 따라가도 될까요? 저는 케제라이(Käserei, 치즈 공장)를 찾고 있습니다."

의외로 흔쾌히 허락해 주셔서 할머니의 차를 따라가기 시작했는데 웬걸! 운전 실력이 노인 분의 실력이라 믿지 못할 만큼 굽이굽이 작은 시골길을 레이싱하듯 달리시더니 산꼭대기로 올라간 어느 순간 휙 사라져 버리셨다. '분명 이 길 어딘가로 가셨는데…' 굽이굽이 산길을 위아래로 찬찬히 살펴봐도 할머니의 차는 도통 찾을 수가 없었다. 낯선 동양인이 따라온다는 게 영 미심쩍어 다른 지름길로 빠지신 걸까.

결국 근처 민가에 들어가서 손짓 발짓으로 케제라이 가는 길을 물으니 여기서부터 한참을 가야 나온다고 했다. 도대체 내가 어디까지 온 건지 알 수도 없고, 이러다 산골짜기에서 밤새워야 하는 건 아닌지 걱정이 되기 시작했다. 그 산중에 민가라고는 그 집 한 채뿐이었는데 말은 안 통하고 날은 입김이 나올 만큼 추워지고 있었다. 결국 왔던 길을 다시 내려갈까 하고 차를 돌리려는데 일을 끝내고 돌아온 그 집 주인아저씨가 본인이 길을 안다며 따라오라고 하셨다.

세상에, 차가 앞으로 고꾸라지는 줄 알았다. 이 동네 사는 분들은 다들 이렇게 운전하시나? 경사가 미끄럼틀을 세워 놓은 듯 급한데도 마치 평지 달리듯 쌩쌩 달려 나가는 아저씨의 차를 따라가며 정말 진땀을 다 뺐다. 어쩌면 할머니가 나를 따돌린 건 본의가 아니었을지도 모르겠다. 그렇게 곡예하듯 얼마간을 달려 겨우 공장 앞에 도착했다.

그나저나 벌써 몇 번째 치즈 마을이다 보니 이젠 대충 치즈 마을 돌아가는 시간을 파악할 수 있게 됐다. 보통 새벽 5시경 농장주들이 일을 시작해서 우유를 짜내고 그 우유를 치즈 공장에 보내는 시간이 아침 7~8시 사이다. 그리고 공장에서 치즈 제조 공정이 끝나는 시간은 오후 12시경이며 대규모 공장일 경우 오후 5시까지도 작업을 계속한다. 저녁 우유를 짜내어 농부들이 치즈 공장에 납품하는 시간이 늦어도 7시. 지금 시간은 6시 50분. 일반적인 스케줄대로라면 아직 공장은 문 닫기 전이었다.

우선 공장 후문 쪽으로 가 봤더니 역시 생각대로 동네 분들이 우유를 납품하고 있었다. 입구로 다가가 공장장님을 찾으니 잠시 후 덩치가 커다란 한 분이 나오셨는데 나를 마주 대하는 그분 표정엔 당황한 기색이 역력했다. 하지만 의외로 선선히 방문을 허락해 주었다.

"그럼 내일 아침 8시쯤 들르구려. 근데 비디오를 찍을 건가?"

"아니요, 사진을 찍을 거예요. 그리고 공장 분들 일하시는 것도 보고 싶어요. 그런데 사실은 음… 제가 알기로는 아침 6시쯤에 보통 일을 시작하는데 그때 오면 안 될까요? 우유 들어오는 것부터 보고 싶어서요."

"정 그렇다면 그렇게 하지. 그런데 어디 잘 곳은 있고?"

그러고 보니 캠핑장을 찾아 놓지 않았다. 해는 이미 사라진 지 오래인데 이걸 어쩐다.

"혹시 근처에 캠핑장은 없을까요?"

"글쎄, 여기서 한 20킬로미터쯤 가면 있을 거야."

"예? 20킬로미터요?"

"아니면 요 앞에 호텔이 있지. 한 100프랑(약 8만 5천 원)쯤 할걸. 그럼 난 이만."

공장장님은 휭 안으로 들어가 버리셨다.

'야속한 양반 같으니라구…. 그나저나 어디서 자나?'

몇 시간 잔 것 같지도 않은데 알람이 울렸다. 잠에는 장사 없다더니 어렵게 찾은 치즈 마을임에도 이렇게 새벽에 일어나야 할 때는 정말이지 너무 너무 귀찮다. 겨우 눈곱만 떼고 카메라와 노트를 들고 공장으로 향했다. 다행히도 간밤에 공장하고 3분 거리에 있는 작은 여관을 잡았던지라 대충 점퍼 하나만 입고 나갔는데 바깥은 잠이 후다닥 달아날 만큼 추웠다. 입김을 폴폴 날리며 공장 앞에서 오들오들 떨고 서 있으려니 하나 둘 농부들이 들어오기 시작했다.

스위스에 도착해서는 처음 접하는 광경이었다. 우유통을 실은 농부들의 모습은 프랑스와는 확연히 달랐다. 커다란 탱크 같은 우유통을 쓰는 프랑스 농부들과는 달리 스위스 농부들은 말 그대로 알프스 소녀 하이디에 나오는 것과 같은 우유통을 쓰고 있었다. 춥고, 졸립고, 배고픈 새벽이었지만 처음 보는 그 예쁜 광경에 눈을 뗄 수가 없었다.

"아, 정말 이러다간 플랜더스의 개도 만나겠어."

"무슨 일이세요?"
"예? 무슨 일이라뇨?"

한창 사진을 찍고 있는데 공장에서 나온 직원이 난데없는 말을 건넨다. 알고 보니 일이 잘못되어 있었다. 내가 온다는 얘기를 못 들었다는 거다. 더군다나 공장장님은 휴무라는 비보까지 전했다. 난감했지만 빨리 사태 파악을 해야 했다.

"혹시 오늘 못 들어갈 수도 있어요?"

"그럴 수도 있지만 약간의 착오가 생긴 것 같은데 8시쯤 책임자가 출근하면 그때 알 수 있어요. 하지만 여기까지 온 사람들이 공장 안에 못 들어간 경우는 없었어요. 걱정하지 말고 8시쯤 다시 올래요?"

나를 안심시키려 공장의 직원은 차근차근 설명을 해 주었다. 일단 여관으로 돌아가 기다리기로 했다. 사실 마음은 초조했지만 차라리 다행이다 싶기도 했다. 추운데 내복 챙겨 입고 따뜻한 아침밥도 먹어야지. 아니 그 전에 잠부터 더 자야겠다.

정확히 8시에 공장 앞에 다시 도착했다. 사람들이 분주하게 움직이는 모습을 멀찍이서 보고 있노라니 아까 그 직원이 다가와서는 "OK"

라고 했다. 생각보다 공장의 문은 쉽게 열렸다. 또다시 신발 위에 덧신을 신고 머리에는 흰색 모자를 쓰고 그리고 하얀 가운을 걸치자 담백한 단내가 풀풀 풍기는 공장 안으로 들어갈 수 있었다. 그 직원은 나에게 각 탱크 하나하나를 짚어 가며 에멘탈 치즈의 초기 단계인 우유 데우는 과정부터 설명해 주기 시작했다. 각 탱크마다 진전되는 과정을 찍고 싶었지만 아직 탱크에서 우유가 응고되어 치즈로 만들어지기까지는 시간이 너무 많이 남았다며 이론적인 과정부터 설명을 들어야 했다.

그럼 여기서 잠깐! 간단명료한 에멘탈 치즈의 우유 끓이는 작업을 설명하자면(치즈는 만들어지는 과정은 각각 다를지라도 가장 초기 단계인 우유 끓이는 과정은 약간의 온도 차이 등의 변화만 있을 뿐 대부분 비슷하다.), 먼저 우유 속 크림을 분리한다. 처음 농부가 가져오는 우유 속 지방 함량은 4퍼센트이다. 이 우유를 회전시켜 크림을 분리한 후(이 상태를 탈지유라 부른다. 탈지유란 말 그대로 우유에서 지방을 이탈시킨 우유이다. 스킴밀크라고도 한다.) 크림이 빠져나간 만큼 또 다른 탈지유를 섞어 처음의 우유 양으로 맞춰 놓는다. 이때의 지방 함량은 2.9~3.1퍼센트로 떨어져 있다.

그 다음 우유를 데운다. 4,500리터의 우유를 커다란 탱크에 넣고 52.5도까지 데워 준다. 데우는 도중 우유에 레닛을 넣어 순두부처럼 응고를 시키는데 응고된 커다란 덩어리는 아주 작은 구슬 크기 정도가 될 때까지 회전하는 기계를 이용해 잘라 준다.

다음에는 응고된 우유 덩어리들과 훼이를 분리한다. 우유 덩어리를 체에 올리듯 자잘한 구멍이 있는 틀에 넣으면 응고된 작은 알갱이들만 남고 훼이는 빠지게 된다. 두부가 만들어지는 과정과 비슷하다고 생각하면 되겠다. 콩물에 간수를 넣으면 콩물이 응얼응얼 덩어리로 만들어지는데 이때 천에 부어 틀에 넣으면 물은 빠지고 응어리진 덩어리들이 두부로 되는 것처럼 말이다. 그러니까 레닛은 간수, 훼이는 두부에서 빠지는 물과 같은 것이라 보면 되겠다.

결국 그 작은 알갱이들이 뭉쳐져 치즈가 되는데, 그럼 우유가 치즈로 되는 비율을 따져 보면? 겨우 10분의 1밖에 안 된다. 그러니 작은 치즈 한 조각은 그 열 배에 해당하는 우유로 만들어진다는 얘기인데 그렇게 따져 보면 치즈에 영양소가 엄청나다는 것을 알 수 있다.

공장마다 상황에 따라 다르지만 이 공장은 나 혼자서 자유롭게 일하는 아저씨들을 따라다니며 사진을 찍을 순 없었다. 속사포 같은 직원의 설명이 끝난 후 우리는 치즈 창고로 이동했다.

사실 나는 아무리 시간이 걸리더라도 우유가 공장으로 들어와 데워지고 치즈로 형성되기까지의 과정을 모두 보고 싶었기 때문에 그렇게 견학 온 것처럼 설명만 듣고 사진 한 장 찍고 돌아서야 하는 상황이 너무 불편했다. 하지만 어쩔 수 없이 직원을 따라 창고까지 가야 했다. 창고에 들어서자 첫 번째 방에서 작업하는 아저씨들을 만날 수 있었다. 뭐 하시는 건지를 물으니 모양 형성 중이란다. 치즈가 어느 정도 숙성이 끝나면 모서리를 깎아 둥글게 만들어 줘야 한다고 했다.

본격적인 숙성실로 이동했을 때 나를 안내하던 직원이 치즈 표면을 유심히 살피기 시작했다.

"뭘 보는 거예요?"

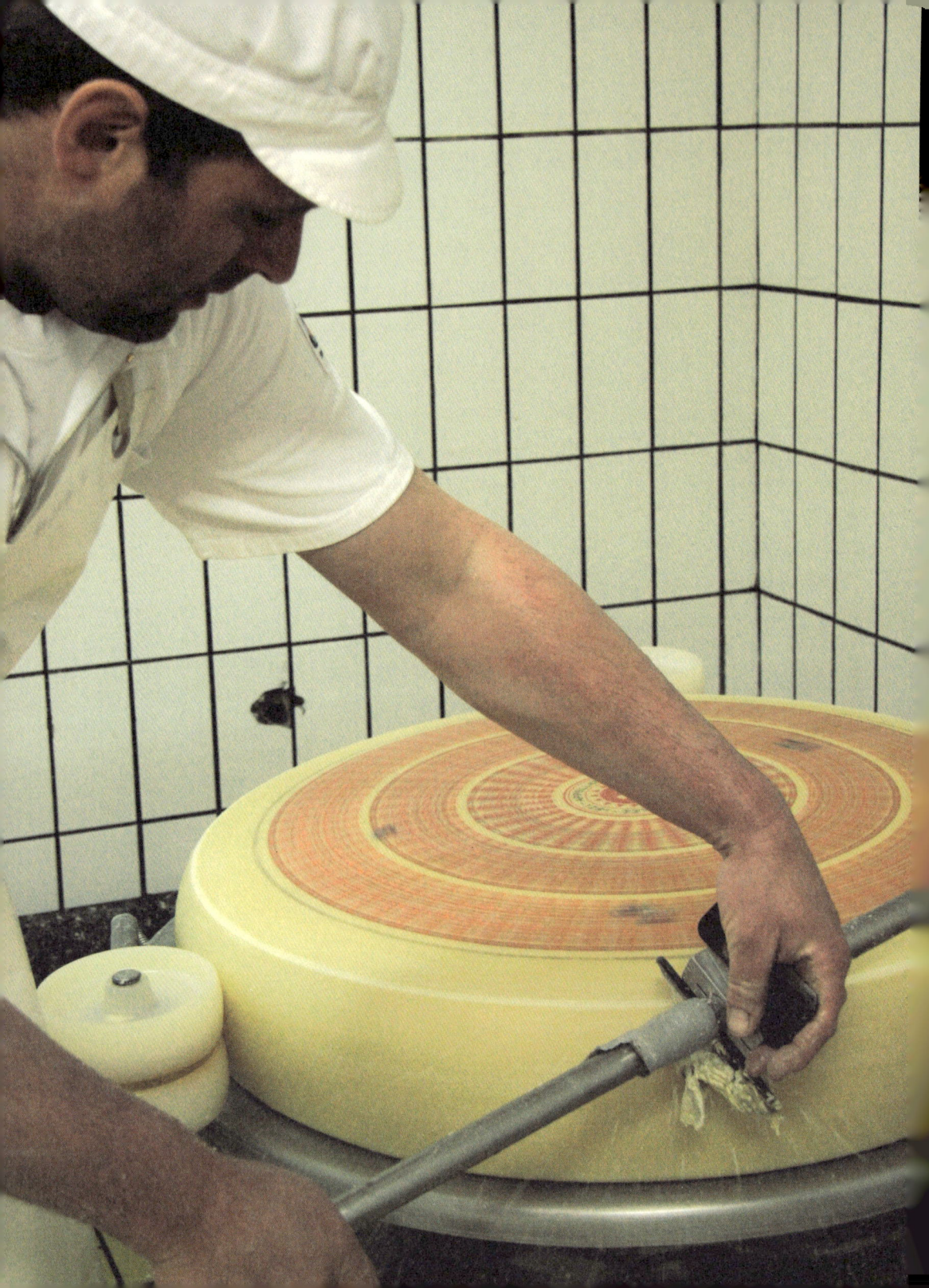

"치즈 표면요. 어디 이상 없나 체크하는 거예요. 이게 매일 내가 하는 일이에요."

이 공장의 에멘탈 치즈 무게는 정확히 95킬로그램인데(에멘탈의 평균 무게는 75~120킬로그램이다.) 그 덩치가 너무 커 위로 옆으로 둥글게 팽창을 하는 숙성 과정에서 터져 버리기도 하기 때문에 잘 살펴야 한단다.

그럼 여기서 잠깐! 에멘탈의 숙성 과정을 간추려 보면?
처음 만들어진 치즈는 24시간 동안 소금물에 담가 놓는다. 그런 후 15일 동안은 13도의 창고에서 보관하고, 다음 6주 동안은 습도 80퍼센트, 온도 21도의 방에서 박테리아를 형성시키며, 다시 4주 동안은 습도 80퍼센트, 온도 13도의 방에서 보관한다. 그러고 나서 에미 Emmi 라는 스위스의 유명한 유가공회사로 보내 나머지 숙성 기간을 거치도록 하는데, 에멘탈의 숙성 기간은 만든 날로부터 최소 4개월, 최대 1년까지이다. 박테리아가 형성되는 숙성실에서 치즈는 점점 둥글둥글해지면서 팽창을 하는데 그 때문에 하얀색 거즈로 몸통을 감아 둔다. 꼭 깁스한 환자처럼 말이다.

"이제 다 끝났어요."
"예? 아, 예…."
하긴 볼 건 다 본 것 같았다. 하지만 정작 봐야 할 건 못 본 듯 휑한 기분이 들었다. 생각해 보니 에멘탈 치즈에 관한 건 공장에서 기계 돌아가는 장면을 본 것 외엔 기억나는 게 없었다. 1층 안내소에 들러 에

멘탈에 관한 각종 자료를 챙겨 들고도 나는 뭔가 여기서 끝내면 안 될 것 같아 관광객들이 줄 서 있는 공장 마당을 한동안 서성였다.

'어떻게 하나… 뭘 더 해야 될 것 같은데….'

에멘탈에 온 지 3일째지만 해 놓은 건 아무것도 없는 느낌이었다. 그렇게 우두커니 있다 보니 두 시간이 훌쩍 지나 어느새 여섯 시가 다 되어 가고 있었다. 여섯 시라면 우유 납품 시간이었다. 나는 부리나케 공장 후문으로 뛰어갔다. 그리고는 적진에서 적이 오기만을 기다리듯 비장한 마음으로 저녁 우유를 납품하러 오는 농부들을 기다렸다.

'혹시 불어를 할 줄 아는 농부가 있을지도 몰라. 아니, 불어를 못하면 어때. 우선 부딪쳐 봐야지.' (스위스의 한중간인 에멘탈 지역은 독일어권이었다.)

나는 그 마을 사람들과 같이 숨을 쉬고 싶었다. 그래서 우유를 납품하러 오는 농부들 중 한 분의 집에 찾아가 하룻밤이라도 묵어 보고 싶다는 얼토당토않은 생각까지 하고 있었다. 물론 그 집에서 치즈를 만들지 않을 거라는 건 안다. 이 공장에 오시는 분들은 그냥 집에서 젖소만 키우는 분들이니까. 하지만 농장의 아침이 보고 싶고 사람들과 대화하고 싶은 나에겐 그 방법 말고는 수가 없었다.

6시가 넘어가자 많은 농부들이 우유를 납품하러 왔다. 우선 말이 통하지 않으니 뭐라 설명을 할 수가 없었다. 그렇게 몇 사람이 그냥 지나쳐 가고 있는데 어떤 할머니께서 "저기 영어! 영어!"라고 소리치며 누군가를 손으로 가리키셨다. 할머니가 가리킨 쪽으로 고개를 돌리니 커다란 트랙터 같은 차에서 우유통을 내리는 젊은 농부가 눈에 띄었다.

"영어할 줄 아세요?"
나는 다짜고짜 그에게 다가가 물었다.
"예."
아….
그때의 나에겐 천금 같은 대답이었다.

바흐트와의 만남

"인사해. 우리 형이야."

공장에서 만난 젊은 농부 바흐트와 덜컹거리는 비포장 길을 십여 분쯤 달려 도착한 곳엔 허름하고 작은 농장이 있었다. 낡은 장화에 커다란 삼지창을 들고 소에게 먹이를 주던 바흐트의 형은 난데없이 나타난 나를 보면서도 전혀 놀라는 기색 없이 활짝 웃으며 인사를 건넸다. 예닐곱 마리는 되어 보이는 고양이들은 나를 보자 사방팔방으로 도망가기 시작했고 대신 황소만 한 개가 꼬리를 흔들며 달려들었다.

"이쪽은 우리 형수. 형수님, 한국에서 치즈 보러 온 작가래요."

"안녕하세요! 저녁 같이하실래요?"

처음 만난 이 집 식구들은 도무지 경계심이라는 단어를 모르는 듯했다. 어떻게 이 시골까지 찾아든 낯선 동양인을 보고도 꼭 놀러 온 옆집 사람 대하듯 할 수 있을까? 당황스러운 건 오히려 나였다. 조금 지나자 내 앞에는 작은 접시와 포크가 놓였고, 그렇게 나는 처음 방문한 농가에서 따뜻한 저녁 대접을 받았다.

"어떻게 왔어요?"

"치즈가 보고 싶어 시골 마을로 여행 중이에요."

"하지만 우리 집은 우유만 짜는데."

"치즈는 이미 저기 공장에서 봤어요. 전 사실 농가 분들이 보고 싶어서 여기 들른 거예요."

식사를 하는 동안 우리의 대화는 항상 그렇듯 나에 대한 질문들로 시작되었다. 조금은 어색할 줄 알았던 내 우려와는 달리 금세 분위기가 친숙해졌다. 이쯤 되면 나도 궁금했던 것들을 하나하나 질문해 가기 시작한다. 그런데 이 집에 와서도 느낀 거지만 스위스에서건 프랑스에서건 몇 곳의 농가를 방문할 때마다 건물 외부는 무척 낡았는데 막상 집 안으로 들어가면 우리나라 최신식 아파트 이상으로 시설이 좋고 잘 꾸며져 있는 것을 볼 수 있었다. 이 집이야말로 그중 최고였는데, 아래층은 소를 키우는 우리이고 위층이 살림집인 이곳은 겉모습만 보면 거짓말 조금 보태서 당장 쓰러져도 아깝지 않을 정도였지만 이층의 살림집은 최신식이었다. 지은 지 100년쯤 되는 농가여서 2년 전에 실내만 리노베이션을 했다지만 글쎄… 그간 여러 번 느낀 바로 프랑스나 스위스의 농부들은 우리나라처럼 겨우 농사만 지어 먹고 사는 수준이 아니었다. 도시만 돌아다닐 땐 도대체 우리나라와 뭐가 달라 선진국이라는 건지 알 길이 없었지만 시골로 갔을 땐 그 차이가 확연히 드러났다. 저녁시간이라 왜 그런지까지 묻다가는 토론으로 갈 것 같아 질문은 거기에서 멈췄지만 난 아직도 궁금하다. 어떻게 하기에 선진국의 농부들은 저리도 여유로울까 말이다.

그렇게 난데없이 방문하게 된 농가에서의 밤이 지나가고 있었다.

알람이 울린 시간은 새벽 4시 반이었다.

"괜찮겠어? 나 정말 혼자 가도 되는데."

간밤에도 여러 번 얘기했지만 이 총각 도통 내 말을 들어먹지 않았다.

"아니야. 데려다 줄 수 있어."

우리는 겨우 3시간밖에 잠을 못 잤다. 형네서 저녁을 먹고 나서 나는 밖에다 텐트를 치고 잘 생각이었다. 그런데 식사가 끝나자 바흐트는 대뜸 가자고 나섰다.

"텐트 치고 잘 수 있는 날씨가 아니야. 가자!"

가긴 도대체 어딜 간다는 건지. 내가 이래 봬도 4월부터 캠핑 시작한 사람인데 말이야. 어떤 날은 간밤에 좀 춥다 싶었는데 아침에 일어나니 텐트에 고드름이 얼어 있기도 했다. 그런 일도 있었는데 지금 이 5월의 날씨가 뭐가 두렵겠느냐 말이다. 하지만 이 청년, 앞도 뒤도 없이 따라오란다.

그렇게 따라간 곳은 읍내의 복층원룸이었다. 바흐트는 혼자 그곳에 나와 직장에 다니고 있지만 두 달 전 아버지께서 돌아가시는 바람에 형을 도울 요량으로 농장에 잠깐잠깐 드나드는 것이라 했다.

"지병이 있으셨나 봐."

"아니, 그런 건 아니고… 사실은 자살하셨어."

아차 싶었다. 설마 그런 일이 있었으리라 생각이나 했겠는가. 나는 미안한 마음에 어쩔 줄을 몰랐다.

"우리 농장 있잖아. 거기서 목매서 돌아가셨어. 아버지는 평생 농부셨는데 더 이상 미래가 보이지 않으셨나 봐. 매달려 있는 아버지를 새벽에 제일 먼저 나온 형수님이 발견하셨어."

"그랬구나. 형수님이 많이 놀라셨겠다. …그나저나 혹시 그거 아니? 월드컵 때 너희랑 우리랑 시합하잖아."

나는 얼른 화제를 다른 쪽으로 돌렸다.

"그래? 누가 이길 것 같은데?"

"나야 당연히 우리지. 그런데 참, 넌 영어를 어떻게 그렇게 잘해?"

바흐트는 자신이 영어를 하는 건 호주에 어학연수를 다녀온 때문이고 그때 여러 나라 사람들과 어울려 여행도 다니고 했었기에 산골까지 찾아온 낯선 동양인인 나를 거리낌 없이 대했던 거라 했다. 여행하는 사람 마음은 해 본 사람이 안다는 게 그의 표현이었다. 그날 밤 우리는 나는 일층의 침대에, 바흐트는 2층의 침대에 누워 끝도 없는 이야기들로 새벽 1시가 넘도록 시간을 보내다 잠이 들었다.

떠지지 않는 눈으로 일어난 시간은 새벽 4시 반이었다. 7시까지 회사에 나가야 해서 무척 피곤할 텐데도 깜깜한 시골길이라 굳이 에스코트를 해 줘야 한다며 바흐트는 자기 집 농장까지 나를 안내해 주었다. 해도 뜨지 않은 새벽 5시였지만 농장의 불은 이미 환하게 밝아 있었다.

"아니, 이게 뭐야?"

소 우리로 들어가니 먼저 낯선 풍경 하나가 눈에 띄었다. 소꼬리마다 줄이 묶여 있었는데 그 줄은 천장에 고정되어 소들이 꼬리를 흔들어 대지 못하게 하고 있었다. 원래 소들은 젖을 짜는 사이 날아드는 날벌레를 쫓느라 꼬리를 툭툭 쳐 대는데 생각해 보니 나도 그 꼬리에 몇 번 맞은 기억이 있었다. 하지만 천장에 고정된 줄로 그렇게 꼬리를 묶어 놓은 건 처음 본 터라 기발하기도 하고 우습기도 했다.

몇 장의 사진을 찍다 보니 어느새 7시가 다 되어 갔다. 농장의 아침은 소에게 여물을 주고, 젖을 짜고, 뛰어다니는 고양이들을 잡아다가 사료를 먹이는 일로 그렇게 마무리가 되었다.

"아침 일이 끝났어요. 커피 한 잔 하실래요?"

바흐트의 형이 공장에 우유를 가져다주러 간다며 말을 건넸다.

"아니요. 그럼 전 이만 가 보겠습니다. 실례가 많았어요. 그리고 정말 감사했습니다. 참! 이거."

지난번에 어쩌다 손에 들어오게 된 축구공이었는데 월드컵도 다가오겠다, 꼬맹이도 있겠다, 좋아할 듯싶어 얼른 챙겨 드렸다. 하룻밤 재워 주신 게 더 감사한데 기껏 축구공 하나에 나보다 더 감동한 얼굴을 하셔서 오히려 내 얼굴이 화끈거렸다. 텁텁한 그의 손을 잡고 작별 인사를 하던 나는 급작스레 악수하던 손을 꽉 붙잡았다.

"그런데요, 여기 혹시… 이 근처에 가 볼 만한 작은 에멘탈 공장 하나 없을까요?"

그런 생각이 왜 순간 번개처럼 스쳤을까? 알 순 없지만 지푸라기라도 잡는 심정에 건넸던 그 말은 생각지도 못한 굵은 밧줄이 되어 돌아왔다. 찾아라! 길이 있나니!

진짜 에멘탈 공장에 가다

"안녕하세요!"

　카메라와 눈이 마주치자 저쪽에서 먼저 인사를 건네 왔다. 그제야 사진 찍는 걸 멈추고 나도 인사를 건넸다. 바흐트의 형과 작별 악수를 하면서 혹시나 하는 마음에 부탁했던 일이 단 5분 만에 나를 이 새로운 치즈 공장 앞으로 데려다 놓았다. 역시, 동네사람끼리는 규칙도 없고 틀도 없나 보다. 이른 아침부터 찾아와도 단순히 말 몇 마디면 "그래요." 하고 쉽게 승낙을 해 주니 말이다.

　아침 우유 납품 시간이 끝나자 드디어 공장 안의 팬 소리가 나면서 엄청나게 커다란 탱크로 우유가 움직이기 시작했다. 귀청 떨어지게 시끄러운 공장 안의 상황에도 아랑곳하지 않고 주인아저씨는 근처 농부들이 하루에 얼마만큼의 우유를 납품하는지 개별 장부까지 보여주며 끊임없이 설명을 해 주셨다. 하지만 내 상태는 그리 좋지 못했다. 3시간밖에 못 잔데다 조금 전까지 밖에서 사진 찍는다고 신나게 돌아다닌 후라, 팬이 돌아가는 공장 안이 따뜻해져 오자 아저씨의 설명이 자장가로 들리기 시작했다. 더더군다나 배까지 고파 오기 시작했으니 머리만 기대면 그대로 잘 판이었다.

　한 시간쯤 지나서였을까. 아저씨가 갑자기 떠먹는 요구르트 하나를 내 손 위에 덥석 올려놓으시더니 "이거 먹고 30분 있다가 와요." 하시곤 다른 공장 직원들하고 2층에 있는 집으로 올라가 버리셨다. 나만 공장 밖에 세워 두고 말이다.

　이 공장에서는 우유에 레닛을 부어 넣고 응고되기까지 약 30분 동안이 아침식사 시간이었는데 그때가 마침 그 시간이었다. 나는 차로 돌아가서 남아 있던 빵과 아저씨가 준 요구르트로 대충 아침을 때웠다. 30분이 지나 공장으로 다시 들어가니 이미 부지런히 작업이 시작되고 있었다.

이 공장 또한 아침 6시경부터 근처의 24곳 농장주들로부터 우유를 모으는데 대략 7시쯤엔 대부분 다녀간단다. 그리고 저녁 6시쯤 또다시 우유를 모으는데 이렇게 하루 동안 모이는 우유의 양은 6,400리터이다. 간단히 생각하면 슈퍼에서 파는 1리터짜리 우유 6,400개의 양인데, 정말 엄청나다.

공장에서 일하는 직원들 중에는 나이 어려 보이는 여자 직원이 한 명 있었는데, 자기 몸의 몇 배나 되는 큰 통을 번쩍번쩍 들어 올리면서 묵묵히 일하는 모습이 무척 인상적이었다. 워낙 숫기가 없어 나와 눈이 마주치면 배시시 웃기만 하던 그녀는 알고 보니 근처 학교에서 실습 나온 학생이라 했다. 워낙에 착실해서 주인아저씨도 상당히 신뢰하고 있다고 했는데, 정말 웬만한 일은 거의 다 하고 있었다. 그 학생이 하는 일을 따라가 보면, 우선 치즈 틀 위에 번쩍 들어 올린 큰 통을 끼워 넣는다. 그 다음, 우유가 들어가는 파이프 상태를 확인한다. 커다란 탱크로부터 작은 파이프 관을 통해 우유가 틀 안으로 들어갈 때 그녀는 우유가 잘 들어가는지부터 우유의 색깔이 어떤지까지 체크한다. 그 사이 주인아저씨는 응고된 우유에서 빠져나오는 물을 맛보면서 체크하는데, 중요한 부분은 항상 아저씨가 이렇게 중간 중간 확인하면서 넘어간다. 그 다음에는 만들어진 우유 틀 위에 에멘탈 치즈의 로고가 새겨진 특수 종이를 얹고 프레스 기계로 누른다. 그녀는 한

장 한 장 정성스럽게 종이를 올리고 있었다. 나이가 무슨 상관이랴. 그녀에게선 장인정신이 엿보였다.

한창 사진을 찍고 있으려니 누가 등 뒤에서 어깨를 톡톡 친다.
"보여 줄 게 있어요."
아저씨는 별거 아니라는 듯, 하지만 상당히 의기양양한 표정으로 지하계단으로 내려가셨다. '드디어 창고를 보여 주시는 거구나!' 능히 짐작이 갔지만 모르는 척 조용히 따라 내려갔다. 그런데 막상 창고 문이 열리자 나는 정말 아무것도 몰랐던 사람처럼 입이 쩍 벌어졌다. 공장은 자그마한데 창고는 일류 치즈 창고라 해도 손색이 없을 만큼 컸다. 아저씨는 꼭 반들반들 비누조각 깎아 놓은 듯한 에멘탈 하나를 꺼내 보여 주시며 말씀하셨다.
"사실은 내가 이 치즈 가지고 미국 가서 상을 타 왔어요."
거의 100킬로그램이나 하는 에멘탈을 꺼내든 아저씨의 얼굴엔 자부심이 실려 있었다. 알고 보니 아저씨는 얼마 전 미국에서 열린 '2006 위스콘신 치즈 콘테스트'에서 그랑프리를 차지하여 스위스의 신문에도 여러 번 났던 유명한 분이었다.
"아저씨! 잠깐만요! 그 자세로 스톱!"
나의 요구에 아저씨는 100킬로그램에 육박하는 치즈를 든 자세 그대로 포즈를 취해 주셨다.
"그런데, 에멘탈 치즈 단면을 볼 수는 없을까요?"
내 말에 아저씨는 나를 옆방으로 안내해 주었고, 그곳에서 커다란 비닐 포장지를 젖히니 만화 '톰과 제리'에 나오는 구멍 송송 난 치즈

가 모습을 드러냈다. 그때까지 둥글고 밋밋한 윗면만 보다가 옆으로 기다란 단면을 보니 에멘탈이 얼마나 큰 치즈인지 더 실감할 수 있었다.(에멘탈의 지름은 80~100센티미터이다.)

에멘탈 치즈는 치즈 속에서 가스가 형성되면서 구멍을 만들어 낸다고 한다. 또한 바깥쪽으로는 발효되는 내내 지방분을 배출한다고 한다. 하나의 에멘탈이 만들어지기까지 만드는 사람도 사람이지만 치즈도 안팎으로 열심히 노력을 하고 있었다.

공장으로 다시 올라가 이제 그만 가 보겠다고 인사를 하려는데 아저씨는 갑자기 2층에 있는 살림집으로 나를 데리고 올라가셨다. 그러곤 각종 스위스 신문에 나온 아저씨에 관한 기사를 펼쳐 놓으시며 영어를 할 줄 아는 딸을 불러내 자신의 업적을 다시 설명해 달라고 했다. 딸은 학교에 늦었다며 투덜거렸지만 아랑곳 않는 아저씨의 얼굴엔 자랑스러움으로 상기된 표정이 가득했다. 결국 이층 벽에 걸려 있는 그랑프리 기념 플래카드를 배경으로 사진을 찍고 나서야 나도 아저씨의 딸도 풀려날(?) 수 있었다. 아저씨는 가게에서 판매하는 온갖 종류의 떠먹는 요구르트며 숙성 기간별 에멘탈을 챙겨 주시곤 아저씨의 이름이 또박또박 박힌 노란색 명함을 얹어 주셨다.
"잘 써 줘야 해. 나는 에멘탈에선 아주 유명한 사람이거든."
"물론이죠. 사진은 보내 드릴게요. 책에도 아주 잘 써 드릴게요."
아저씨는 내 차가 사라질 때까지 그렇게 계속 손을 흔들고 계셨다. 그 눈부실 만큼 빛나는 에멘탈의 햇살 아래에서.

에멘탈 Emmental

Tip

에멘탈은 스위스의 수도 베른에서 동북쪽으로 40킬로미터 떨어진 에멘탈 지역에서 유래했다. 13세기부터 이미 치즈 제조 및 판매 조합이 존재하여 우유를 모아 순번제로 만들기 시작했는데 산 위에서 소를 방목하며 키우는 농부들은 모아지는 우유가 많다 보니 치즈를 크게 만들게 되었다고 한다.

에멘탈의 상징인 치즈 안의 구멍은 가스로 인해 생긴다. 치즈가 발효할 때 숙성실의 높은 온도에 의해 생성되는 프로피오닉산(propionic acid, 자극적인 냄새가 나는 액체. 에멘탈의 발효 시 기름과 함께 몸체에서 뿜어져 나온다.)이 치즈 내부에서 탄산가스(carbon dioxide)로 바뀌는데 그때 치즈는 점점 단단해지고 있어서 가스가 밖으로 새나갈 수가 없게 되어 안쪽에 구멍을 내게 된다.

원래 공장에서 만들어지는 에멘탈은 숙성 기간을 기준으로 클래식, 바이오(유기농 치즈), 레제르브, 꺄브 아주의 4종류로 나뉜다. 클래식(Classic)은 전통적인 방법으로 만들어지는 최소 4개월의 숙성 기간을 갖는 부드러운 에멘탈이며, 바이오(Bio)는 클래식과 흡사하지만 유기농 우유를 쓰는 점만 다르다. 레제르브(Réserve)는 최소 8개월의 숙성 기간을 가지는 조금은 강한 맛을 띤 치즈이며, 꺄브 아주(Cave age)는 최소 12개월의 숙성 기간을 가지는 에멘탈로 오랜 숙성으로 인해 진한 갈색을 띠며 깊고 풍부한 맛을 내기는 하나 짠맛이 강하다.

에멘탈의 중심 지역인 아폴테른에는 에멘탈 제조 과정을 볼 수 있는 대형 공장과 치즈 박물관 그리고 알피네 케제라이(Alpine käserei, 산속 오두막에서 전통적인 방법으로 치즈를 제조하는 곳)를 그대로 재현해 놓은 곳 등이 있어 관광하기에 좋다.

우리나라에서도 쉽게 구할 수 있게 된 에멘탈은 사실 생각만큼 그리 맛있는 치즈는 아니다. 냉장고에서 바로 꺼내 먹으면 단단한 탄성 때문에 고무 씹는 맛 같아 실망하기 쉬운데 우선 먹기 30분 전에 냉장고에서 꺼내 두는 것이 좋으며 깍두기 모양으로 잘라 더운 야채를 섞어 샐러드를 만들어 먹는 것도 좋은 방법이다. 피자나 스파게티를 먹을 때 작은 강판으로 즉석에서 에멘탈을 갈아 넣으면 끈적이는 듯 진한 맛을 느끼게 해 주며 프랑스의 요리사들은 에멘탈을 주로 갈아서 쓰는 치즈로 애용한다. 아침식사 때에 치즈 슬라이서로 얇게 긁어 먹는 것도 좋은 방법 중 하나인데 작은 주걱처럼 생긴 치즈 슬라이서는 국내 대형 마트에서 저렴한 금액으로 쉽게 구할 수 있다.

9.
아펜젤에서 만난 화가

밤사이 또 아침까지 비는 수도 없이 내렸다. 루체른이나 취리히에선 그래도 밤에만 오는 적당함을 보이더니 아펜젤에선 하루에도 수십 차례 내렸다 멈춤의 반복이다. 해는 반짝하니 떴다가 금세 숨어 버리기 일쑤고.

처음 이곳 캠핑장에 텐트를 칠 때만 해도 옆에 아무도 없어 무섭더니 어제 오후에는 몸집 커다란 아저씨가 내 바로 옆에 텐트를 쳤다.

'저어기 멀리에도 자리는 많은데 하필 내 옆에 바싹 붙어서 칠 게 뭐람.'

간밤의 일이었다. 불을 끄고 누우려니 억수같이 쏟아지는 빗속으로 무슨 소리가 들려왔다. 옆 텐트 아저씨의 코 고는 소리가 내 텐트 속으로 엄청나게 큰 소리로 몰려들어왔던 게다. 그래, 어쨌든 아저씨가 잠에 깊이 빠진 건 참으로 고마운 일이지만 그 코 고는 소리 때문에 잠을 잘 수가 없었다. 아저씨의 텐트만 해도 그렇다. 몸집은 나의 세 배는 되는 양반이 겨우 내가 누울 만한 텐트를 쳐 놓곤 다리는 그 밖으로 내놓고 잠들어 있었다. 모양새도 말이 아니었거니와 과연 그 텐트가 장대비를 밤새 견뎌 낼 수 있을까 싶었다. 아니나 다를까 아침에 일어나 보니 아저씨는 차에서 주무시고 계셨다.

간밤에 뜨뜻한 전기장판 덕에 내 몸은 개운했지만 차에서 밤을 보낸 저 아저씨, 추워서 제대로 주무셨으려나? 그리고 내가 옆에서 괜스레 무서워서 호루라기에 플래시까지 손에 꼭 쥐고 잔 건 아시려나?

쉽지 않은 아펜젤 공장

아펜젤 치즈 Appenzeller 공장이 있는 슈타인 Stein 마을에 도착해 우선 박물관에 들러 자료를 모으고 공장에 들어가 촬영 요청을 하니 다음 날 열 시까지 오라고 한다.

"10시? 10시면 치즈 만드는 시간이 아닌데…."

하지만 공장장님을 직접 만나 약속을 잡은 게 아니었기에 제대로 된 의사 전달을 할 수가 없어서 그러겠노라고 하곤 공장을 빠져나왔다.

이곳 공장 또한 지난번 에멘탈 공장처럼 박물관과 커다란 상점, 레스토랑 등을 한 건물 안에 지어 놓고 관광지화한 곳이었다. 공장 안에는 커다란 유리관으로 벽을 만들어 치즈가 만들어지는 과정을 볼 수 있도록 해 놓아 특히 학생들이 단체로 많이 찾고 있었다.

다음 날 아침 10시에 공장에 도착하니 통역을 해 줄 여직원이 기다리고 있었다. 내가 이미 다른 치즈 공장에 들렀고 그래서 치즈 만드는 순서는 대충 알고 있다고 하자 우유를 데우는 순서는 넘어가고 바로 치즈 틀이 나온 후부터 설명에 들어갔다. 생각해 보니 큰 실수였다. 그렇게 말을 해 버리고 나니 설명하는 사람의 속도가 너무 빨라서 눈에 익힐 수가 없었다. 지난번 에멘탈 공장에선 천천히 사진도 찍고 이곳저곳 창고도 돌아다니고 물론 많은 질문까지 할 수 있었는데 여기선 "더 질문 있으세요?"라는 말이 다그침으로 들려 생각했던 질문조차 몽땅 까먹어 버리는 통에 아무것도 자세히 물어보지 못했다.

결국 아펜젤 치즈의 종류가 몇 가지인지, 숙성 기간에 따라 어떻게 나뉘는지 등은 건물 내의 치즈 판매 코너에서 알아봐야 했다. 공장을 나오면서 비디오를 보여 준다고 했는데 마침 견학을 온 단체 학생들 때문에 볼 수 없게 되자 자료용 DVD를 받는 걸로 대신하게 됐다. 총 견학 1시간 반. 무언가 정보도 느낌도 부족했다.

"도대체 뭘 봤지?"

캠핑장으로 돌아와 하늘을 보니 또다시 비가 쏟아질 기세였다. 그 날 또 밤새도록 내리던 비는 그렇게 다음 날 아침까지도 그칠 생각을 하지 않았다.

아펜젤에선 뭔가 모르게 일이 계속 꼬이는 것 같았다. 생각해 보면 그리 꼬인 일도 없는데 날씨 탓인지 몸이 자꾸 처지고 그래서 컨디션을 못 맞추다 보니 마음까지 처지는 듯했다. 치즈 공장을 더 찾아보고 싶었지만 캠핑장 옆의 작은 우유 공장에 물으니 근처의 치즈 공장이라고는 내가 다녀온 그곳밖에 없다는 얘기만 반복했다. 두 번이나 찾아가 사정을 설명하며 알아봐 달라고 간곡히 부탁하자 우유 공장 아

저씨는 여기저기 알아보는 눈치더니 한참 후 캠핑장에서 50킬로미터 쯤 떨어져 있는 아펜젤 공장의 주소를 가르쳐 주었다.

사람이 상황에 맞춰 변한다더니, 빈말이 아닌가 보다. 이제 나는 스위스의 택배기사를 해도 될 만큼 주소 한 줄 들고 건물 찾아 가기 실력이 가히 수준급으로 올라 있었다. 공장까지 50킬로미터면 헤매도 두 시간 안에는 도착하리라 예상했는데, 아니나 다를까 한 시간 반 만에 원하는 목적지에 도착했다. 그런데 좀 이상했다. 치즈 공장이면 동네가 좀 공장이 있을 만한 분위기를 자아내거나 혹은 건물 밖으로 우유통들이 널려 있거나 해야 하는데 그곳은 분위기가 영~ 아니올시다였다.

미심쩍은 마음으로 건물의 문을 밀고 들어서자 한 열 명쯤의 사람들이 얌전히 책상에서 일을 보고 있다가 동시에 나를 쳐다보았다. 뭔가 아니다 싶었지만 사무실 안에는 소 목에 거는 커다란 종도 있었고, 농촌 풍경을 그린 그림도 걸려 있었다. 나는 황당한 듯이 나를 쳐다보는 시선들을 물리치고 아무에게나 무작정 물어보았다.

"여기… 그러니까 여기가… 치즈… 음… 아펜젤 치즈 만드는 곳 아닌가요? 제가 가지고 온 주소에 따르면 여기가 치즈 공장이어야 하는데요."

일이 잘못되어도 한참 잘못되었다. 그곳은 치즈 만드는 공장이 아니고 지역 우유를 모으는 일종의 협회 같은 곳으로, 커다란 탱크로리 우유 차들이 거기에 오는 건 아니고 단지 그 차들의 우유 납품을 관리하는 일을 한다고 했다. 뒤늦게 내 사정을 알아차린 그 사무실 분들은 나를 위해 아펜젤 치즈 협회에 전화를 하고 각종 자료들을 출력해 주었고, 일부러 영어를 할 줄 아는 사람까지 찾아서 더 많은 정보들을 알려 주려 애썼다.

마침내 전화로 연결된 아펜젤 협회 직원은 본의 아니게 미안하지만 어찌 되었든 새로운 치즈 공장을 보려면 내가 조금 전 떠나온 동네인 슈타인 지역으로 다시 가야 한다고 했다. 게다가 오늘은 이미 늦었고 내일은 알아 놓은 치즈 공장이 치즈를 만들지 않으니 모레나 되어야 방문이 가능하다고 했다. 하지만 나로서는 벌써 아펜젤에 온 지 4일째인데다 다시 50킬로미터를 달려 슈타인 마을에 간다 해도 이틀을 더 기다려야 한다는 것이 마음에 걸렸다. 아무리 생각해도 앞으로 가야 할 치즈 마을들이 많았기에 더 이상 지체하기는 어려울 것 같아, 감사하지만 어렵겠다는 말을 남긴 뒤 전화를 끊었다. 결국 아펜젤 치즈에 대한 미련은 그렇게 접을 수밖에 없었다.

그런데 그 와중에 사무실 벽에 걸려 있는 그림 하나가 계속 신경이 쓰였다.

'도대체 누가 저런 그림을 그렸을까?'

아무나 그릴 수 없는 그림이었다. 농부들과 같이 숨을 쉴 줄 아는 사람만이 그릴 수 있는 마음의 그림이었다. 나도 참…. 방금 전까지 무진장 실망하고 화도 나고 그런 마음이었는데 그 그림을 찬찬히 들여다보고 있자니 앞뒤 생각들이 모두 지워지고 그림을 그린 화가에 대한 생각으로만 가득 차 버렸다.

"저기… 저 그림 혹시 누가 그렸는지 아세요?"

© M. Synach

마음을 그리는 화가를 만나다

우유 공장 에이전시에서 받아 든 화가의 아틀리에 주소를 들고 도착한 그곳은 이층 건물의 하얀색 빌라였다. 무작정 벨을 누르니 한 남자가 문을 열어 주었다.

"저기 혹시… 영어를 할 줄 아시나요?"

"네. 조금요."

"여기에 화가가 산다고 해서요. 이름이….''

화가의 이름을 적은 메모지를 보여 주자 지금은 집에 없다고 했다. 그럼 언제 오는지 알 수 있냐고 물었더니 사실 자기는 화가하고 친하지 않아서 잘은 모르겠으나 아마도 근처에 잠깐 나간 것 같다고 했다.

"그럼 올 때까지 혹시 아틀리에에서 기다려도 될까요? 아무것도 손대지 않겠습니다."

남자는 별 문제가 아니라는 듯 선뜻 잠겨 있지 않은 아틀리에의 문을 열어 주었다. 감사하다고 인사를 한 후 아틀리에로 들어서긴 했으나 도대체 내가 지금 뭐 하는 짓인지, 이래도 되는 건지 걱정이 되기 시작했다. 하지만 그 그림을 그린 화가를 꼭 보고 싶다는 마음은 그냥 접어지지가 않았다.

"제가 알아봤는데요. 근처에 있답니다. 10분 내로 도착할 수 있다네요."

무뚝뚝해 보였던 그 남자는 친절하게도 그 잠깐 사이 이곳저곳 전화를 하고 있었나 보다.

'10분이라. 10분 동안 뭘 하지?'

나는 찬찬히 방 안을 살폈다. 그런데 무슨 아틀리에가 이렇게 좋을까? 내가 알고 있는 대로라면 아틀리에는 그림뿐 아니라 붓과 물감 등이 정신없이 널려 있는 곳이어야 하는데 말이다.

고등학교 때 잠깐 미술을 하느라 K대 작업실에 다닌 적이 있었다. 그때 나의 선생님은 침대 한 칸 있는 작은 방을 아틀리에로 쓰고 계셨는데 아주 낡은 건물을 미대생들이 칸칸으로 쪼개어 작업실로 쓰고 있는 그런 가난한 공간이었다. 유화물감 냄새가 가득했고 카라카라가 그 한편을 크게 차지하고 있었다. 나의 레슨은 목탄으로 카라카라를 그리는 것으로 시작되었는데 내가 학교 수업을 마치고 작업실에 오면 선생님은 문에 메모만 붙여 놓고 카라카라의 틀린 부분을 수정해 놓곤 하셨다. 내가 그곳에 다닌 시간은 채 반년도 되지 않았지만 아직까지 나에게 미술 하는 사람들은 가난하고 조금은 센티멘털한 그런 사람들로 기억되고 있다. 그런데 그 화가의 아틀리에는 약간의 물감 냄새만 날 뿐 가난함이라는 것도 혹은 암울한 예술가의 냄새라는 것도 전혀 느낄 수 없는 깨끗하고 그저 멋진 공간이었다.

잠시 후 밖에서 자동차 소리가 들리더니 누군가 계단을 올라왔다. 그 화가였다. 난데없이 찾아와서 미안하다며 인사를 하자 화가는 의외로 "종종 이렇게 나를 찾아오는 사람들이 있어요. 괜찮아요."라고 말하며 우선 차부터 내왔다.

화가는 산골 농장에 올라가서 직접 스케치를 하며, 내가 본 스타일의 그림을 그리기 시작한 것은 5년 전쯤부터라 했다. 그렇게 한참을 그의 그림에 대해 이야기를 나누었다. 화가는 혹시 필요한 게 있는지, 그의 그림을 봐주는 직원이 영어를 잘한다며 전화까지 연결시켜 주었다. 그의 다른 그림들도 여러 점 볼 수 있었는데, 내가 계속해서 감탄하는 모습을 보이자 그는 잠시 어디론가 가더니 한 움큼의 그림을 들고 다시 나타났다. 그러고는 여기까지 찾아왔는데 드리겠다며 원하는 그림이 있는지 골라 보라고 하는 것이었다. 그중에는 일주일 전에 열렸다는 전시회에 걸렸던 그림들도 있었다.

이런 말도 안 되는 상황이라니. 나는 화가에게 정말 감사드린다고 몇 번이나 인사를 하곤 믿지 못할 몇 장의 그림을 들고 차에 올랐다. 그러곤 한동안 가만히 앉아서 벅차고 흥분된 마음을 가라앉혔다.

자, 이제 어디로 갈까? 여기서 서남쪽으로 내려가면 어디가 나오더라? 지도를 따라 손가락으로 길을 그려 보니 다음 치즈 마을과의 사이에 인터라켄이 껴 있었다.

"인터라켄으로 가자. 어쨌든 다음 치즈 마을을 가기 전에 계획을 재정비해야 할 필요가 있어."

장대 같은 비는 여전히 그치지 않고 있었다. 기온은 10도 아래로 떨어져 몸에 으슬으슬 감기 기운이 돌고 있었지만 마음만은 훈훈한 오후였다.

아펜젤 Appenzeller

Tip

스위스의 대표 치즈 중 하나로 스위스 북동쪽 아펜젤 지역의 수도원에서 유래됐다. 1069년 세워진 아바셀라(Abbacella) 수도원에서(현재 아펜젤 수도원으로 불림) 발견된 1282년의 문서에 '수도사들은 아펜젤의 독특한 맛을 즐겼다.'는 기록이 남아 있을 만큼 오래된 치즈다. 아펜젤 지역 70여 곳의 농장에서 만들어지며 각 농장마다의 비법으로 와인, 이스트, 향신료 등을 섞어 만든 독특한 액체로 치즈를 닦아 내 특유의 풍미를 만들어 낸다.

숙성 기간에 따라 3개월부터 6개월 이상의 기본 3종류로 나뉘며, 지름 30~33센티미터, 높이 7~9센티미터, 무게 6.4~7.4킬로그램의 둥글고 납작한 모양에 밝은 황색을 띤다.

입에 넣으면 약간의 끈적임과 함께 캐러멜을 씹을 때처럼 단단한 듯 부드럽게 씹힌다(물론 치아에 달라붙는 정도는 아니다.). 강한 짠맛이나 진한 숙성 냄새가 거의 없는 담백한 치즈로 굳이 요리를 하지 않더라도 가볍게 먹을 수 있어 스위스 내에서도 소비량이 많은 치즈 중 하나이다. 열을 가하면 늘어지는 성질 때문에 그라탱이나 퐁듀에도 많이 사용된다.

10.
산꼭대기의 레티바 농장

핸들을 꺾어 차를 돌리려 했을 때 나는 그만 이 길의 주인장과 눈이 딱 마주쳐 버렸다.
"지나가도 되지? 미안… 널 방해하려는 건 아니야. 금방, 아주 금방 지나가마."
그렇게 산꼭대기는 수도 없는 주인장들에게 곳곳이 점령되어 있었다.

샤또데 Chateau-d'Oex라는 지역에 도착한 건 인터라켄에서 사흘이나 여유를 부린 후였다. 인터라켄에서 남서쪽으로 약 90킬로미터 떨어진 샤또데는 프랑스와 인접한 불어 사용권 지역으로서 매년 1월 열리는 세계열기구대회로도 유명한 곳이었다. 이 샤또데 안에 레티바라는 아주 작은 치즈 마을이 속해 있었다.

"아침을 먹으려거든 7시까지 오고요, 아니면 8시까지 오세요."
어제 우여곡절 끝에 연락이 닿은 몽타뉴 프로마주리의 지도를 들고 새벽 6시, 샤또데의 캠핑장을 나섰다. 에구, 그런데 막상 지도를 보려니 도통 알 수 없는 고도용 지도였다. 왜 그 중·고등학교 때의 사회과부도에 나오는, 동그라미를 울퉁불퉁하게 몇 겹으로 그려 놓은 산악용 지도 같은 것 말이다. 어제 '메종 드 레티바'에서 받아 올 때부터 확인했어야 했는데. 산길에 이름이 쓰여 있는 것도 아닐진대 도대체 어떻게 찾아가라는 건지. 하지만 더 당황스러웠던 건 그 고도 몇 미터에 있다는 프로마주리를 마을 분들이 옆집 얘기하듯 너무 쉽게 알려줬다는 거였다.
"쭉 올라가요. 거의 끝까지 올라가다 보면 빨간색 트럭이 하나 서 있을 텐데 그 집이라우."
울퉁불퉁 포장도 엉망인데다가 아슬아슬 경사까지 높은 그 길은 다행히도 외길이었다. 마침내 마크처럼 서 있는 빨간 트럭 뒤에 차를 세우자 시선 위로 보이는 건 몇 개의 봉우리뿐일 만큼 정말 이름 그대로 산꼭대기에 있는 몽타뉴 프로마주리 Fromagerie de Montagne였다.

"안녕하세요."

"아! 안녕하세요. 안으로 들어와요."

주인아주머니는 대번에 나를 알아봐 주셨다. 오두막집 안에서는 주인아저씨와 내 또래의 젊은 여자가 같이 일을 하고 있었고 아주머니는 나를 그 둘에게 소개하시고는 작지만 군데군데 나뉘어 있는 집의 구조를 설명해 주셨다.

"저기엔 소가 있고요. 밖에는 커다란 우리가 있어요. 그 옆엔 돼지도 몇 마리 있고요. 우리는 여기서 5월부터 10월까지 살아요. 그러니까 그동안은 여기가 우리 집이지."

이 몽타뉴 프로마주리는 산 위에서 치즈를 만드는 농장을 말하는 것으로, 샤또데 지역의 농부들은 봄이 되면 소, 돼지 등의 가축들을 데리고 산으로 올라가 가을까지 치즈를 만들며 지낸다. 이 방법은 오래전 목동들이 풀이 자라기 시작하는 5월경 산 위에 올라가 작은 오두막이라 불리는 샬레Chalet를 지어 놓고 기거한 데서 유래하였는데, 이렇게 산에서 방목하여 키우는 가축들은 각종 허브와 신선한 풀만을 먹게 되어 고품질의 우유를 생산하게 되기에 여태껏 이 방법이 전해져 내려오고 있다.

그러니까 이 5월부터 10월까지라는 기간이 나를 이틀 동안 죽였다, 살렸다 했다.

이야기인즉, 레티바 마을에 도착한 첫날 나는 입수한 정보를 가지고 '메종 드 레티바(Maison de L'Etivaz, 레티바의 집)'로 갔었는데, 본인들은 치즈를 직접 만드는 것이 아니라 단지 레티바 치즈를 관리하고 농부들로부터 치즈를 받아 숙성시켜 보관한 후 판매까지만 할 뿐이며 치즈 만드는 것을 보려면 마을 중심가에 있는 관광 안내소에 가서 정보를 알아보라는 말만 할 뿐이었다. 하지만 다음 날 아침 8시 관광 안내소가 문을 열자마자 찾아갔을 때 안내소 직원들은 나에게 청천벽력 같은 얘기만 했다.

"아직은 추워서 레티바를 만들지 않아요. 적어도 6월은 돼야 몽타뉴 프로마주리가 작업을 시작할 거예요."

"그럼 어디 공장 같은 곳이라도 없어요?"

"레티바는 제조 규정상 산에서만 만들어야 하는 치즈라서 공장 같은 건 없어요."

순간 내 얼굴은 사색이 되었다.

'도대체 아펜젤에서부터 왜 이러는 거야. 벌써 며칠째냐고!'

금방이라도 눈물이 쏟아질 것 같았다. 나를 위해 30분 넘게 인터넷으로 몽타뉴 프로마주리를 열심히 찾아 주는 그들을 보니 틀린 정보는 아닌 듯했다. 결국 어쩔 수 없이 터덜터덜 캠핑장으로 돌아와야 했다.

하지만 그렇다고 그대로 물러설 수만은 없었다. 나는 다시 전날 갔던 메종 드 레티바에 찾아가서는 레티바 만드는 걸 볼 수 없다면 레티바 저장 창고라도 보여 달라고 애원에 애원을 했다. 결국 그곳의 모든 직원들이 동원되어 전화번호부를 뒤져 수소문한 끝에 드디어 조금 일찍 산 위로 올라가 작업을 시작했다는 이곳 프로마주리를 알아낸 것이었다.

이 농장은 겉모습만 봐도 스위스의 목가적 냄새가 물씬 풍기는 통

나무로 지은 오두막이었다. 카메라를 꺼내 놓고 노트를 들기는 했지만 아직 본격적인 작업이 시작되기 전이었는지라 멀뚱히 서 있는 나에게 주인아저씨가 말씀하셨다.

"우리 아침 먹읍시다."

산속 오두막의 아침 메뉴는 빵과 레티바 치즈, 커피, 그리고 이제 막 우유에서 분리해 낸 신선한 크림이었다. 그간 치즈를 어떻게 먹는지 봐 왔던 터라 나는 자연스럽게 나이프를 들고 똑똑 치즈를 자른 후 빵에 넣어 먹기 시작했다. 그런데 그때 아저씨가 내 앞에 작은 나무 국자 하나를 놓아 주셨다. 한입에 들어가지도 않는 국자를 왜 우리나라 수저 놓듯 각자 앞에 하나씩 놓으시는 건지 이유를 몰라 나는 슬슬 눈치를 보기 시작했다.

잠시 후, 참으로 놀라운 광경이 시작됐다. 나무 국자의 용도는 정말 숟가락이었다. 식탁의 한가운데엔 크림이 든 나무통이 있었는데 그 크림을 각자의 수저로 떠먹는 것이었다. 우리나라의 찌개처럼 말이다. 그 장면은 놀라움 이상으로 반갑기까지 했다. 우리나라에서야 한 그릇의 국이나 찌개를 숟가락으로 같이 떠먹는 게 자연스러운 일이지만, 각자의 그릇을 꼬박꼬박 챙겨 가며 음식을 먹는 이곳 사람들이 서로의 침을 섞어 가며 같이 먹는다니!

각각의 나무 숟가락 손잡이엔 만들어진 연도가 새겨져 있었는데 이 숟가락은 스위스 전통 방식의 식기 중 하나로 가족이 새로 태어날 때마다 깎아서 만든단다. 후에 들렀던 스위스 전통 레스토랑에선 이 식기류를 사용하는 메뉴가 판매되고 있었는데 치즈와 빵 그리고 나무통에 담겨 있는 크림으로 구성된 이 메뉴는 산속 오두막의 그것과 똑같

왔다. 이와 같은 식기는 전부 수공으로 만들기에 어느 하나 똑같은 디자인이 없었고 오래된 것일수록 오히려 멋스러워 보였는데 나무 숟가락은 부엌의 식탁 옆에 걸어 두고 식사 때가 되면 각자 자신의 숟가락을 찾아서 쓴다고 했다.

낯선 사람하고 만났을 때 식사를 하면 좀 더 빨리 친해진다더니 식사가 끝날 무렵, 분위기가 어느새 화기애애해졌다. 그러고 보니 식사 내내 카밀라는 한마디도 하지 않았다. 아침에 이곳에 도착해 식사가 끝날 때까지 카밀라와 나눈 얘기라고는 그저 "안녕하세요."가 전부였다. 이래저래 뭘 물어봐도 그녀는 배시시 웃을 뿐이었다.

"카밀라는 폴란드에서 왔어요. 영어는 할 줄 몰라요."
"폴란드에서요? 폴란드에서 이 산골까지 치즈를 배우러 왔어요?"
"아니, 일하러요. 스위스에서 일할 사람을 구하지 못하니까 폴란드에서까지 일꾼이 오는 거죠. 요즘 어떤 젊은 사람이 이 산골까지 와서 일하려고 하겠어요."
"어? 스위스 사람들도 그래요?"
"여기라고 뭐 다르겠어요?"
"그럼 매년 카밀라가 와서 일을 도와줘요?"
"아니에요. 매년 바뀌죠."

우리나라하고 똑같구나. 어렵고 힘든 일은 외국인 노동자들의 몫이 되는 것 말이다.

아침식사가 끝나고 아저씨는 그 사이 부어 놓은 레닛 때문에 응어리진 우유 덩어리들을 젓기 시작하셨다. 카밀라는 작은 우유통들을 씻었고 아주머니는 새로 만들어질 치즈를 위한 준비를 시작하셨다.

그럼 나는? 나는 창문으로 들어오는 햇빛을 놓칠세라 얼른 카메라를 집어 들었다.

"이리로 와 봐요."
아주머니는 작은 창고로 나를 안내했다. 그곳엔 우리나라에서 1980년대까지 한창 쓰던 양철 세숫대야와 똑같이 생긴 그릇들이 5개 쯤 놓여 있었다.
"여기에 우유를 부어 놓고 하루를 보내면 밀도가 낮은 크림이 위로 떠오르게 되거든요. 그 크림만 걷어 내면 지방 40퍼센트의 치즈를 만들 수 있어요."
"그냥 하루를 둔다고요? 그럼 지방의 수치가 일정하게 나와요?"
"그게 바로 우리의 노하우죠."
대부분의 치즈 공장이나 농장들에선 원심력을 이용한 크림 분리기계를 사용하는데, 이곳에서는 그저 우유를 상온에 하루 두는 것만으로 크림을 분리할 수 있다니 놀라웠다. 그 사이 까맣게 그을린 황동 가마솥은 활활 타오르는 장작불 위에서 열심히 우유를 데우고 있었다.
"지금 저 우유는 아까 32도에서 레닛을 부어 놓았던 건데 56도까지 데울 거예요."
아저씨는 가마솥 아래로 계속 장작을 넣더니 어느새 온도계를 체크하시곤 천장에 매달린 가마솥을 쓰윽 끌어당겨 불길 속에서 빼내 오셨다.
"자, 이제 시작합니다."
그러자 아주머니는 천 끝에 납작하고 기다란 철심을 넣어 서너 번

쯤 돌돌 말았다. 그러곤 그 천을 쭉 펼쳐 아저씨 앞에 내미셨다. 철심은 물의 부력으로 인해 천이 붕 떠오르는 것을 막아 주는 역할이었다. 철심의 양 끝부분을 잡은 아저씨의 두 손은 단숨에 뜨겁게 데워진 가마솥 안으로 깊게 들어가 냇가에서 물고기를 몰듯 우유 덩어리들을 슬슬 한쪽으로 모으기 시작했다. 그러곤 폭폭 올라오는 하얀 김이 아저씨의 얼굴을 붉게 만들었을 때 드디어 월척의 커다란 우유 덩어리들이 주르륵 물줄기 소리를 내며 끌려 올라왔다. 천은 모아진 우유 덩어리들을 감당할 수 없을 만큼 찢어질 듯 당겨져 두 분의 팔에 이끌려 둥그런 치즈틀 위에 얹혔다.

"어휴…."

아저씨, 아주머니가 가쁜 숨을 몰아쉬자 나도 그제야 같이 참고 있던 숨을 같이 내쉬었다. 잠시 후 아저씨의 붉은 팔은 두 번째 치즈를 위해 또 한 번 뜨거운 우유 속으로 깊숙이 잠수했다.

이곳에서 만드는 레티바 치즈는 1800년대 후반 그뤼에르 치즈를 만들던 76개의 농장주들이 '스페셜 그뤼에르'를 만들어 그것을 인정해 달라고 정부에 요청하면서부터 시작되었다. 1930년 마침내 '스페셜 그뤼에르'는 독립적인 치즈로 인정되었고 원산지 마을의 이름을 따서 '레티바'라고 불리게 되었다. 산에서 방목하여 키우는 소에서 나오는 높은 품질의 우유로만 만들어야 하는 까다로운 규정에 프랑스의 AOC 승인까지 받은 치즈이다.

잠시 후 툭탁툭탁 목조계단을 따라 일층으로 내려가니 아저씨가 만들어진 지 채 일주일도 안 된 허연 치즈들을 소금물로 닦고 계셨다.

"이걸 이렇게 닦아 줘야 하거든요."

기본적으로 거의 모든 치즈에는 소금이 사용되는데 소금은 젖산의 형성을 돕고 미생물의 번식을 억제하는 효과를 가지고 있으며 또한 수분을 증발시켜 치즈의 거친 외피 형성에 결정적인 역할을 한다.

"근데 여기는 치즈 창고가 아닌가 봐요. 치즈가 몇 개 없네요. 숙성 중인 치즈는 없는 건가요?"

"이 치즈들은 우리가 숙성시키지 않아요. 왜 어제 나한테 전화했던 회사 있잖아요. 거기서 다 매입을 하죠."

치즈를 만드는 이곳이 워낙 산 위에 있다 보니 일주일에 한 번씩 그곳 카브cave에 치즈를 맡기러 가는데 그곳에 가기 전에 이렇게 소금물로 닦으며 관리를 해 줘야 치즈가 상하지 않는단다. 그렇다면 그 회사에서 아저씨네 치즈를 사 가는 것인데 치즈 값은 바로 받아 오시는지를 물으니 5월쯤에 맡긴 치즈들은 10월쯤에 돈을 받게 되며 결국 모든 돈을 받게 되는 때는 다음해 1월이라셨다. 치즈라는 것은 발효가 진행되면서 여러 현상들을 나타내는데 그것을 기준으로 농부가 처음부터 원 재료를 제대로 썼는지, 제조 과정은 제대로 이행했는지 등등을 알 수 있어서 웬만한 발효가 끝났을 때쯤 치즈 값을 어떻게 쳐 줄 것인지 결정하게 되기 때문에 시간이 걸린다고 했다. 종종 잘못 만들어진 치즈들은 마른나무 갈라지듯 갈라져 버리거나 발효가 진행되지 못하고 부패하기도 한단다.

"그러면 아침에 먹었던 그 치즈는요? 그건 따로 사 오시는 거예요?"

전에 테즈의 집에 있을 때였다. 저녁나절 일을 끝내고 돌아온 테즈의 손에 가게에서 사 온 콩테 치즈 한 덩이가 들려 있었는데 나는 치

즈를 만드는 일에 관여하는 테즈가 왜 치즈를 사다 먹는지 이해할 수 없어 그 이유를 물어봤다.

"이 마을 사람들 대부분이 치즈 공장과 같이 일을 해. 그렇다고 매일 치즈를 그냥 가져다 먹으면 치즈 공장에 치즈가 남아 있겠어? 그래서 일과는 별도로 아무리 적은 양이라도 우리는 치즈를 가게에서 사다가 먹어."

즉 자신은 치즈를 만드는 일을 하고 있지만 그것과 치즈의 유통은 별개의 문제라는 말이었다. 아무튼 그때 일이 생각나서 아저씨께 여쭤 본 것이었는데, 아니나 다를까 아저씨네도 납품은 납품이고 집에서 먹는 치즈는 돈을 내고 따로 사 오신다고 하셨다.

"점심 드세요."

아주머니가 우리를 부르셨다. 아저씨는 갑자기 천장에 대롱대롱 매달린 소시지 한 덩이를 빼내시고는 이렇게 말씀하셨다.

"이거 먹고 가요. 내가 직접 만든 스위스 정통 소시지거든요."

그렇게 몽타뉴 프로마주리에서의 오전 시간이 지나가고 있었다.

> **Tip**
>
> **레티바 L'Etivaz**
>
> 지름 52~62센티미터, 높이 10.5~11센티미터의 둥글고 납작한 형태로 그뤼에르 치즈의 제조법을 기본으로 하여 약 100여 년 전에 만들어졌다. 짙은 노란색의 거친 외피를 가지고 있으며 숙성 기간은 최소 7개월부터 3년 이상까지이다. 하지만 3년이 넘게 되면 일반적인 칼로 잘라 먹을 수 없을 만큼 단단해져서 대패를 사용하여 깎아 먹는데, 이때 돌돌 말려 나오는 특이한 모양 때문에 많이 알려지게 됐다. 관광객들에겐 일부러 대패로 깎아서 판매할 정도로 인기가 높다. 오랜 숙성으로 진한 깊은 맛과 약간의 쫀득함을 느낄 수 있는데 그 느낌은 이미 국내에도 많이 판매되고 있는 그뤼에르와 흡사하다.

11.
그뤼에르

작은 철문이 열리는 순간 그 거대하고도 차가운 공간이 나를 집어삼키는 듯 나는 순식간에 그 속으로 빨려 들어갔다. 끝도 없이 이어진 노란 치즈 덩어리들은 무엇을 상상했건 어떤 것을 상상했건 그 이상의 모습을 하고 있었다.

스위스의 마지막 치즈 마을인 그뤼에르는 레티바에서 북쪽으로 겨우 30킬로미터 떨어진 아주 가까운 곳에 있었다. 이 마을은 프리부르 Fribourg 주에 속하는 전통적인 낙농 마을로, 주로 사용하는 언어는 레티바에서처럼 프랑스어였다.

운치 있는 산 위의 레티바 프로마주리에서 내려온 지 채 한 시간도 지나지 않았건만 몇 십 년은 훌쩍 뛰어넘은 듯 초현대적인 그뤼에르 치즈 공장의 시멘트 건물은 어찌나 건조해 보이던지. 이곳 또한 지난번 에멘탈이나 아펜젤 치즈 공장처럼 관광지로 만들어 놓은 터라 입구에서부터 견학 온 초등학생들로 북새통을 이루고 있었다.

'정말 거대한 치즈 공장이군. 과연 치즈 냄새가 나긴 할까?'

공장의 허락은 둘째치고 이곳에서 그뤼에르의 진정한 냄새를 맡을 수나 있을지가 걱정이었다.

"오늘은 이미 제조 과정이 끝났는데 어쩌죠. 박물관이라도 보실래요? 보고 나오시면 제가 내일 스케줄을 말씀드릴게요."

안내데스크의 직원에게 몇 마디 하지도 않았는데 생각보다 쉽게 입장 허가가 떨어졌다. 그러곤 박물관을 보고 나오자 다른 직원이 그뤼에르에 관한 각종 자료들을 한 가득 챙겨 들고 나를 기다리고 있었다.

"내일 아침 7시 반에서 8시 사이에 오시면 돼요."

일은 그렇게 일사천리로 풀리기 시작했다.

다음 날. 공장에 들어간 시간은 아침 7시 반이었다. 여느 공장들처럼 하얀색 모자에 하얀 가운을 걸치고 공장 분들에게 인사를 하려다 나는 그만 콜록콜록 쏟아져 나오는 기침으로 인사를 대신하고 말았다. 그때는 전날 만들어 놓은 그뤼에르에서 벗겨 낸 몰드(mould, 틀)를 막 씻고 있을 때였는데 거기에 사용되는 세척용 액체에서 독하리만치 시큼한 냄새가 나고 있었다.

"혹…시… 식초…로… 닦…는… 거…예…요?"

나는 코끝을 찌르며 달려드는 그 냄새에 숨을 거의 멈춘 상태로 분사기로 물을 뿌리듯 일을 하고 있는 니콜라는 직원에게 말을 걸었다.

"예. 처음 보시죠?"

니콜라는 방취가 잘될 듯한 마스크를 쓰고 여유롭게 내 질문에 답을 시작했다.

"저희는 이렇게 식초로 기구를 닦아요. 그러면 철판에 달라붙은 미끌미끌한 우유 덩어리들도 잘 떨어지고 살균도 잘되거든요."

"아, 예… 그럼…."

나는 공장 구석으로 우선 도망을 쳤다. 그 공간에 더 있다간 칼칼한 식초 냄새에 코가 녹아 버릴 것만 같았다.(나중에 알았지만 식초는 지방을 분해하는 성분이 탁월해 치즈를 만들고 났을 때 기구에 남는 지방 성분의 미끈거림을 제거하는 효과를 가지고 있었다.) 그렇게 한쪽에서 새로운 공기를 마시고 있으려니 어느새 니콜라가 옆에 와서는 아침 먹으러 가자며 공장 한쪽의 작은 식당으로 나를 데리고 갔다.

식당이라고 해 봐야 6인용 식탁 하나에 작은 찬장이 달린 부엌 같은 곳이었는데 니콜라는 이제 막 내린 원두커피와 랩으로 둘둘 말린 수박 반 통만 한 크기의 그뤼에르 한 덩이, 그리고 쨈과 빵 등을 하나하나 내오더니 어느새 식탁을 가득 차려 냈다.

"크림 줄까요? 설탕은요?"

"크림만 주세요."

이제 나는 현지인들과 식탁에 마주 앉아도 전혀 눈치를 살피지 않고 알아서 치즈를 똑똑 잘라 빵 사이에 끼워 먹을 수 있게 되었다. 그리고 이전의 레티바에서 나무 숟가락으로 크림도 떠먹어 봤기에 잼 발라 먹는 것쯤이야 하곤 이전에 발랐던 잼이 잔뜩 묻은 나이프를 들어 다시 잼 통에 넣으려는데 아차차! 민망한 실수를 할 뻔했다. 니콜라를 보니 아무리 입에 닿지 않았던 나이프라도 잼 통에 넣기 전에 자기 빵 위에 쓱싹쓱싹 닦아서 깨끗이 한 다음 쓰는 게 아닌가. 보통의 우리는 잼 통에 나이프 하나 꽂아 놓고 돌려 가며 쓰는데 말이다. 니콜라의 행동은 또 하나의 식탁 에티켓이었다. 이래서 현지인들이 같이 식사를 하자고 하면 나는 거절을 하지 않는다. 누구도 가르쳐 주지 않는 그들만의 문화를 배울 이런 기회를 왜 놓치겠는가!

잠시 후 세 명의 다른 직원이 식당으로 들어왔다.

"부 불레 망제(뭐 좀 드시겠습니까?)?"

주객이 전도된 나의 질문에 거기 있던 모두가 동시에 웃음을 터뜨렸다. 그렇게 그뤼에르의 유쾌한 아침이 시작되고 있었다.

본격적인 작업이 시작된 건 8시가 조금 넘어서였다. 아침을 먹는 사이 부어 놓았던 레닛으로 인해 응어리진 우유 덩어리를 잘게 잘라 내는 작업이 시작되었다.

"이렇게 우유가 굳어 있는 상태를 우린 요구르트 상태라 불러요. 그리고 저 트랑슈까이에로 잘게 잘라 내는 거죠. 이 작업을 쿠페까이에라 해요."

"저건 쓰레받기잖아!"
공장에서 응고된 우유를 젓거나 건져 낼 때, 또 몰드 속으로 들어가는 우유에서 거품을 걷어 낼 때 사용하는 도구는 꼭 쓰레받기를 닮아 있었다. 이 도구는 스위스, 프랑스 어디에서건 치즈를 만들 때 반드시 사용하는 필수품이었다. 이탈리아에서는 마른 파스타를 뒤집을 때에도 사용한다고 한다.

트랑슈까이에Tranche-caillé는 얇고 기다란 철사 줄을 가지고 하프 모양처럼 만들어 놓은 도구를 말하며 응고된 우유 덩어리를 잘라 내는 데 쓰인다. 쿠페까이에Coupé-caillé는 트랑슈까이에를 가지고 응고된 우유 덩어리 사이를 가로질러 다니며 잘라 내는 작업을 의미한다.

한쪽에서 이렇게 응고된 우유 덩어리들이 잘리고 있는 사이 다른 한쪽에서는 잠시 후에 쓸 몰드가 준비되고 있었다. 어! 그런데 몰드 안으로 기다란 철판이 끼워지고 있었다. 그동안 보아 온 대부분의 치즈들은 이름표 대용으로 카세인(casein, 우유 단백질)으로 만든 작은 메모지 같은 것을 붙였지만 여기서는 아예 그 철판에 이 공장의 고유번호와 그뤼에르의 이름을 새겨 놓아 치즈가 만들어지는 과정에서 치즈 측면에 그 모든 정보가 그대로 나타날 수 있도록 만들어 놓았다.

잠시 후 30도에서부터 데워지기 시작한 우유는 58도까지 열을 올린 다음 드디어 몰드 안으로 들어가기 시작했다. 일렬로 늘어선 몰드 안으로 우유 덩어리들이 채워지자 난데없이 희한한 광경이 시작되었다.

"저것 봐요!"

니콜라가 나를 부르는 동시에 뒤를 돌아보니 세상에! 그 열두 개의 몰드들이 180도로 돌고 있었다. 일반적으로는 몰드에서 치즈를 빼내어 다시 뒤집어 끼워 넣어 고른 모양을 형성하지만 이 공장은 그것조차 아주 간단하게 기계로 회전시키는 방법을 쓰고 있었다. 나는 처음 보는 일렬횡대로 늘어선 기계의 일사불란한 움직임에 넋을 잃고 말았다. 이 공장은 정말 볼수록 신기한 곳이었고, 끝까지 내 기대를 저버리지 않았다.

이 공장 안에는 우유를 데울 수 있는 4개의 제조 탱크가 있었는데 각 탱크의 용량은 4,800리터였고 이는 35킬로그램의 그뤼에르 12개를 만들 수 있는 양이었다. 즉 그뤼에르 하나에 400리터의 엄청난 우유가 사용되고 있는 것이었다. 이렇게 하루 세 차례 혹은 계절에 따라 네 차례까지 만들어지는 그뤼에르는 자동 몰드 속에서 처음에는 300킬로그램의 힘으로, 그리고 나중에는 900킬로그램까지 올라간 힘으로 16시간 동안 압축된 후 몰드 속에서 풀려나게 된다.

이제 겨우 11시밖에 되지 않았건만 벌써 한 차례 작업이 끝났다고 했다. 공장이 워낙에 대규모다 보니 하는 일이 많을 줄 알았는데 오히려 대부분의 작업이 기계로 진행되기에 하루 평균 36개 혹은 48개의 그뤼에르를 만들어 내면서도 제조실의 직원은 겨우 4명뿐이었다. 아침에 식당에 모인 멤버가 전부였던 셈이다.

"저, 그럼 카브 좀 볼 수 있을까요?"

니콜라는 제조실을 빠져나가 몇 걸음 떨어져 있는 철문을 가리키며 말했다.

"저기예요. 혼자 볼 수 있겠어요? 난 바로 다음 작업 준비해야 해서요."

"괜찮아요. 그냥 열고 들어가면 돼요?"

"마음껏 사진 찍고 마음껏 보세요."

"하하… 고맙습니다."

니콜라의 설명대로 나는 세 걸음쯤 걸어가 삐거덕거리는 철문을 잡아당겼다. '끼이익' 소리와 함께 문이 열리는 순간, 나는 그 자리에 그대로 얼어붙을 수밖에 없었다. 냉냉하고 차가운 공기 속에 수만 개의 치즈들이 한 치의 흐트러짐 없이 끝도 보이지 않을 만큼 늘어서 있었다. 실로 엄청난 규모였다.

'세상에…'

총 6칸으로 되어 있는 그곳에는 각 칸마다 7천 개의 치즈들이 그렇게 꽉꽉 차 있었다. 전날 들어온 치즈부터 5~8개월의 숙성 기간을 넘긴 치즈들까지, 도저히 한눈에는 들어오지 않는 광경이었다. 어렸을 적 꿈꾸던, '방 안 가득 초콜릿 아이스크림이 쌓여 있었으면…' 하는 소망이 단지 치즈로 바뀌어 눈앞에서 실현된 듯한 공간이었다. '방 안 가득 노란 치즈들이 쌓여 있었으면…' 하는 지금의 꿈처럼.

그뤼에르 Gruyères

스위스 서쪽 프랑스 인접 지역의 프리부르 주(독일어로 프라이부르크 주) 그뤼에르 마을에서 만들어진다. 1115년 그뤼에르 지역의 수도원에서 만들어졌다는 기록이 남아 있을 만큼 오래된 치즈이며 스위스의 대표 치즈인 에멘탈만큼이나 스위스에서의 소비량이 가장 많다. 퐁듀의 주재료로 사용되며 레티바의 원조 치즈이기도 하다.

높이 9~12센티미터, 지름 55~65센티미터, 무게 25~45킬로그램(평균 35킬로그램)의 둥글고 납작한 형태를 띤다. 초기 숙성 시 8~12일간 소금물로 치즈 겉면을 닦아 내기 때문에 모르주(morge, 치즈의 겉면을 소금물로 반복해서 닦아 냄으로써 단백질이 분해되고 박테리아가 증식하여 생기는 두껍고 거칠며 끈적거리는 진노랑의 외피)가 형성되어 있다. 숙성 기간은 최소 5개월부터 최대 12개월까지이지만 소비량이 가장 많은 숙성도는 세미 솔티(semi-salty)라 부르는 8개월경이다. 2001년 스위스 AOC 승인을 받았다.

이미 국내에도 다량 수입되고 있으며 암모니아 냄새가 적고 오랜 숙성으로 인해 진하고 담백한 맛을 느낄 수 있다. 특별히 요리를 해 먹기보다 한 입 크기로 똑똑 잘라 그냥 먹어도 될 만큼 우리 입맛에도 잘 어울리는 먹기 편한 치즈다. 단 포장지를 뜯어냈을 때 치즈의 양 끝은 잘라 내고 먹는 것이 거부감을 덜 일으키며 먹기 전에 냄새를 먼저 맡아 보는 것은 권하지 않는다. 외국인이 청국장 냄새를 먼저 맡는다면 아마 그것을 입에 대지도 않을 것처럼 말이다.

12.
스위스에서 프랑스로

스위스에서의 마지막 마을인 그뤼에르부터 다음 목적지인 남프랑스의 바농까지는 제네바를 거쳐 대략 500킬로미터의 거리였다.

'벌써 5시가 다 되었는데 과연 오늘밤 안에 도착할 수 있을까?'

이럴 때가 가장 어정쩡하다. 근교에서 하루를 더 묵고 다음 날 아침에 출발하자니 그날 오후나 되어야 도착할 테고, 바로 가자니 새벽녘에 도착할 터라 노숙을 해야 하는데 그러면 그날 오후엔 맥을 못 추게 되니 그게 그거였다. 어쩔 수 없이 선택을 해야 한다면 목적지에 도착해 피곤한 쪽이 낫겠다 싶어 결국 밤 이동을 강행했다.

석양의 붉은 빛으로 황홀했던 제네바의 호수를 거쳐 남프랑스의 프로방스에 진입한 시간은 자정 무렵이었다. 몽블랑 터널을 통해 가면 겨우 5분 통과하는 데 30유로(약 3만 7,000원)를 내야 한다는 소리에 괜히 터널 피해 간답시고 다른 동네에서 빙빙 돌다가 시간이 지체된 터였다. 그러고 보니 인터라켄에서부터 그뤼에르까지 계속 강행군이었다. 어느 하루 쉬어 본 날이 없어 컨디션이 저조한 상태였는데 장거리 운전까지 하게 된 상황이었다.

'그래도 조금만 더 가자. 조금만 더 가면 나오니까 근처에 도착해서 쉬자.'

반쯤 감긴 눈을 부릅떴지만 세상에서 제일 무거운 게 눈꺼풀이라는데 누가 이겨 낼까. 그래도 조금만 조금만을 중얼거리며 계속 운전을 하던 그때였다.

우당탕탕탕!

엄청난 소리와 함께 차가 뒤흔들리기 시작했다. 핸들은 마구 춤을 추고 온몸이 위아래로 흔들리는 순간 급브레이크를 밟았다.

'섰다.'

가슴이 쿵쾅쿵쾅 두방망이질 치는 소리가 온몸에 쩌렁쩌렁 울려 댔다.

'살았다.'

두 눈동자를 양 방향으로 굴려 보고는 귀 기울여 주위의 소리를 들어 봤다. 쥐 죽은 듯 고요한 1차선 시골길엔 자동차 엔진 소리 빼곤 아무 소리도 들리지 않았다.

'범퍼가 다 나갔을 거야. 내일은 공장에 들어가야겠지? 그럼 차가 고쳐지는 동안은 뭘 하지?'

나는 그제야 정신이 들어 차문을 열고 바깥으로 나갔다. 한번에 보면 일그러진 차 모양에 충격 받을까 봐 천천히 앞으로 다가갔는데 웬걸! 차는 멀쩡했다. 단지 흠이라면 자기가 무슨 토끼인 줄 알았는지

범퍼 아래의 번호판 주위로 온 동네 풀이란 풀은 잔뜩 집어먹은 상태였다.

다행히도 차는 도로가의 울퉁불퉁한 풀숲으로 뛰어든 것이었다. 손으로 삭삭 털어 내자 거대했던 소리와는 달리 멀쩡한 모습 그대로였다.

'하늘이 도왔어…. 정말 하늘이 도왔군….'

도로는 적막했다. 시골의 외진 도로여서 가로등도 없는 터라 내 차의 라이트만 끄면 암흑 그 자체였다. 하지만 희한했다. 어디에 있건 혼자서는 무서워서 절대 불 끄고는 잠도 못 자는 내가 뒤 범퍼에 기대어 하늘을 올려다보고 있었다. 쏟아질 것만 같은 별들이 불빛 하나 없는 시골길을 비춰 주고 있었다. 별 속에 내가 같이 빨려 들어가고 있었다.

'아… 그러고 보니 여기는 바로 알퐁스 도데가 그려 냈던 프로방스구나….'

그렇게 나는 프로방스의 첫날밤을 맞이했다.

13.
프로방스 바농

512.00KM

마을 입구에 다다랐을 때 계기판의 숫자는 정확히 이만큼을 표시하고 있었다.

'아… 이젠 잠 좀 잘 수 있는 걸까?'

나는 당장에라도 마을 아무 곳에나 차를 대 놓고 자고 싶은 마음만 굴뚝같았다.

MESSES
A
BANON

DIMANCHE
9h30

"정말 피곤해 보이네요."

"예. 지난밤에 스위스에서 넘어오느라고요."

바농의 캠핑장에 도착한 시간은 오전 10시경이었다. 적잖이 놀라는 리셉션 직원들의 시선에 신경 쓸 여력조차 없었다. 몸을 반쯤 구겨 안내데스크에 엎드린 채 게슴츠레 감긴 눈으로 겨우 겨우 대답하며 여권을 내주니 이 캠핑장 또한 한국 사람은 처음이란다. 그러거나 저러거나 얼른 캠핑할 위치나 알려 줬으면 싶었다. 텐트고 뭐고 차 안에서 의자를 뒤로 젖혀 놓고 자고 싶은 마음만 한가득이었다.

차가 뒤집어지는 줄 알고 잠이 번쩍 깼던 그때, 잠시 뒤에 다시 운전을 시작했음에도 여전히 눈이 감겨 나는 길가 옆 공터에 줄지어 주차돼 있는 캠핑카들 사이에 끼어 아침까지 선잠을 잤다.

어찌 되었든 국경선을 넘어 다시 프랑스 땅을 밟게 되자 제일 먼저 떠오른 건 바삭거리는 아침 바게트였다. 프랑스에서는 아무리 첩첩산중의 산골마을이라도 서너 곳뿐인 가게 중 하나는 꼭 빵집이었고 그곳엔 바삭한 껍질과 쪽쪽 떨어지는 하얀 속살의 고소한 바게트가 항상 있었으니 나에게 있어 프랑스의 로망 중 하나는 바게트라 해도 과언이 아니었다.

제일 먼저 빵집에 들러 바게트를 달라고 하고는 값을 치르려는데 아뿔싸! 주머니에 있는 잔돈이라고는 20센트뿐이었고 지폐도 금액이 큰 것뿐이었다. 바게트 값은 고작 80센트였는데 말이다. 더군다나 이 가게 또한 아직 이른 아침인지라 잔돈이 충분히 없다고 했다. 나는 별수 없이 미안하다고 하곤 빵을 놓고 돌아섰다. 그런데 주인아주머니가 나를 부르더니 그냥 가져가라며 빵을 쑥 내미시는 게 아닌가. 괜찮다고 몇 번을 사양해도 끝내 손에 쥐여 주셨다. 어찌나 감사한지, 이래서 시골 인심인가….

텐트를 치려고 캠핑장 안을 빙빙 돌아도 잔디밭이라고는 찾아 볼 수 없고 온통 자갈밭투성이였다. 사실 이곳은 캠핑장이라기보다 개인의 이름으로 작은 방갈로를 하나씩 소유하고 있는 휴양지 같은 곳이었는지라 빈 공간들은 대부분 건물을 지으려 다져 놓은 딱딱한 땅이었다. 양쪽에 멋들어진 방갈로를 두고 그 사이의 돌바닥에 낑낑대며 텐트를 치고 있는 이 유쾌하지 못한 모습이라니. 더군다나 그날은 부활절 후 40일이 지난 예수 승천일의 국경일이었기에 캠핑장 안은 휴일을 이용해 각지에서 놀러 온 사람들로 북적였다. 웅성대는 사람들 소리, 대낮에도 끊임없이 울어 대는 새소리, 작은 바람에도 날아갈 듯 펄럭이는 내 텐트 소리…. 그렇게 수많은 소리로 가득한 속에서 나는 곤한 낮잠에 빠져 들었다.

저녁때가 다 돼서야 산책을 하러 나선 마을의 모습은 텔레비전에 나오는 외국의 시골처럼 한가로웠고 프로방스라는 지역의 특성상 연분홍 기왓장들이 줄지어 만들어 낸 분홍 지붕의 향연이 온 마을 가득 펼쳐지고 있었다.

프로방스 프로방스… 사람들이 항상 즐겨 말하는 프로방스….

만개한 꽃이 길가에 흐드러지게 늘어져 있을 것 같고 어두컴컴한 먹구름은 365일 어디에도 존재하지 않을 것 같고, 반바지에 민소매 셔츠를 입은 사람들이 슬리퍼를 끌고 나와 길가의 나무 의자에 옹기

종기 모여 앉아 얘기를 나누고 있을 것 같은 그 이름만으로도 풍요롭고 따뜻한 프로방스….

남프랑스에서 맞게 된 모처럼의 여유로운 저녁 시간이 그렇게 흘러가고 있었다.

바농 치즈 공장에 도착한 시간은 다음 날 아침 8시 반이었다. 전날 미리 공장에 갔었으나 공휴일이었기에 공장의 문은 닫혀 있었고, 때문에 그날은 어떤 기대도 없이 방문 약속이라도 잡으려는 마음에 아침 일찍 나선 참이었다.

'과연 내가 저 문 한 칸 뒤의 공간에 들어갈 수 있을까?'

똑똑, 조심스레 문을 두드리는 문 밖의 나에게 문 안의 공간은 OK라는 사인이 떨어지기 전까지 어찌나 멀게만 느껴지는지. 그렇기에 그 문이 열리는 순간 그것은 단순한 문이 아닌 신세계로 연결해 주는 통로 같은 것이었다. 단 허락이 떨어지지 않으면 아무리 가까이 있어도 절대 근접할 수 없는 거대한 권력의 소유자이기도 했다.

"똑똑!"

"어떻게 오셨어요?"

나는 그렇게 또 한 곳의 치즈 공장 문을 두드렸다.

공장장이라는 젊은 남자는 생각 외로 바로 OK 사인을 내주었다. 나는 조금은 얼떨떨해하며 그곳에서 마련해 준 하얀 가운과 덧신으로 복장을 갖추고는 제조실 안으로 들어갔다.

제조실 문이 열리는 순간 확 하며 밀려올 뜨뜻한 훈기를 기대했었는데 이상하게도 그곳은 아무런 냄새조차 풍기지 않고 있었다. 그간 보아 온 하드 치즈 종류들이 우유를 끓이고 틀에 부어 누르는 등 일련의 초기 제조 과정이 비슷했었다면 바농 치즈는 전혀 다른 과정을 거치고 있었다.

우선 아침 일찍 열두 곳의 농장에서 온도 5도의 우유를 가져오면 이 우유를 30도까지 데우다가 레닛을 붓고, 1시간 후 응고된 우유 덩어리를 단 두 번만 커팅한다. 그 다음 30분간 방치해 그동안 발생한 훼이를 슬쩍 물 걷어 내듯 빼내고는 최대한의 수분을 유지해 연두부 같은 상태인 우유 덩어리를 그대로 기계를 통해 치즈 틀에 붓는다.

플라스틱으로 된 치즈 틀은 포장마차의 붕어빵 틀처럼 반으로 나뉘어 있는데 응고된 우유 덩어리를 틀의 양쪽에 넣고 한두 번 앞뒤로 뒤집어 물기를 뺄 뿐 여타 하드 치즈를 만들 때처럼 기계로 누르지는 않는다. 그런 후 소금을 뿌리고 저장소로 이동시켜 20도의 온도가 유지되는 방에서 24~48시간 동안 3번 뒤집으며 소금을 한 번 더 뿌려 준다. 그 후 5~10일 동안 숙성을 거친 뒤 밤나무 잎으로 포장을 하고 최소 10일 동안 숙성을 시키면 바농 치즈 특유의 풍미가 형성된다.

"봉 주르!"

작업에 열중하고 있던 한 무리의 아주머니들이 난데없이 나타난 나에게 먼저 인사를 건네셨다. 적어도 쉰은 넘어 뵈는 다섯 분의 아주머니는 바농 치즈의 최종 작업인 밤나무 잎을 이용한 포장을 하고 계셨는데 그 분위기는 사뭇 시골 마을 회관 같았다.

"이걸 이렇게 여섯 개의 나뭇잎으로 둘러싸는 거지. 그 다음에 이 라피아 줄로 묶어 주면 끝이라우. 어때? 간단하지 않우?"

간단한 건 둘째치고 어찌나 손들이 빠르신지 사진 찍기가 정말 만만치 않았다. 바농 치즈를 싸는 나뭇잎은 가을에 떨어지는 갈색의 밤나무 잎만을 거둬들여 수증기에 적셔 말려 놓은 후 사용하는데 치즈 한 개당 평균 5~8개의 잎을 사용한다. 묶어 내는 끈은 라피아라 불리는 열대나무의 잎에서 나온 섬유를 뽑아 만든 것으로 우리나라의 짚처럼 생긴 끈이었다.

파리의 노천시장에서 오랜 망설임 끝에 사 먹어 본 바농 치즈는 그 부드러운 맛과 독특한 모양으로 내 마음을 사로잡았고, 나는 결국 수백 킬로미터 떨어진 이곳 남프랑스의 바농 마을까지 찾아오게 되었다. 여기서 직접 보게 된 바농 치즈를 만드는 과정은, 길고 고단했던 이곳까지의 여정이 헛되지 않을 만큼 지금껏 보지 못했던 새로운 모습을 보여 주었고, 이곳에서 일하고 계신 아주머니들은 남프랑스의 햇살을 닮은 밝은 미소를 지어 주셨다.

부드러운 크림으로 가득한 바농 치즈와 인심 좋은 빵집 아주머니가 쥐여 주셨던 바게트로 점심을 먹으며 나는 언제 다시 찾을지 모르는 프로방스의 아름다운 풍경과 따사로운 햇살 속에서 한껏 여유로운 오후 시간을 만끽할 수 있었다.

바농 Banon

Tip

예로부터 가을에 만들어지는 치즈를 오래 보관하기 위해 마른 밤나무 잎을 사용했던 방법에서 유래한 치즈이다. 밤나무 잎이 단순히 보관 역할 이상으로 치즈에 풍부한 풍미를 만들어 내면서 현재는 바농 마을의 트레이드마크로서 계절에 관계없이 이 방법이 사용되고 있다.

원래는 척박한 산지에서 키우기 쉬운 염소의 젖을 이용해 봄부터 가을까지만 만들었지만 요즘은 키우기도 쉽고 한꺼번에 많은 양을 얻을 수 있는 소의 젖을 사용해 사계절 내내 만들기도 한다. 하지만 염소의 젖으로 만들어야만 소젖으로 만든 치즈보다 시큼한 지방산이 풍부해 하얗고 진한 바농 본연의 맛을 느낄 수 있기에 AOC(2003년 7월 승인)에서는 염소젖을 이용한 것만 인정하고 있다.

14.
칸느에서 피레네까지

타이어가 펑크 났다. 운전을 하고 있는데 갑자기 옆 차선을 달리던 젊은 남자들이 클랙슨을 누르면서 내 타이어에서 바람이 빠져나가고 있다고 외쳐 댔다. 순간 '혹시 이건가?' 싶었다. 인터넷에 나온 자동차 여행 시 꼭 주의해야 할 사항 중엔 '타이어가 펑크 났다고 난데없이 외쳐 대는 사람들이 있다면 우선 의심해야 한다. 진짜 타이어가 펑크 난 것이 아니고 차를 세우게 해 물건을 훔쳐 가려는 속셈이 대부분이다.'라는 내용이 있었다.

나에게 말을 걸었던 그 남자들의 차는 어느새 내 차를 앞질러 나보고 따라오라는 듯 비상등을 켜 대고 있었다. 하지만 나는 그들을 비웃듯 그 차를 좀 지나쳐 어느 골목 앞에 차를 세웠다. 그러곤 타이어를 살펴보니 이런! 정말 바람이 빠지고 있었다. 도대체 어떻게 바르셀로나 시내 한복판에서 난데없이 펑크가 난 건지. 빠져나가는 타이어의 바람과 함께 내 몸에 남아 있던 마지막 기운까지 빠져나가는 기분이었다.

어쨌든 얼른 타이어를 갈아 끼워야 했다. 혹시 몰라 카메라와 PMP는 차고 있던 허리 색에 챙겨 넣은 후 트렁크의 모든 짐들을 꺼내어 길가에 흩뜨려 놓고 트렁크 바닥을 드러내 스페어타이어를 꺼내려 낑낑대고 있을 무렵 지나가던 어떤 젊은 남자가 도와주겠다며 팔을 걷어붙였다. 집에서 바로 나온 듯 가벼운 차림을 한 그 남자는 혼자였고 정말 진심으로 나를 도와주려는 듯 보였다. 타이어를 들고 이리저리 살펴보던 남자는 잠시 후 차를 들어 올리는 기구를 가리키면서 "이것 좀 잡고 있어 봐요. 내가 집에서 뭐 좀 가지고 올게요." 하곤 바지를 툭툭 털고 일어났다. 나는 일말의 의심도 없이 그 남자가 시키는 대로 그 손잡이 부분을 잡고 있었다. 그런데 한참이 지나도 남자는 오지 않았다. 순간 기분이 이상해서 벌떡 일어나 봤더니 운전석 문이 열려 있었다.

'당했다.'

공육년 유월 일일 일기 중에서

국도를 타고 움직인 탓에 바농에서 칸느로 가는 길은 온통 산등성이를 타고 가는 곡예 운전 길이었다. 편도 1차선에 갓길이라고는 없는, 옆으로 조금만 빗겨 가도 추락할 것 같은 절벽 위의 산길이었다. 어떻게 그 높은 산자락까지 아스팔트를 곱게 깔아 두었는지 놀랍기도 했지만 그보다 더 놀라운 것은 그 굽이굽이 산길을 쌩쌩 달려 나가는 스포츠카들이었다. 나는 혹여 옆으로 떨어질까(물론 바리케이드가 있었지만) 제한속도를 준수하며 조심조심 가고 있었건만 내 뒤의 차들은 나를 향해 번쩍번쩍 불을 켜 대거나 클랙슨을 눌러 대기 일쑤였다.

'아니, 잘못해서 옆으로 떨어지기라도 하면 자기들이 책임질 거야? 난 이 이상 빨리 못 가!'

솔직히 중간에 빨리 가려 액셀러레이터를 밟기만 하면 곧바로 코너 길이 나와 다시 벌벌 떨며 속도를 줄여야 했다. 남쪽의 기운이라 청명한 하늘에 굽이굽이 산길 사이로 볼 건 또 왜 그리 많던지. 무서움에 떨면서도 그 절경들을 그렇게 쌩하니 지나쳐야 하는 게 못내 아쉬운 시간이었다.

칸느에 도착한 건 저녁 6시가 다 되어서였다.

'칸느에서는 영화제라는 걸 한다던데….'

그게 언제인지, 며칠 동안 하는 건지 전혀 정보도 없으면서 혹시나 하고 기대했던 일이 일어나고 있었다. 도착한 그날은 영화제가 끝나기 하루 전날이었다.

다음 날 아침. 영화제를 보려 일찍부터 서둘렀다. 차를 캠핑장에 놓고 움직일까, 아니면 시내 어디에 주차를 할까 고민하고 있던 중에 시내에 가면 주차할 곳을 안내해 주겠다는 앞 텐트의 독일인 부부 덕에 편하게 시내까지 나올 수 있었다. 차도 잘 주차되었겠다, 몸도 가볍겠다, 이제 축제 속으로 빨려 들어가기만 하면 될 터였다.

극장 앞에 깔린 레드카펫, 저녁 무렵 시작되는 피날레를 지켜보려 언제부터 자리를 잡았는지 미니 파라솔에 간이의자 그리고 사다리까지 가져다 놓고 그 자리에서 식사까지 해결하고 있는 열성 팬들, 출입증을 목에 걸고 수도 없이 지나다니는 세계 각국의 사진기자들, 마냥 서서 쳐다만 봐도 쏠쏠한 구경거리들이 한가득이었다. 특이한 건 연세가 육칠십은 되어 보이는 열성 할머니 팬들이 어찌나 많던지, 레드 카펫 앞에 파라솔을 끼고 기다리는 사람들도 주로 젊은 사람들보다 할머니들이었으니, 우리로선 가히 상상이나 할까?

레드카펫 주위만 벗어나면 도시는 한가로웠다. 우연히 만난 한국인 여행객 연숙이 자매와 바닷가에서 발도 적시고, 낮잠도 자고, 저녁나절엔 열성적인 할머니 팬들을 제치고 앞으로 나아가 평생 실물을 보기 어려운 할리우드 스타들도 보고…. 주차 위치를 잘 파악해 놓지 않아 차가 통째로 날아간 줄 알고 울상이 되어 찾아 헤맸던 30분만 뺀다면 칸느는 그 이름 하나만으로도 마음에 깊이 남을 붉은 도시였다.

연숙이 자매를 기차역 앞에 내려 주던 순간, 둘이 함께 다니는 그애들이 어찌나 부럽던지…. 차를 돌려 고가를 타던 그때 어둑어둑 검붉은 하늘이 구름과 엉겨 있었다.

또 혼자구나… 어차피 혼자였지만…. 고작 한나절을 같이 보내 놓고 난 또 새삼스레 혼자임에 서운해 했다.

어쨌든 가자… 그래… 서쪽으로.

폴 세잔의 작업실이 있는 엑상프로방스 Aix-en-Provence를 거쳐 고흐의 흔적으로 가득한 아를 Arles에 도착한 때는 하루가 지난 늦은 오후였다. 바람 하면 프로방스 아니랄까 봐 얼굴을 맞대고 선풍기를 틀어놓은 것처럼 끝도 없이 불어 대는 바람에 정신이 하나도 없었고 옷도 하도 펄럭거려 온몸에 있는 끈이란 끈은 다 묶어 두어야 할 판이었다.

그때 원형 경기장 뒤편에서 동갑내기 지연이를 만났다. 고흐를 좋아해서 네덜란드 고흐의 집부터 시작해 파리 근교 일 드 프랑스까지가 목적지라고 했다. 우리는 고흐의 카페, 고흐의 다리까지 그렇게 정신없이 바람 부는 아를을 같이 다녔다.

"바르셀로나 가 봤어?"

"아니. 가우디를 보고 싶은데 사실 좀 무서워서. 워낙 도둑이 많은 동네라…."

"꼭 가 봐. 절대 후회하지 않을 거야. 그런데 혹시 생레미St-Remy에 안 갈래?"

"아! 고흐의 정신병원. 가고 싶긴 한데 나는 피레네로 넘어가야 해서…."

하필 우린 왜 해가 뉘엿뉘엿 넘어가는 론강 앞에서 헤어졌을까. 기차 시간 때문에 뛰어가는 지연이를 향해 손을 흔들면서 서운함에 울컥 눈물이 넘어왔다.

'차라리 아무도 안 만나는 게 낫겠어. 같이 다닐 때만 좋지 헤어질 땐 몇 배의 서운함을 감수해야 하니….'

하루 종일 바람을 헤치고 돌아다닌 터라 몸에서 미열이 흐르고 있었다. 그냥 어디 가서 그대로 자고 싶었다. 하지만 얼른 피레네로 넘어가야 했다. 그렇게 다시 밤 운전을 시작했다.

미디 피레네에 오면 브르비 치즈를 쉽게 찾을 수 있을 줄 알았다. 책을 자세히 보지도 않고 그냥 미디 피레네라고만 생각해서 메인 도

시인 툴루즈Toulouse에 갔더니 이런! 그곳은 전혀 생각지도 않았던 중형 도시였다. 거기서 치즈 농장을 찾다간 이상한 사람으로 오인 받을 것 같았다. 동네 어귀에 차를 대 놓고 지도를 비교해 찾아보니 치즈 마을은 그곳에서 100킬로미터쯤 더 가야 하는 상황이었다. 날짜는 5월 31일. 파리에는 6월 22일까지 들어가면 되었다.

사실 아까부터 머릿속엔 지연이의 말이 계속 맴돌고 있었다. "절대 후회하지 않을 거야." 지금 있는 곳에서 왼쪽으로 가면 치즈 마을을 볼 수 있을 테지만 아래로 내려가면 가우디의 건축물을 볼 수 있을 것이었다. 남은 치즈 마을은 세 곳. 한 곳당 넉넉히 잡아도 시간이 충분했다.

"그래! 기껏해야 바르셀로나까지 400킬로미터 조금 넘을 텐데 우선 가자! 다 사람 사는 곳인데 위험해 봐야 얼마나 위험하겠어? 그래도 여기까지 다시 올라오려면 600킬로미터는 넘을 텐데 그게 걱정이군. 그나저나 캠핑은 어디서 하지? 에이, 설마하니 캠핑장 하나 없겠어? 없다 해도 유명한 관광지인데 한국인 민박집이라도 있겠지."

그날 바르셀로나에 도착한 시간은 밤 10시가 넘어서였다. 아무리 둘러봐도 안전하게 주차할 곳이 없었다. 어디를 봐도 캠핑장 표시도 없었다. 가까스로 찾아낸 유스호스텔은 주차 시설이 전혀 없었으며 호텔들 또한 주차 시설이 별도였다. 수가 없었다. 자동차와 내가 가장 안전하게 있을 수 있는 방법은 근처 대형 도서관 옆에서 노숙을 하는 것뿐이었다.

그래도 아침이 되면 세상이 달라질 줄 알았다. 돌아다니는 한국 관광객들도 있을 테고 시내 관광 안내소도 문을 열 테니 어디라도 갈 수 있을 줄 알았다. 이틀 밤낮을 꼬박 노숙을 하며 과일과 바게트로 끼니를 때우고 나니 이놈의 도시가 웬수 같았지만 전날 밤 불이 환하게 밝혀진 파밀리아 성당의 모습을 보았을 때에는 이깟 고생쯤은 저걸 본 것만으로도 감수할 수 있다고 했었다.

그러나 다음 날, 캠핑장은 관광 안내소에서조차 모른다고 했고("당신은 파리 시내에서 캠핑장을 본 적이 있는가?" 하는 허망한 답변만 해 줄 뿐이었다.), 한국인 민박집은 어느 곳도 주차를 해 줄 집이 없다고 했다. 온 시내가 넘치는 관광객만큼이나 넘치는 도둑들로 가득해 보여 어느 곳도 차를 세우기엔 불안했다. 결국 도로를 헤매다가 타이어가 찢어졌고(새총 같은 것에 의해 찢겼다고 했다.), 한적한 길목에서 타이어를 갈아 끼우는 사이 작은 배낭을 도둑맞았다. 그날 저녁 주유소에서 만난 스페인 경찰은 "세 라 비(C'est la vie, 그게 인생이다)"라는 말로 나를 다독였다. 세 라 비… 세 라 비….

그날 밤 나는 시속 70킬로미터 이상 달릴 수 없는 스페어타이어를 끼우고 지긋지긋한 바르셀로나를 떠나 다음 날 새벽 드디어 다시 프랑스 땅을 밟았다.

'아, 이젠 이곳이 내 땅 같다.'

그러니까 차에서 3일을 잔 셈이었다. 먹기는커녕 씻지도 못한 내 몸에선 파리 지하철에서 만났던 노숙자들의 냄새가 고스란히 나고 있었다. 쉰 냄새라 하기에도 조금은 역한.

폭이 좁아 불안한 스페어타이어를 달고 200여 킬로미터를 달려 아침 일찍 푸조 공장에 도착했다. 공장 직원과 함께 경찰서에 들러 조서를 쓰고 그 조서를 통해 타이어가 파손됐음을 증명한 후 드디어 튼튼한 새 타이어를 달 수 있었다.(푸조의 리스 계약상 이런 소모품까지 모두 무료로 수리를 해 준다. 만약 사고가 나서 차가 폐차 지경까지 된다 하더라도 새 차가 일주일 내로 나오고 그 사이 호텔비가 지급된다.)

그날 내 몸 상태대로라면 나는 푸조 정비소 근처에 있는 캠핑장에서 묵어야 했다. 하지만 그날은 하필 금요일이었다. 최소한 6~7시까지는 피레네의 어떤 치즈 공장이든 방문을 해서 다음 날인 토요일 혹은 주말 후인 월요일 아침 방문 약속을 잡아 놔야 했다. 그렇지 않으면 주말은 물론이고 잘못하면 월요일까지 아무것도 못 하고 시간만 보내게 될 수 있었다.

정비 공장에서부터 정확히 400킬로미터를 달려 피레네에 도착하니 저녁 8시였다. 몽롱한 머릿속에 정신이 하나도 없었다. 하지만 나를 더욱 제정신으로 못 가게 만들고 있는 건 내가 아니라 계속해서 벌어지고 있는 상황이었다. 피레네의 초입 포Pau에 도착했는데, 세상에나 피레네 산맥이라고는 그림자도 없고 도처에 대형 마켓들뿐이었다. 설마하니 조금만 더 가면 산이 나올 줄 알았는데 그 거대하다는 산맥은 아무리 둘러봐도 코빼기도 안 보였다. 잠깐을 헤매는 사이 시간은 이미 밤 9시를 향해 가고 있었다. 만 4일 노숙하기 직전이었다.

천만다행으로 근처에서 캠핑장을 찾을 수 있었다. 시간이 늦어서인지 입구가 바리케이드로 막혀 있었다. 인터폰을 누르니 주인아주머니인 듯한 분이 나와서는 다짜고짜 여권만 달라고 했다. 사무실도 아닌 곳에서 여권을 맡기기가 좀 망설여져 보여 주기만 하고 돈을 내겠다고 하니 아주머니는 이상한 표정을 지으며 당장 나가라고 소리를 질러 댔다.

'나 참, 이젠 별꼴을 다 당하는구나. 캠핑장에서 사람을 쫓아내다니….'

결국 그곳에서 20킬로미터를 더 가서야 다른 캠핑장을 발견할 수 있었다. 지연이와 헤어진 아를에서부터 만 4일 만에 캠핑장에 들어간 것이었다. 도대체 며칠 만에 씻어 보는 건지. 모자를 벗어 머리를 감으려니 모래구덩이에 벅벅 문질러 놓은 인조 솜뭉치처럼 빽빽하고 텁텁한 느낌이었다. 옷을 벗기도 전에 물을 먼저 틀어 놓고는 머리를 감으면서 옷을 벗으면서… 샤워를 하면서 빨래를 하면서… 그렇게 한 시간 동안 몸에 있는 때들을 모두 벗겨 냈다.

샤워를 하고 나서 가지고 있는 모든 재료들로 밥을 했다. 작은 냇가를 끼고 있던 캠핑장엔 나무로 짜인 밤색 테이블도 있었고 붉은색 가로등도 있었다. 오랜만에 느긋하게 음악도 틀어 놓고 여유롭게 식사를 하며 쉬다가 12시가 넘어서야 잠이 들었다.

다음 날, 해가 뜬 지 한참이나 된 것 같은데 눈이 떠지지가 않았다. 만 4일 만에 텐트에서 잤으니 몸이 오죽했을까. 텐트가 별 다섯 개짜리 특급호텔 같았다. 어쨌든 그만 일어나야 할 것 같아 텐트를 부여잡고 비틀거리면서 밖에 나와 햇볕을 쬐고 앉아 있으려니 옆 캐러밴 할머니께서 "카페?" 하고 물으셨다. 내가 산발한 머리를 휘날리며 고개를 끄덕였더니 커피에 우유까지 타서 아주 달콤하게 만들어 손수 가져다주셨다.

'아… 이런 날도 오는구나.'

반쯤 감긴 눈으로 커피를 마시고는 캠핑장 주인아저씨가 가져다준 브르비 치즈 루트가 나온 지도를 보고 있으려니 이런! 지금껏 잘못 와도 한참 잘못 온 상황이었다. 그 캠핑장은 브르비 치즈를 만드는 지역으로부터 북쪽으로 80킬로미터나 떨어져 있었던 것이다. 그러니 산이라곤 그림자조차 보이지 않았던 게다.
 어쨌든 그날은 토요일이었다. 햇볕은 빨아 놓은 운동화가 바짝 마를 만큼 쨍쨍했고 나는 이제 더 이상 헤매지 않아도 되는 보증수표 같은 브르비 치즈 지도를 손에 쥐고 있었다.

15.
피레네 산맥의 톰므 치즈 농장

"시장이 있긴 한데 아주 작아요."
"근데 치즈는 있을까요?"
"물론 치즈는 많아요."

 시장이 크건 작건 상관없었다. 물건을 사려는 게 아니라 치즈를 파는 상인들을 만나는 것이 목적이었으니까. 캠핑장 주인아저씨의 말대로 시장은 시장이라 부르기 조금 뭣할 만큼 노점상이 겨우 열 개뿐인 작은 크기였다. 장을 보는 사람도 동네 주민과 관광 중인 몇 명의 외국인들뿐이었다. 그런데 그 와중에 치즈 노점이 세 곳이나 있었으니….
 내 생각은 이랬다. 어차피 작은 마을의 시장이라면 동네의 농부들이 와서 직접 물건을 팔 테니 치즈를 만드는 사람을 직접 만날 수 있을 것이고, 그렇게만 된다면 굳이 농장들을 찾아다니는 수고를 안 해도 될 터였다. 다행스럽게도 내 예상은 적중했지만 허락을 받은 농장

농장은 중앙선도 없는 한적한 시골길에서도 벗어나 그 길에 딸려 있는 작은 오솔길을 따라 언덕 위까지 올라가야 하는 한적하고도 한적한 곳에 있었다.

으로부터 한 번에 덜컥 오라는 말을 듣지는 못한 채 밤 9시에 다시 전화를 달라는 언질만 받을 수 있었다.

'밤 9시에? 왜 그렇게 늦은 시간에 전화를 하라는 걸까?'

남프랑스로 넘어오니 해가 몇 시간이나 길어져 밤 9시가 사실 컴컴한 한밤중은 아니었지만 그래도 새벽에 일어나서 일을 하는 일반적인 농부라면 일찍 잠자리에 들 터인데 그 늦은 시간에 전화를 하라니 영 이상한 노릇이었다.

어쨌든 밤 9시에 전화를 걸었더니 걱정과는 달리 농장 아주머니는 톰므tomme 치즈를 만드는 날이 화, 수, 금 이렇게 3일이라며 그중 어느 날에 와도 상관없다고 하셨다. 나는 모레 화요일 아침에 가긴 하겠지만 혹시 내일도 그냥 구경하는 일은 할 수 있는지를 여쭈었다. 그간 여러 농장, 공장을 다녀 본 결과 단 몇 시간을 보는 것만으로도 만족할 수 있는 곳이 있었던 반면 아펜젤 치즈 공장처럼 아무것도 못 건지는 곳도 있었기 때문에 혹시나 하여 하루를 더 가도 되는지를 여쭙고는 허락을 받아 냈다.

캠핑장 아저씨가 알려 준 대충의 지도를 따라 주소를 들고 농장에 도착한 시간이 오후 2시였다. 농장은 중앙선도 없는 한적한 시골길에서도 벗어나 그 길에 딸려 있는 작은 오솔길을 따라 언덕 위까지 올라가야 하는 한적하고도 한적한 곳에 있었는데 신기하게도 관광객 한 팀이 나보다 먼저 도착해 기다리고 있었다.

낮 기온이 30도를 웃도는, 덥다 못해 뜨거운 6월의 초입이었는지라 100여 마리의 염소들이 쓰는 숙소(?)에서는 쿰쿰한 냄새가 모락모락 피어나고 있었다. 끈적임만 없을 뿐 한여름의 더위와 맞먹는 훈기가 땅에서 푹푹 올라와 숨이 턱에 찰 무렵 아주머니께서 점심식사를 마치고 나와 관광객들을 맞이하셨다. 그 한 팀의 관광객이 크로탱 드 샤비뇰(Crottin de Chavignol, 염소의 젖으로 만든 치즈로 작은 찹쌀떡을 두 개 정도 얹어 놓은 크기다. 크림치즈처럼 속이 하얀데 입속에 넣어 보면 퍽퍽한 듯 덩어리가 야무지고 담백함이 진한 치즈이다.)에 관해 30여 분간 설명을 듣는 동안 나는 그저 한 발자국 떨어져 묵묵히 바라만 보았다.

나는 치즈에 관한 설명을 들으러 온 것이 아니라 오후의 농장일이 어떻게 흐르는지 보고 싶었을 뿐이었기에 속으로는 그 관광객들이 얼른 마치고 가 줬으면 하는 생각뿐이었다.

"이리로 와요. 이쪽은 우리 남편이고 이쪽은 여섯 살 된 우리 딸."

관광객들이 가고 나자 그들에게 치즈를 설명하실 때의 무뚝뚝하던 태도와는 달리 아주머니는 무척 친절하게 가족과 농장 이곳저곳을 소개하기 시작하셨다.

"여기가 작업실이에요. 여기 이 탱크에 우유를 보관하는데 항상 4도를 유지해요. 지금 바로 크로탱 드 샤비뇰 만드는 작업을 할 건데 같이 할래요?"

"예! 그럼요."

나는 아주머니를 따라 하얀 비닐 앞치마를 두르고 팔을 걷어붙였다.

"지금 사용하는 우유는 아까 점심 전에 작업을 해 둔 건데 어제 모은 우유랑 오늘 아침 우유를 섞어서 만들어 놓은 거예요. 30도까지 데운 우유에 레닛을 넣는데 30분이 지나면 우유가 응어리지죠. 그 응어리를 자잘해질 때까지 20분간 도구로 젓다가 다시 20분간 38도까지 데워요. 그런 다음 우유에서 분리된 훼이를 빼내고 모아진 우유 덩어리들만 양동이에 담아 두는 거죠. 물론 톰므 치즈용은 양동이에 담아 두지 않고 바로 사용하고요. 숙성하는 방법은 다르지만 어쨌든 톰므 치즈와 크로탱은 여기까지 과정이 똑같아요."

테이블 위엔 작은 컵만 한 원통형의 하얀 플라스틱 틀 수십 개가 올려져 있었다. 이 틀은 크기만 좀 작을 뿐 까망베르 치즈를 만들 때 쓰던 그 구멍이 송송 난 플라스틱 원통과 모양이 똑같았다. 아까 만들어 놓은 우유 덩어리들을 작은 국자로 뚝뚝 떠서 각 틀마다에 넣고 채워진 틀은 한쪽으로 밀어 놓기를 여러 번, 시작한 지 한 시간 반 만에 작업이 끝나자 작업장을 마주 보고 있는 살림집 앞에서 열두 살쯤 되어 보이는 여자 아이가 아주머니를 재촉하듯 기다리고 서 있었다.

"카페?"

나는 이제 그 짧은 한마디가 무엇을 의미하는지 안다. 커피를 마시자는 건 집 안으로 초대하겠다는 말이고 이는 곧 경계를 풀었다는 친근함의 표시이다.

살림집은 겉으로 보기엔 임시 가건물용 컨테이너처럼 보이더니 그건 입구를 늘리려 만들어 놓은 기다란 출입구의 형태일 뿐이었고 내부는 고동색의 목조로 지어졌는데 거실 넓이만 해도 웬만한 집 한 채가 들어가도 될 만큼 뻥 뚫린 넓은 집이었다. 그곳엔 이미 아주머니의 작업이 끝나기만을 목이 빠져라 기다리고 있는 친구 부부와 아이들 그리고 이웃의 다른 분들까지 놀러와 있었다. 동네 분들을 많이 만날 수 있는 절호의 기회였기에 나는 내심 쾌재를 불렀다. 그런데 이런 내 속내와는 다르게 오히려 관심은 나에게로 쏠렸다.

아주머니의 친구 부부는 동네의 작은 인터넷 신문사를 운영하고 있었는데 어떻게 한국인인 내가 그곳까지 오게 되었는지 상당히 신기해하기도, 궁금해하기도 했다. 그리고 그 자리에서 다음 날 인터뷰를 해도 되는지 제안을 해 왔다. 매일 사람들을 만나 취재를 하고 다니던 내가 거꾸로 취재를 당하게 됐으니 기분이 이상했다. 인터뷰라….

그날 식탁엔 붉은 체리인지 딸기인지가 듬뿍 올라가 있는, 체면만 차리지 않는다면 열 개쯤 먹어도 질리지 않을 바스크 지방의 파이가 나왔고, 나는 난데없이 동네사람들 틈에 껴서 한참이나 수다를 떤 후 캠핑장으로 돌아왔다.

다음 날, 9시까지 오면 된다는 말씀에 막 산속 외길을 따라 올라가는 중이었는데 언덕에서 내려오는 치즈 농장 아저씨의 차와 마주쳤다.

"아이들 학교에 데려다 주고 올게요."

아저씨의 부리부리한 눈가에 웃음이 잔뜩 번져 있어서 나도 꼭 그 전부터 알고 있던 이웃아저씨께 하듯이 "얼른 다녀오세요." 하곤 마주 웃었다. 역시 남프랑스의 기운은 사람에게 좋은 호르몬을 내어 주나 보다. 적당히 뜨거운 햇볕, 적당히 건조한 날씨, 적당히 밝은 기운들이 온몸 곳곳에서 느껴지는 걸 보면 말이다.

"해 볼래요?"
"네."
"이렇게, 이렇게."
안 시켜 줘서 그렇지 시켜만 주면 뭐든 다 해 본다. 아주머니의 손은 소의 젖을 짤 때처럼 둥글둥글 염소의 젖을 어루만지더니 쏙쏙 소리나는 유축기를 순식간에 끼워 냈다. 그래서 나도 "이렇게, 이렇게" 따라 중얼거리며 마사지를 하는데 그 오묘하면서도 미적지근한 듯 뜨듯한 느낌이란…. 직접 해 보겠다고 나선 이상 끝날 때까지 표정 관리를 해야 했는데, 혹시라도 염소가 소처럼 뒷발길질을 하거나 순식간에 분수처럼 분비물을 뿜지 않을까 걱정했지만 다행히 그런 일은 벌어지지 않았다.

한 번에 열 마리씩 젖을 짜는데 염소들은 어떻게 아는지 젖 짜는 일이 끝나면 자동으로 툭탁 하며 고개를 들어 다음 타자들과 자리바꿈을 했다. 더 신기한 건 젖을 짜는 시간 외에는 바로 앞 언덕에 풀어 놓고 키우는데 아주머니가 나타나면 일사불란하게 농장으로 알아서들 내려오곤 하는 것이었다. 그리고 일렬로 줄을 서서 젖을 짠 후 또 일렬로 서서 칸을 찾아 밥을 챙겨 먹었다.

그 사이, 어제 인터뷰를 하겠다던 아저씨가 도착했다. 쑥스러웠지만 인터뷰는 바로 시작되었다.

"왜 치즈예요?"

"처음 유럽 여행 때 까망베르를 먹어 보고 반했어요. 그게 시작이었어요. 그 다음부터 치즈에 관심이 가기 시작했는데 그냥 좋았어요. 그런데 한국에는 치즈에 관한 자료가 많지 않아 더 많은 정보를 찾아 알리고 싶다는 생각이 들었고 그래서 여기까지 오게 된 거죠."

"아, 그럼 정말 치즈를 좋아해서 시작했구나. 그렇다면 이 여행은 치즈에 관한 러브스토리가 되겠군요!"

"치즈에 관한 러브스토리요? 그러고 보니 그럴 수도 있겠네요."

아이들을 데려다 주러 갔던 아저씨가 돌아오자 본격적으로 톰므 치즈 만드는 작업이 시작되었다. 공정을 거쳐 훼이를 빼낸 우유 덩어리들을 천을 씌워 놓은 틀에 넣고 총 4시간 동안 한 번 뒤집으며 압축기에 넣어 물을 빼낸다. 그 후 20도의 실온에서 5시간 동안 둔 다음 천을 벗겨내고 다시 틀에 넣어 온도 10~12도, 습도 90퍼센트의 보관 창고에서 하루를 둔다. 다음 날 아침 틀을 완전히 벗겨 내고 소금물에 하루를 담가 둔다. 총 40일 동안 소금물을 묻힌 수건으로 하루에 한 번씩 닦아 내고 그 다음 한 달 동안은 일주일에 한 번씩만 닦아 주는 것으로 마무리하며 평균 3개월의 숙성 기간을 갖는다.

다른 건 그렇다 치더라도 우유 덩어리의 물기를 빼내는 압축기는 대부분 자동화기기를 사용하는데 이곳은 그것까지 다 수동이었다. 기계를 사용하는 게 좀 더 편하지 않을까 여쭈었더니 돈을 벌 목적이 아니라 그저 좋아서 하고 있는 일이기 때문에 정성이 들어갈 수 있는 최대한까지의 수량만 만든다고 하셨다.

치즈를 만들기 시작한 건 이곳(피레네 산맥을 사이에 두고 스페인과 남프랑스의 경계를 이루고 있는 바스크 지방)에 정착하기 7년 전부터이며 원래 아주머니는 도시에서 비서 일을, 아저씨는 가죽 가공업을 했었단다. 아주머니의 고향은 원래 여기였지만 아저씨는 보르도 사람이었는데(이 농장에서 무려 250킬로미터나 떨어져 있다.) 휴가철에 내려왔다가 서로 사랑에 빠지게 되었다고 했다. 지금부터 따져도 벌써 10년도 넘었을 이야기를 아주머니는 얼굴이 발그레해지며 말씀하셨다. 옛 데이트의 추억을 상기하듯이.

"그럼 가업을 잇고 계시는 거예요? 도시에서 비서 일도 나쁘진 않

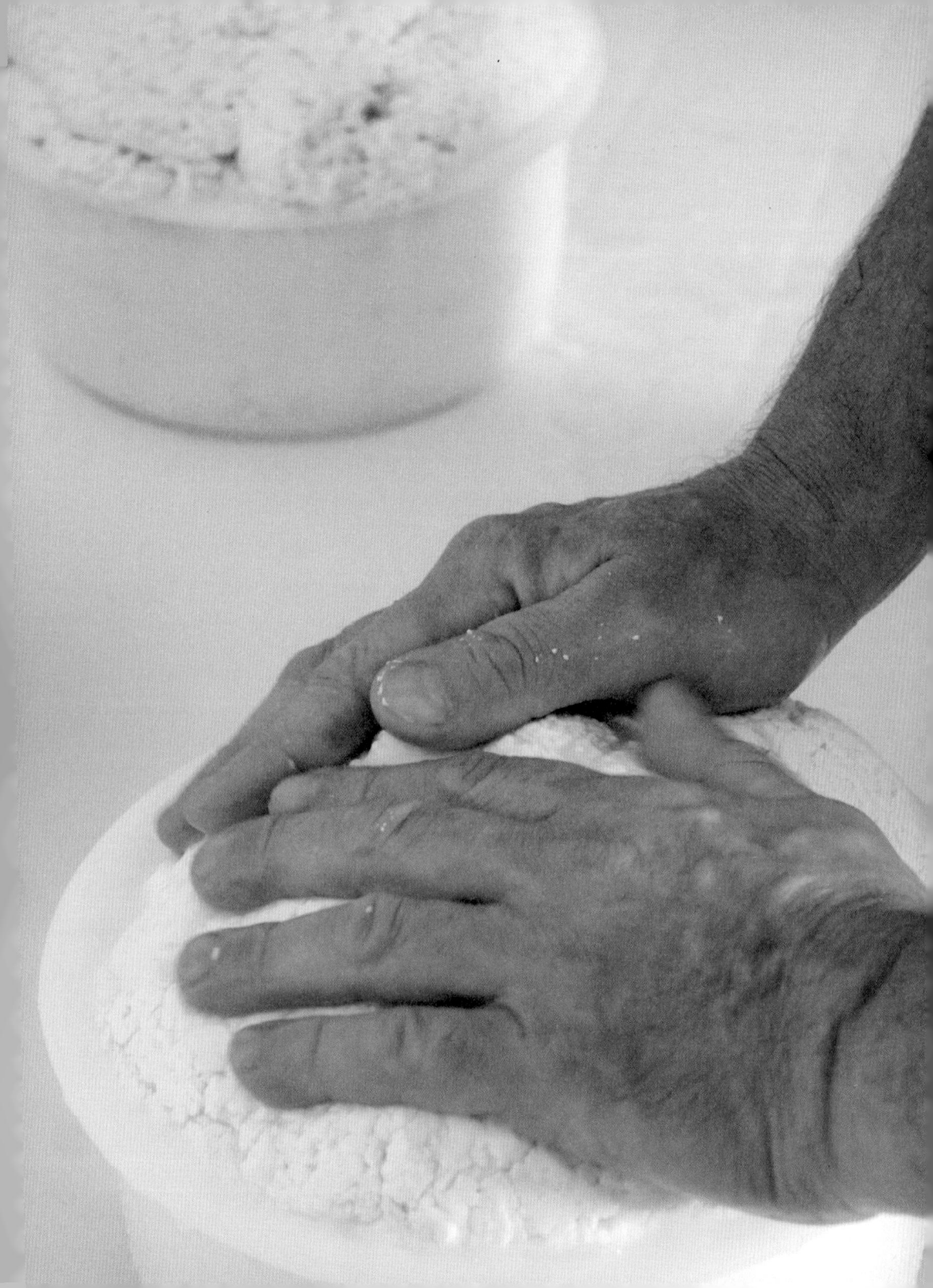

았을 텐데요."

"아니에요. 우리 부모님은 우유를 공장에 납품하는 일만 하셨어요. 가업을 잇는 건 아니죠. 사실 13년이나 해 온 비서일이 싫진 않았지만 그리 좋지도 않았어요. 힘들어도 지금이 더 행복해요. 이 화이트 골드 좀 봐요."

화이트 골드? 아, 우유! 아주머니는 우유를 화이트 골드라 부르셨다.

"그거 놓고 이리로 와 봐요."

나는 손에 들고 있던 노트를 내려놓고 작업실 안의 또 다른 문 너머로 따라 들어갔다. 그곳은 세 평 남짓한 치즈 보관 창고였다.

"이렇게 소금물에 적신 수건으로 싹싹 닦아 주면 되는 거예요."

치즈를 가슴에 꼭 안고 소금물로 닦아 내는 아주머니의 손길은 흡사 아기의 얼굴을 닦듯 조심스러우면서도 사랑스러운 손길이었다.

"꼭 아기 다루듯 하시네요."

"그럼요. 치즈는 내 아기지요. 물론 남편의 아기이기도 하고요."

치즈를 마음으로 만드시는 아주머니…. 아주머니는 정말 치즈를 사랑하고 있었다.

공정이 다 끝난 후 우리는 점심을 같이했다. 거위 간을 으깨 향신료와 섞어 놓은 푸아그라파테를 바게트에 발라 먹는 애피타이저를 시작으로 팬에 구운 오리 가슴살 스테이크에 크림 파스타까지, 아무래도 아주머니는 나를 위해 미리 장을 봐 두신 듯했다. 먼 길을 왔고 또 먼 길을 가야 하니 남기지 말고 끝까지 천천히 먹으라며 음료수에, 물에 모든 식사가 끝날 때까지 하나하나 쉬지 않고 챙겨 주셨다. 식사 후에

도 한참 동안 우리는 많은 이야기를 나누었다. 그분들을 만난 건 큰 축복이 아닐 수 없었다.

아쉬움이 남았지만 나는 이제 그만 가야 한다며 자리에서 일어났다. 손에 닿는 뙤약볕이 따갑게 느껴지는 그런 날씨였지만 내 차가 사라질 때까지 아주머니와 아저씨 그리고 멍멍이까지, 식구들은 오래도록 나를 배웅해 주었다.

고맙습니다. 건강하세요 아주머니, 아저씨.

톰므 쉐브르 드 피레네 Tomme Chévre de Pyrénées
피레네 지방에서 만들어지는 염소 톰므 치즈

Tip

프랑스 농가에서 만들어지는 전형적인 소형 치즈 중 하나로 톰므의 어원은 라틴어 'tomus', 그리스어 'tomos'인데 '부분' 혹은 '자른 덩어리'의 뜻이다. 사용하는 우유의 종류에 따라 '톰므 ○○'으로 이름이 나뉘며 만들어지는 지방의 이름이 끝에 붙는다. 미살균 우유를 사용하며 크기는 2.5~3킬로그램까지 만들지만 최대 5킬로그램까지 만들기도 한다.
원래 5월에 산으로 올라가는 양치기들이 알디가스나(Ardi Gasna, 바스크어로 '양 치즈')라고 불리는 치즈를 만들어 산에서 가지고 내려오면 양치기와 계약한 치즈 가게 주인들이 그 치즈를 받아 잘 숙성시켜 판매하였는데, 이 치즈가 퍼져 나가게 되면서 염소의 젖으로도 같은 방법의 치즈가 만들어져 판매되기 시작하였다. 이것이 바로 톰므 치즈인데, 처음 만들기 시작한 곳은 프랑스 남서쪽 스페인 부근의 생장피에드포르(St-Jean-Pied-de-Port) 지역이다. 내가 방문했던 농장은 원산지로부터 40킬로미터 거리에 있었다.

16.
피레네를 넘어 브르비로

바스크 Basque Provinces 는 거대한 피레네 산맥을 사이에 두고 남프랑스와 북스페인에 걸쳐 있는 지역이다. 프랑스에선 어느 한 주(州)에 속하기보다 독립적인 지역으로 인정받기를 원하고 있고, 스페인에선 이미 공식적으로 자치지방으로 인정되어 있는 상태라고 하며, 고유의 바스크어가 따로 있다고 한다. 스페인 쪽 바스크인들은 독립을 위해 가끔 테러까지 일삼는다고 하며 그 자부심에 대해서는 문화적 자부심이 강한 프랑스인들보다 더하다는 평가도 있다. 톰므 농장 아주머니의 말씀에 따르면 그곳 농장 지역은 피레네 산맥의 시작점으로서 산세가 약한 지역이라 했다.

피레네 산맥은 대서양의 비스케이만에서 지중해의 리옹만으로 돌출한 크레우스곶(串)까지 거의 동서 방향으로 뻗은 기다란 산맥을 말하는데, 사실 이렇게 설명하면 나 같은 사람은 지도를 본다 해도 무슨 말인지 알 수가 없으니 쉽게 설명하자면, 바다를 끼고 있는 프랑스 남서부부터 남동부까지 대략 430킬로미터의 길이를 이어가고 있는 거대한 산맥을 말한다. 덧붙여 리옹만은 프랑스 남부와 동스페인이 끼고 있는 바다를 말한다.

왜 그러는지는 모르겠으나 아침 일찍이건 조금 늦게건 치즈 농장이나 공장에서 몇 시간씩 취재나 견학을 하고 나오면 몸이 물먹은 솜처럼 축 늘어진다. 아마 나도 모르게 엄청 긴장을 하기 때문에 그러나 본데, 전날 밤 잠이라도 설쳤다면 그 효과(?)는 배가되어 버린다.

지난밤이 또한 그러했으니, 아주머니 댁 언덕을 내려오자마자 순식간에 녹초가 되어 손가락 하나 까딱할 힘조차 사라져 버렸다. 생각해 보니 그날은 화요일, 아직 여유가 꽤 있었다. 하지만 여유가 있다 해도 우선 다음 장소로 이동을 한 후에 쉬어야 마음이 편하기 때문에 잠깐 쉬었다 다시 출발할 요량으로 나무 그늘에 차를 대어 놓고는 바로 뻗어 버렸다. 깨어 보니 눈만 감았다 뜬 것 같은데 두 시간이나 흐른 뒤였다. 안 되겠다 싶어 차를 돌려 전날 묵었던 캠핑장으로 돌아가 텐트를 쳐 놓고 아예 편하게 드러누웠다.

한밤중에 부스럭거리는 소리에 깨 보니 다섯 명쯤의 등반객이 바로 옆에 텐트를 치고 있었다. 캠핑 장비라고는 달랑 텐트뿐이었던 그분들은 산악자전거를 타러 왔다고 했다. 어림짐작으로 50대는 족히 되어 보였는데 목 끝까지 지퍼를 채운 잠바 하나만 입고 아무것도 깔지 않은 텐트 안에서 잘 채비들을 하셨다. 나는 전기장판에 오리털 침낭까지 겹겹이 싸고 자는데….

아침나절 그 유명하다는 피레네 산맥을 올라가 볼 생각으로 옆 텐트 분들께 길을 여쭈니 같이 가자신다. 하지만 차를 두고 움직일 수 없는 내 상황을 알고는 산맥의 길이 워낙 잘 되어 있어 꼭대기까지 자동차로도 올라갈 수 있다며 지도 위에 형광펜까지 칠해 주셨다. 단 스페인과의 접경지이기 때문에 까딱 잘못하면 넘어가게 되니 주의하라는 말씀도 빼 놓지 않으셨다.

산맥은 정말 경사가 완만해 꼭 평지를 비스듬히 세워 붙여 놓은 것처럼 평탄한 모습이어서 나는 그 독특한 모습에 반해 '설마하니 스페인까지 넘어가랴' 하면서 앞만 보고 달리다가 어느 순간 정말 스페인 땅을 밟아 버렸다. 산꼭대기에서 만난 다른 등반객들은 왔던 길을 되돌아가지 않는 이상 스페인으로 내려가 다시 돌아가는 수밖에 없다고 했다. 자동차 보닛 위에 지도를 펴 놓고 설명하는 그들의 손가락 끝에는 옆은 없고 앞뒤만 있는 외길만이 펼쳐져 있었다.

외길… 외길이라…. 나는 결국 설마한테 걸려든 거였다.

결국 바르셀로나의 악몽 때문에 아직 두려움이 떨쳐지지 않은 스페인 땅을 다시 밟게 됐고 원래는 70킬로미터면 도착할 거리를 170킬로미터쯤 돌고 돌아 브르비 치즈를 만드는 남프랑스 생장피에드포르라는 마을에 도착할 수 있었다.

지난번 피레네 초입의 캠핑장에서 받아 온 지도에는 다음과 같이 쓰여 있었다. '국도 D918번을 따라 계속 가다 보면 Route du Fromage Ossau-Iraty-Brebis-Pyrénées(오쏘 이라티 브르비 피레네 치즈의 길)라는 표지판이 계속해서 나온다. 총 182킬로미터에 달하는 이 길에 약 40여

스페인으로 향하는 산 중턱에서 나는 한 무리의 방목되는 산양들과 만났다.
"우왜 얘들아 반가워. 너희가 그 유명한 산양이구나."
하지만 내가 채 가까이 다가서기도 전에 산양들은 부리나케 도망가기 시작했다.
"달려! 적군이다"

곳의 프로마주리가 있는데 기호에 따라 편한 곳을 선정해 방문하면 된다.' 이 지도는 친절하게도 프로마주리의 위치와 자세한 주소까지 줄줄이 표시를 해 두고 있어서, 아무리 쌩~ 할 만큼 조용한 마을일지언정 잘못 찾아온 건 아닐까 하는 의구심을 품지 않게 해 주었다.

나는 지도에 표시된 프로마주리들 중 실패할 확률을 줄이기 위해 몇 개의 프로마주리가 인접해 있는 생테티엔 마을로 향했다. 다행스럽게도 한적한 흙길을 지나자 처음 표기해 두었던 프로마주리가 쉽게 나타났다.

"계세요?"

"치즈 사러 오셨나요?"

"아… 저는요…."

만삭의 배를 하고 문을 열어 준 금발의 젊은 아주머니는 나의 자초지종을 듣고는 우선 치즈가 만들어지는 작업실 문부터 열어 보여 주었다.

"지금은 치즈를 만드는 시간이 아니라서요."

역시 이곳도 일주일에 정해진 3일 정도만 치즈를 만들고 있었다.

"그러면 내일은요?"

"내일은 오전에 작업이 있긴 한데 우리 아이 아빠가 만들거든요. 허락을 받아야 해서…."

그럼 기다리겠노라고 하고 있는데 마침 아저씨가 나타났다. 나는 우선 반가운 듯 인사를 했고 아저씨는 조금은 떨떠름한 표정이었다. 하지만 이전의 프로마주리들에서도 대부분 처음 보는 나한테 그랬었으니 나는 그저 그러려니 했다.

아주머니는 무언가 알아듣지 못할 말을 아저씨에게 건넸지만 도대체 와이프의 말을 듣는지 마는지 아저씨는 무표정한 얼굴로 마당에 널려 있는 농장비들을 치우느라 분주했다. 잠시 후 형이라 불리는 더 높은(?) 위치의 주인아저씨가 도착했지만 이 사람은 저 사람에게, 저 사람은 이 사람에게 서로 말만 옮기더니 어떠한 답변도 없이 온 식구가 집 안으로 들어가 버리는 게 아닌가. 나는 황급히 주인아저씨에게 직접 다가섰다.

"저는 치즈에 관한 책을 쓰려 프랑스와 스위스의 치즈 마을을 돌아다니고 있는 사람입니다."

"뿌흐꾸아(Pourquoi, 왜)?"

나는 말문이 막혀 버렸다. 아니 기껏 설명했더니 왜냐니? 뭔가 더 자세한 설명이 필요한 것 같아 차로 뛰어가 불어사전을 꺼내 왔다. 그러나 그 사이 마당엔 아무도 남아 있지 않았고 문은 꼭꼭 닫혀 있었다.

처음엔 금방 나오겠지 했었고, 다음엔 10분만 더 기다려 봐야지 했었고, 결국엔 무시당했다는 걸 알아차리게 되었다. 내 꼴이 너무 기가 막혀 눈물을 머금고 그 집을 빠져나왔다. 바보 같았다. 왜 처음부터 눈치도 못 채고 30분이나 남의 집 문 앞에서 기다리고 있었는지.

훌쩍거리며 길에 나서는데 그 집 뒤로 이어진 골목길에 '탕부랭네 치즈'라는 표지판이 붙어 있는 게 눈에 띄었다. 설마 치즈 만드는 집? 바로 뒤쪽에? 어떻게 두 곳의 프로마주리가 나란히 있게 되었는지는 모르겠지만 어쨌든 잘된 일이었다.

"실례합니다."
"치즈를 사러 오셨군요."

"아니요, 저는 치즈 책을 쓰는…."

눈에서 눈물이 채 마르기도 전에 찾아간 집이었는지라 너무 조심스러워 나는 천천히 설명을 이어 나갔다. 아주머니는 이야기를 대충 들으시고는 갑자기 따라오라시며 집 뒤껼으로 향하셨다.

"탕부랭, 누가 찾아왔어요."

"안녕하세요."

볏짚을 양팔 가득 들고 계시던 아저씨는 우선 엉거주춤 내 인사부터 받으셨다.

"어디서 왔다고요?"

"꼬레요."

됐다! 나는 허락을 받아 냈다. 더군다나 아주머니, 아저씨는 별다른 이야기도 묻지 않으시고 그저 편안하게 웃으시는 걸로 답을 해 주셨다. 나는 이틀 후인 금요일 아침에 들르는 것 말고도 다음 날 저녁 우유를 짜는 시간에도 들르고 싶다고 말씀드렸고 아저씨와 아주머니는 그것 또한 별일 아니라는 듯 그러라고 하셨다. 이 농장은 방금 전 들렀던 곳보다 훨씬 큰 곳이었고 아저씨, 아주머니도 젊은 사람들이 아닌 50대 후반 정도의 어르신들이었다. 볼 살이 없어 주름이 깊게 팬 아저씨의 웃는 얼굴에 서울에 계신 아버지 얼굴이 어릿 비쳐 나는 또다시 속에서 뭔가가 울컥하고 치밀어 올랐다.

"에잇…. 나 원 참…."

나는 운전대를 잡고는 좋은 건지, 서러운 건지, 서울에 계신 아버지 생각 때문인지… 여러 이유들을 대면서 훌쩍훌쩍 흐르는 눈물에 괜히 툴툴거리며 농장을 빠져나왔다.

다음 날 저녁.

"그런데 우리 집은 어떻게 찾아왔어요?"(이 집은 프로마주리 안내 지도에 표시가 되어 있지 않은 곳이었다.)

"사실은… 여기 들르기 전에 앞집에 먼저 들렀다가 퇴짜 맞았어요."

"앞집에?"

"취재를 해도 되냐고 물었더니 왜? 하고 묻고는 문을 닫고 들어가 버렸어요."

"참, 사람들…."

아주머니는 어떻게 그럴 수 있냐는 표정이셨다.

양젖을 짜는 데 특별히 도울 수 있는 일은 없었다. 단지 지난번 테즈네 집에서 해 보았던 소몰이 경험 덕에 축사 안의 양들을 젖을 짜는 유축기 앞으로 밀어내는 일만큼은 해 낼 수 있었다. 소들은 겁이 나면 눈만 껌벅이지만 양들은 겁이 나면 딴청을 했다. 먹을 것도 없는 땅바닥에 머리를 박고 꼭 뭔가를 열심히 하고 있는 듯 서로들 모여 있다가 낯선 사람의 발자국 소리라도 날라치면 겁을 조금만 먹은 놈들은 도망을 가지만 아예 겁에 질린 놈들은 그 자리에서 오도 가도 못하고 "나 잡아 잡수." 하는 운명을 받아들이는 얼굴로 멈춰 있었다. "나 너희들 안 잡아먹어."라며 살살 구슬려 보았지만 한두 번 해 보니 영 먹히지가 않아 결국엔 드넓은 축사 안을 도망가는 양들 뒤를 따라 뛰어다녀 버렸다. 내가 뛰어가면 양들은 모세의 바다처럼 우르르 가운데에 길을 내주었고 다시 뒤를 돌면 우르르 흩어져 도망을 갔다. 양들한텐 미안했지만 간만에 신나게 뛰어다녔다.

양들은 참으로 이상도 하지. 나는 조용히 카메라만 들이댔을 뿐인데 조금 전까지 자기들끼리 잘 놀던 양들은 순간 서로의 목 사이에 얼굴을 묻고는 모랫바닥만 뚫어져라 쳐다보고 있었다.

"어! 우리 아들 왔네요."

"안녕하세요. 전 미셸이라고 합니다."

아저씨네 아들은 스물세 살이라 하기엔 무척 어른스러워 보이는 청년이었다. 이 농장은 어른 양 280마리와 아기 양 60마리를 키우는데 아저씨의 말씀에 의하면 보통 크기의 농장이라 했다. 이 중 어른 양들은 신선한 목초를 먹이기 위해 7월부터 9월까지 산 위로 데리고 올라가는데 그때쯤엔 젖이 안 나와야 하므로 6월부터는 차차 짜내는 젖의 양을 줄여서 7월엔 젖이 아예 안 나오도록 해 놓는단다. 그러니 그때가 아저씨네의 여름휴가 기간이기도 했다. 이 농장은 원래 아저씨의 아버지가 꾸려 가시던 곳이었는데 어렸을 때부터 농장 일을 도왔던 아저씨가 자연스럽게 가업을 이어 나가게 되었고 지금은 막내아들 미셸이 그 일을 따라 배우고 있는 중이라 하셨다.

"내일은 아침 8시 반까지 와요. 그리고 오늘 일하는 것 봤으니 내일은 같이 일하는 거예요, 알았죠?"

"예! 시켜만 주세요."

이제 막 저녁을 먹으려는데 햇볕에 벌겋게 그을려 러닝셔츠 자국이 선명한 옆 캠핑카 할아버지가 다가오셨다.

"봉 주르, 마드무아젤."

"봉 주르, 무슈."

채 인사가 끝나기도 전에 할아버지는 나무로 만들어진 낮은 상자를 하나 내미셨다.

"이거 그릴 아래에 받쳐 봐. 훨씬 편할 거야."

내가 전기그릴을 대충 바닥에 늘어놓고 쓰고 있는 걸 보시고는 어디선가 일부러 챙겨 오신 터였다. 나는 곧바로 그 나무상자를 그릴 아래에 받쳐 보여 드렸다. 그러곤 '딱!이네요.' 하는 표정을 지어 보이자 할아버지는 별것 아니라는 듯 어깨를 한번 으쓱하시고는 자리로 가셨다.

저녁을 먹자 밤 10시가 다 되었지만 그제야 해가 넘어갈 듯 말 듯 하고 있었다. 프랑스는 한여름엔 밤 11시쯤 돼야 해가 진다더니 정말이었다. 아침에 일찍 일어나야 했지만 테이블에 파라솔을 펴 놓고 파라솔 안쪽 살에 전등을 걸어 놓으니 밤새 앉아 있어도 좋을 만큼 완벽한 테이블이 되어 어째 일기라도 한 줄 쓰고 자야 할 것 같았다.

찌르르 대는 풀벌레 소리, 부스럭거리는 사람들 소리, 어느 캠핑카에서 틀어 놓은 듯한 알아들을 수 없는 뉴스 소리…. 턱을 괴고 막 일기를 쓰려 하는데 옆 캠핑카의 할아버지가 빠끔히 창문을 열고 속삭이듯 말씀하셨다.

"본 뉘 Bonne nuit."

"본 뉘…."

다음 날 아침 농장에 도착했을 때 아저씨는 이미 우유에 레닛을 부어 굳히고 계셨다.

"이 우유는 8도의 냉장 탱크에 보관해 놓은 어제 저녁 우유와 오늘 아침에 짠 우유를 섞은 거예요. 이 우유를 30도까지 데운 다음에 레닛을 넣어요. 그런 다음 이렇게 굳히기까진 40분이 걸리는데 우리는 특별히 우유에서 크림을 제거하진 않아요."

이 우유의 응고 상태는 다른 때와 비교할 때 두 배쯤은 더 단단하게 뭉쳐 있었다. 그러니까 그동안 다른 치즈들을 만들 때의 응고 상태가 순두부처럼 물컹거리는 정도였다면 브르비 치즈의 경우에는 응고 정도가 단단하게 굳힌 찌개용 두부와 같아 커팅을 하는 기계가 돌아가는 모습이 버거워 보이기까지 했다.

우유는 커팅을 하는 40분 동안 천천히 데워졌고 그 온도가 38도에 다다랐을 때 구멍이 송송 나 있는 넓은 플라스틱 판으로 위를 눌러 훼이를 빼냈다. 그 다음 물기가 빠진 반죽을 또박또박 네모난 블록처럼 잘라 하얀색 플라스틱 틀에 담아 30분간 프레스기계로 눌러 놓은 후 다시 틀에서 빼내 뒤집어 넣어 5시간을 더 눌러 놓는다. 그러고 나서는 다음 날 아침까지 상온에 놓아 둔 후 하루 동안 소금물에 담가 놓으면 초기의 과정이 끝난다.

공정이 끝나자 역시 아저씨도 카브를 보여 주셨는데, 다 만들어진 브르비의 모습은 그 회색 빛깔 때문이었는지 꼭 커다란 돌멩이 같았다.

"아저씨, 좀 더 옆으로요. 아니 위로요. 아니 얼굴은 찌푸리지 마시고요."

"마드무아젤, 요구 조건이 너무 많아."

"인상 쓰시면 안 돼요. 좋아요! 조금만 더 웃어 주세요! 자, 찍습니다."

찰칵!

그렇게 말도 많고 탈도 많았던 남프랑스 치즈 기행이 끝났다.

브르비 Brebis

Tip

정확한 이름은 '오쏘 이라티 브르비(Ossau-Iraty Brebis)'이다. 브르비(Brebis)는 암양이라는 의미이며, 남프랑스 바스크 지방의 오쏘(Ossau)라는 계곡과 이라티(Iraty)라는 숲을 사이에 둔 지역에서 만들어지는 양젖 치즈로서 1980년 AOC의 승인을 받을 당시 두 지역의 이름을 합쳐 치즈 이름 앞에 붙였다고 한다. 대부분의 치즈에 만들어지는 지역의 이름이 붙긴 하지만 주재료인 동물의 이름이 붙는 경우는 염소 치즈가 대부분이어서 나는 브르비가 설마 양을 가리키는 말일 것이라고는 생각하지 못했다. 그러니까 이 치즈의 이름은 '오쏘 계곡과 이라티 숲 사이의 마을에서 만들어지는 양 치즈'였던 게다.

AOC의 승인을 받은 단 두 종류뿐인 양 치즈 중 하나이며, 3, 2.2, 1.5킬로그램의 세 종류로 만들어진다. 크기에 제한을 두지 않고 있어 농장에 따라 최대 7킬로그램짜리 치즈까지 만들 수 있지만 크기에 따라 1.5킬로그램은 3개월, 2.2킬로그램은 4개월, 3킬로그램은 6개월의 숙성 기간을 거치므로 아무래도 큰 치즈는 소규모 농장들에서는 관리하기 어려워 만들지 않는다.

모양은 물론 직접 만져 봤을 때의 느낌도 차갑고 딱딱해 여느 치즈들과 달리 처음 우유를 굳혔을 때의 단단한 느낌이 나중에도 그대로 살아 있었는데 그래서인지 쫀득함은 거의 느낄 수 없었고 한 입 베어 물면 입 안에서 퍽퍽하니 잘게 부스러졌다. 치즈 특유의 역한 암모니아 냄새는 나지 않았고 쿰쿰한 듯 짙은 곰팡이 맛이라고 해야 하나? 딱딱한 회색 껍질로부터 풍겨 나오는 묘한 맛이 잔잔히 남는 매력적인 치즈였다.

17.
오베르뉴 살레

브르비 농장을 나선 그날 오후 나는 바욘으로, 생테밀리옹으로 팬스레 차를 빙빙 돌렸다.
　이제 다시는 못 오겠지?
　가야 할 곳들이 남았을 때와 떠날 일만 남았을 때의 마음은 하늘과 땅 차이였다. 해가 지기 시작하자 그 따뜻했던 바람마저 휑하게 다가왔다.
　어쩌지… 어쩌지….
　서운함을 감출 수 없어 나는 남은 빛이라도 담아 보려 잠시 그 자리에 서 있었다.

밤새워 달려온 곳은 오리약Aurillac이라는 마을이었다.

"오베르뉴Auvergne 주에 오신 것을 환영합니다."라는 문구가 보이자마자 나는 마을 어귀의 교회 앞에 차를 세우고 바로 잠들어 버렸다. 지나가는 자전거 소리, 버스 소리에 눈을 떠 보니 아침 8시였다. 습기 찬 차창 때문인지 피곤에 지친 내 눈 때문인지 모든 게 뿌옇게 흐려 보였지만 쓱쓱 대충 눈을 비비고서는 덮고 잤던 침낭을 그대로 무릎에 얹은 채 운전부터 시작했다.

'마을 중심가에 가면 관광 안내소가 있을 거야. 우선 거기서 자료부터 수집하자.'

오베르뉴 주는 프랑스 중남부에 위치한 산악 지역으로 캉탈Cantal, 퓌드돔Puy-de-Dôme, 오트루아르Haute-Loire, 알리에Allier의 네 부분으로 되어 있으며 AOC에서 인정한 치즈가 무려 다섯 종류나 있을 만큼 치즈 산지로 유명하다. 그중 내가 도착한 캉탈이라는 지역은 이 주의 시작점인 동시에 최남단 지역으로서 캉탈이라는 산이 있는 가히 평탄치 않은 곳이었다. 파리의 집주인 언니는 오베르뉴 주가 우리나라로 말하면 전라도 같은 곳이라며 다양한 먹을거리와 맛있는 음식이 넘쳐 나니 꼭 한 번 가 봐야 한다고 했다. 그래서 나는 캉탈이라는 치즈에 대한 정보도 거의 없으면서 이곳을 찾은 것이었으니 우선 관광 안내소에 들러 자료부터 수집해야 했다.

마을의 관광 안내소에서 'Bienvenue sur la Route des Fromages AOC d'Auvergne(어서 오세요. 오베르뉴의 AOC 치즈 길입니다.)'라는 지도를 받아 들고 그곳에 나온 50여 곳의 치즈 관련 업체들을 체크해 현재 위치에서 가장 가까운 농장부터 찾아가기로 계획을 짰다. 어차피 내가 도착한 그 지역이 캉탈 치즈 지역이었으니 헤맨다 해도 그리 부담스럽지 않았다.

정보를 확보했으니 다음은 그날 묵을 숙소를 정할 차례였다. 하지만 찾아가는 캠핑장마다 허탕이었다. 도대체 뭣 때문인지 모르겠으나 아무리 빨라야 6월 15일 오픈(일주일이나 후였다.)이었고 아니면 7월 오픈이었다. 그동안 캠핑장을 한두 군데 다닌 것도 아니건만 이렇게 인근 마을 전체의 캠핑장이 늦게 여는 지역은 처음이었다. 날씨는 이미 한여름을 보이고 있었는데 말이다.

결국 숙소 찾기를 뒤로 한 채 먼저 프로마주리를 찾아 나서기로 했다. 그날은 일요일이라 물론 문을 열지 않았을 터였지만 어차피 할 일도 없었기에 위치라도 파악해 놓을까 하여 지도에 체크해 놓은 가장 가까운 농장부터 찾아갔다.

어쩌면 그렇게도 길이 굽이굽이 험난하던지 아스팔트로 포장만 해 놓았을 뿐 완전히 첩첩산중이었다.

'이런 오지에 사는 사람들은 식료품은 어디서 사 오나? 근처에 학교는 있는 걸까?'

하지만 신기하게도 그 험난한 길 안쪽으로는 어떤 전원주택보다 근사한 집들이 옹기종기 열 채쯤 모여 있었다.

"그러니까, 음… 저기가 프로마주리 맞아요?"

프로마주리 건너편 집 마당엔 커다란 튜브로 된 풀장까지 만들어 놓고 사람들이 옹기종기 모여 담소를 나누고 있었다.

"맞아요. 그런데 오늘은 일 안 하는데."

일 안 하는 일요일에 어떻게 찾아왔느냐는 얼굴들이었다. 나는 그저 프로마주리의 위치만 확인하러 온 것이었기에 일 안 하는 건 상관없었다. 하지만 막상 위치까지 확인하고 나니 그냥 가기가 아까웠다.

'어쩐다… 여기까지 왔는데….'

그렇게 프로마주리 주위를 맴돌고 있으려니 커다란 트럭에 멋스럽게 둘둘 말린 건초더미를 잔뜩 싣고 온 아저씨와 마주치게 됐다. 혹시나 하는 마음에 말을 걸었는데 다행히도 아저씨는 이 치즈 농장 소유의 젖소를 키우는 일을 맡고 있다고 하셨다. 그러곤 흔쾌히 농장 주인에겐 본인이 말해 둘 테니 걱정 말고 다시 오라며 소는 멀리 있어서 젖 짜는 건 보기 힘들고 아침 8시까지 오면 된다고 했다.

"그런데요. 혹시 여기 어디 캠핑장 없을까요?"

이젠 정말 잘 곳을 찾아야 했다.

"캠핑장은 무슨. 요 앞집이 지금 비었어요. 주인이 파리 사람이라 지금 여기 없거든요. 거기 마당에서 캠핑하면 돼요."

우리는 철문을 열고 마당으로 들어갔다. 작은 소 우리가 있는, 지은 지 100년은 족히 넘었을 듯한 돌집이었다. 집 자체는 언덕 끝에 있었기에 산 아래가 훤히 내려다보여 전망은 최고였지만 반면 귀신도 최고로 나올 듯했으니… 완전 흉가 같았다. 더군다나 씻을 곳도 마땅치 않았고, 산악 지역이라 분명 밤에는 추울 것이었으므로 이건 아니다 싶어 다시 근처 캠핑장을 안내 받았다. 하지만 결국 돌고 돌아 50킬로미터를 헤집고 다니다가 별 수 없이 프로마주리 앞으로 되돌아오고 말았다.

'방법이 없군. 공장 앞에서 노숙을 하는 수밖에.'

"카페?"

아주머니는 이제 막 텐트 안을 정리하는 나를 향해 이렇게 말씀하셨다.

"우리 집은 빵집을 하는데 내일은 월요일이라 쉬어요. 참. 바게트 먹을래요?"

아까 내가 엉거주춤 프로마주리에 관해 물어본 집 마당에서 나는 아주머니의 배려로 하룻밤 캠핑을 할 수 있게 되었다. 처음에는 텐트를 치라고 허락했음에도 조금은 불편한 듯 보였던 아주머니도 같이 차를 한 잔 하게 되자 이것저것 편하게 물어보시기 시작했다. 어디서 왔는지, 어떻게 여기까지 왔는지…. 그런 일련의 질문들로 얘기를 나누는 동안 아주머니와 나 사이의 경계는 자연스레 풀렸다.

그날 밤 세찬 바람이 텐트를 내내 흔들어 댔다. 하지만 걱정했던 것보다 추위를 거의 느낄 수 없었던 편안한 밤이었다. 그리고 이제 정말 치즈 마을에서의 마지막 밤이었다.

7시에 일어나서 분주히 텐트를 접고 마을의 샘물에서 세수를 하고 있으려니 프로마주리 앞으로 커다란 탱크가 도착하고 있었다. 8시까지 오라고 했지만 급한 마음에 서둘러 제조장으로 들어갔는데 이런, 어제 그 걱정 말라며 자신만만해 하던 아저씨가 주인아저씨에게 아무 말도 전하지 않은 거였다. 이 상황을 어떻게 설명해야 하나? 잘못했다간 또 낭패를 볼까 봐 나는 머릿속에 있는 단어들을 모두 꺼내어 설명하기 시작했다.

"그러니까, 어제 여기서 일하는 아저씨께서… 그게 음… 그 건초

나르던 아저씨 있죠? 그분이 8시까지 오면 된다고….”

"아, 그랬구먼. 그럼 그렇게 해요."

앗! 괜히 얼었다. 하지만 문제는 다음이었다. 그곳에서는 생각했던 캉탈 치즈가 아닌 살레Salers 치즈를 만든다는 것이었다. 분명 입구에는 캉탈도 만든다고 쓰여 있었는데…. 아저씨의 말씀에 의하면 캉탈은 겨울에만 만들고 살레는 여름에만 만드는데 지금은 여름이니 살레만 만드는 시기라 했다.

'그럼 잘못 온 건가? 캉탈을 봐야 하는데….'

나중에 알게 된 사실이지만 결과적으로 나는 좀처럼 만나기 힘든 전통 치즈의 제조 과정을 보게 된 셈이었다.

살레와 캉탈은 2,000년 동안 오베르뉴의 산지에서 똑같은 방법으로 만들어 온 치즈로서 살레는 캉탈의 농장용 버전을 말한다. 단 살레는 AOC의 규정에 따라 산에서 방목하는 젖소의 우유로만 만들어야 한다. 그러므로 만들 수 있는 시기는 여름뿐이며 2006년을 기준으로 AOC에 등록된 총 40개의 치즈 중 유일하게 모든 공정이 전통 방식으로 이루어지는 치즈였다. 숙성 또한 AOC에서 정한 지역에서만 해야 하며 최소 3개월이 지난 후에 다른 지역으로 옮길 수 있다. 이 치즈의 보관을 위해서는 12도 이하의 온도가 항상 유지되어야 한다. 그러니까 나는 이 까다로운 조건을 가진 전통 방식의 치즈를 운 좋게도 이곳에서 만나게 된 것이었다.

제조실 안으로 들어갔을 때 아저씨는 우유에 레닛을 붓고 있었다.

우유는 희한하게도 와인에나 어울릴 법한 커다란 나무통에 담겨 있었다.

"우유는 안 데우세요?"

그동안 어느 농장이든 항상 저녁 우유와 아침 우유를 섞어서 치즈를 만들었기 때문에 두 우유의 온도가 달라 무조건 일정 온도까진 데우고 사용했었기에 이곳의 방식에 놀라지 않을 수 없었다. 더군다나 나무통이라니.

"우리는 우유를 데우지 않아요. 지금 이 우유의 온도는 32도인데 소에서 막 짜낸 그대로의 온도거든요."

그러고 보니 대부분의 우유에 레닛을 넣을 때의 온도가 평균 32도였다. AOC의 규정에 따르면 살레용 우유에 레닛을 넣는 온도는 32도여야 한다. 그게 바로 소에서 막 짜냈을 때의 우유 온도였던 게다. 즉 32도라는 온도는 가장 최적의 자연 상태를 맞춘 거였다. 하지만 어느 제조실이든 항상 겉은 스테인리스, 안은 황동으로 된 전기 탱크나 혹은 스위스의 산골에서처럼 커다란 검정 가마를 사용했었기에 나무통만은 정말이지 무척 새로운 광경이었다.

레닛을 부어 놓은 우유가 응고되는 시간은 약 1시간. 대부분의 농장들은 이 시간에 아침을 먹거나 휴식을 취하지만 아저씨는 어디에 쓰이는지 모를, 이불만큼이나 커다란 천을 빨아 널어 놓고는, 다시 제조실 뒤곁으로 들어가서 전날 만들어 놓은 우유 덩어리들로 치즈를 만들기 시작했다. 거기엔 꼭 팝콘처럼 생긴, 잘게 잘린 짙은 아이보리색 우유 덩어리들이 손수레에 한가득 실려 있었다.

"이건 어제 만들어 놓은 우유 덩어리들인데 기계에 잘게 갈아서 1킬로그램당 24그램의 소금을 섞어 놓은 거예요. 소금을 넣고 하루가 지나면 이 잘게 잘린 우유 덩어리들이 수분을 빼앗겨 더 잘 부서지는데 이렇게 한 주먹 쥐었을 때 작은 조각들이 손가락 사이로 술술 빠져 나오면 소금이 잘 스며든 거죠."

물을 짜내는 걸 넘어서 가루를 내어 수분을 더 빼앗다니. 상황이 진행될수록 살레는 더 알 수 없는 치즈였다. 그렇게 양동이처럼 큰 틀에 넣어 매 시간마다 한 번씩 앞뒤로 총 5번 뒤집어 준다. 그런 후에 48시간이 지나면 틀에서 빼내 숙성에 들어가기 시작한단다.

"그럼 이 나무통 하나에 치즈가 두 개쯤 나오나요? 그러니까 두 개의 통이면 네 개쯤 나올 것 같은데…."

"아니에요. 두 개 통을 합쳐서 치즈 한 개가 나와요. 그리고 좀 남죠."

사실 드럼통처럼 거대한 그 우유통에서 몇 개의 살레가 나온다 해도 믿을 정도였다.

'한 개? 겨우? 도대체 이 치즈는 우유를 얼마나 먹어 대는 거야?'

통 하나에 각각 300리터의 우유가 담겨 있는데 45킬로그램의 살레를 만들려면 450리터의 우유가 필요하기에 겨우 1개밖에 못 만드는 양이라는 설명이셨다.

'맞다. 치즈는 우유의 10분의 1이라 했지….'

아저씨는 이제 응고된 우유 덩어리들을 천천히 젓기 시작했다. 둥그런 틀에 철삿줄이 테니스 라켓처럼 연결돼 있는 도구를 들고 밑에서부터 응고된 우유 덩어리들을 자르며 노를 젓듯 쭉 걷어 올리셨다. 그 모

습이 하도 유유자적해 보여 한번 따라 해 보겠다고 나섰다가 팔 떨어져 나가는 줄 알았다. 뭉친 우유 덩어리들을 아래에서부터 끌어 올리며 젓는 작업이라 그 무게감이 상당히 묵직했다. 아저씨 팔뚝이 괜히 울퉁불퉁한 게 아니었다. 하긴 맹물이 담긴 통을 그냥 저어도 힘든데.

큰 덩어리들의 크기가 대략 1센티미터의 작은 모양으로 되었을 쯤 아저씨는 손가락 세 개를 낄 수 있는 하얀 플라스틱으로 된 넙적한 도구로 우유 속을 서서히 저어 가며 퍼져 있는 작은 알갱이들을 모으기 시작하셨다. 그러고는 두 팔을 우유 속에 깊숙이 넣고 그 속에서 무언가를 만들 듯 한참 동안 담그고 있다가 빼셨는데 글쎄 그 작은 알갱이들이 커다란 덩어리로 뭉쳐져 수면 위로 떠오르는 게 아닌가. 나는 무슨 마술쇼를 보고 있는 듯 그 놀라운 작업에서 눈을 뗄 수가 없었다.

다 거두어진 우유 덩어리들은 광목 같은 천이 깔린 커다란 틀 위로 올려졌고 그 위를 눌러 줄 커다란 철로 된 덮개가 내려오면 그 옆에 추를 달아 더 힘껏 눌러 훼이를 빼내고 다시 열어 우유 덩어리들을 새로 쌓아 또 커다란 철 덮개를 내리누르는 총 8번의 반복이 끝나면 그제야 대부분의 훼이가 빠져나간 우유 덩어리들만 남게 되었다. 그러면 8시간 동안 12~15도의 온도에서 보관을 해야 하는데 이 과정에서 자연적인 젖산이 형성된다고 했다. 그 후 처음에 뒤꼍에서 보았던 것처럼 이 덩어리들은 잘게 잘려 소금과 섞이게 되고 그것들이 틀에 담겨 비로소 치즈 모양으로 완성이 된다.

"근데요. 치즈가 몇 개 없네요."

아저씨께선 거의 작업이 끝난 듯 제조실과 연결된 작은 문을 열어 주셨다. 냉장고 바람이 나오듯 시원한 그곳엔 치즈라고는 고작 다섯 덩이뿐이었다.

"여기서 20킬로미터쯤 가면 대형 카브가 있는데 3일에 한 번씩 그곳에서 치즈를 찾으러 오거든요."

"아…."

나는 그 뒤의 이야기는 더 이상 여쭙지 않았다. 이제 그 정도는 알게 되었기 때문이다. 아저씨네는 치즈를 대형 카브에 맡길 테고, 어느 만큼의 숙성이 끝난 후(살레의 평균 숙성 기간은 6개월이므로 적어도 4개월쯤 지나서겠지?) 그 대형 카브로부터 치즈 값을 받을 테고, 지금 아저씨네 가게에서 팔리는 살레는 물론 또 값을 치르고 따로 사 오는 것일 테고 말이다.

"이제 모든 작업이 끝났어요."

워낙 작업 내내 고요했고, 그동안 접해 보지 못했던 새로운 모습들에 감탄스러워 정신이 빠져 있던 나는 아저씨의 말씀에 움찔하고 꿈에서 깬 듯 놀랐다. 이미 스위스의 산골에서 수공으로 치즈 만드는 과정을 봤음에도 이곳은 뭔가 다른 느낌이었다. 그저 혼자 묵묵히 작업을 해 나가는 아저씨의 모습이 큰 작용을 했을까? 맑은 산속에서 도를 닦고 있는 수도승이라 하기에도 아저씨에 대한 표현은 부족했다. 굳이 적절한 표현을 찾는다면 새벽공기 같은 차갑고도 정갈한 모습이었다.

"아… 예. 감사히 잘 봤습니다. 그런데 어쩌죠… 드릴 게 없어서…. 제가 나중에 사진 보내 드릴게요. 정말 감사했습니다."

나의 이런 인사에도 아저씨는 그저 느긋하게 웃음만 지어 주실 뿐이었다.

문을 닫고 살레 농장을 빠져나오자 햇빛은 여전히 찬란했다.

'끝났다… 음… 그래 끝났어. 근데 정말 끝났나? 이젠 어디로 가지…. 뭘 할까?'

그렇게 나는 또다시 햇빛 속으로 차를 몰았다.

살레 Salers

지름 38~48센티미터, 높이 30~40센티미터, 무게 35~50킬로그램으로 오돌토돌한 바윗돌 같은 표면을 가진 드럼통 모양의 치즈이다. 2006년 기준으로 AOC의 40개 치즈 중 유일하게 전 과정이 수공으로만 이루어지며 그에 대한 표시로 치즈의 측면에는 알루미늄으로 된 태그(오른쪽 아래 사진. SA-살레, 15-지역 표시번호, MC-제조자의 코드)가 붙어 있다. 젖소의 미살균 여름 우유만을 사용하며 평균 숙성 기간은 6개월이다.

잘게 자른 우유 덩어리를 소금과 섞어 또 한 번 수분을 없앨 정도로 건조하게 만들기 때문에 무척 퍽퍽한 맛이 날 것 같지만 단단하게 눌린 덩어리들 사이의 응집성 때문인지 한 입 베어 물자 캐러멜을 베어 물었을 때와 같이 치아 사이에 압축되듯 달라붙는 느낌이었다. 물론 끈적거리지는 않았으며, 짠맛이 조금 강하지만 암모니아 냄새는 거의 느낄 수 없었다.

여행을 마치며

모든 여행이 끝난 뒤 가장 긴 여운을 남겼던 건 그 어떤 멋진 풍경도, 그 어떤 힘들었던 기억도 아닌, 저녁 해가 뉘엿뉘엿 넘어갈 무렵 지는 해를 마주하고 하루를 정리하며 보낸 휴식의 시간이었다. 그때만큼은 내가 무언가를 찾아 종일 헤매 다니는 작달막한 동양 여자아이가 아닌 자연 속에서 같이 숨 쉬는 작은 나무였다.

불려 놓은 콩을 현미와 섞어 전기그릴 위에 미리 끓게 올려놓고 그 사이 샤워를 하고 돌아오면 쌀에 섞어도 될 만큼 적당히 익어 있었다. 슈퍼에서 사다 놓은 돼지고기를 감자와 양파에 섞어 가며 고추장에 볶아 물을 부어 보글보글 끓게 만들어 놓으면 옆에 앉혀 놓은 밥에서는 뽀얗게 김이 올라오고 있었다.

"다 됐다."

찬이라고는 고작 찌개 하나지만 그렇게 해가 뉘엿뉘엿 넘어갈 때 노을을 마주하고 풀밭에 앉아 먹는 저녁은 가슴속에 따뜻한 공기를 한 아름 불어넣어 주는 훈훈함 같은 것이었다.

배불리 밥을 먹고 나면 저녁 해는 이미 들어간 지 오래고 텐트 안에 달랑달랑 매달려 있는 전구가 빛을 대신하고 있을 때 숨을 깊게 들이마셔 풀 냄새를 가득 들이켜면 그게 바로 최고의 후식이었다. 그리고 그 사이 혼자서 열심히 열을 올린 전기장판 속으로 몸을 부벼 넣으면 쏴~쏴~ 하는 바람소리가 텐트 속으로 밀려들어와 아침까지 나를 보듬어 주곤 했다.

이제는 다시 못할 그 모든 기억들. 감사한다. 나를 위해 항상 기도해 주셨던 부모님과 식구들, 잘 지내는지를 묻던 친구들, '치즈를 찾아 나선 나의 이야기' 블로그 분들, 프랑스와 스위스 농가의 많은 분들, 그리고 지난겨울 내내 나에게 봄을 만들어 주었던 안암동에게도….

참고문헌

French cheeses, DK Publishing 1996
the cheese companion by Judy Ridgway, APPLE 2002

참고 사이트

프랑스
www.cantin.fr(파리의 캉탱 치즈 가게)
www.bienvenue-a-la-ferme.com(비앙브뉘 농장)
www.camembert-aoc.org(까망베르)
www.comte.com(콩테)
www.fromage-morbier.com(모르비에)
www.banon-aoc.com(바농)
www.aoc-cantal.com(캉탈)

스위스
www.myswitzerland.co.kr(스위스관광청)
www.tetedemoine.ch(테트 드 므완)
www.emmentaler.ch(에멘탈)
www.appenzeller.ch(아펜젤)
www.etivaz.ch(레티바)
www.gruyere.com(그뤼에르)

자동차 여행
world.maporama.com(전 세계 지도 찾기)
www.eurocar.giveu.net(푸조 오픈 유럽)